世界市场与国内冲突治理

宣兴章 / 著

国家行政学院出版社

图书在版编目（CIP）数据

世界市场与国内冲突治理／宣兴章著．—北京：
国家行政学院出版社，2013.11
 ISBN 978-7-5150-1000-7
 Ⅰ．①世… Ⅱ．①宣… Ⅲ．①国际市场—市场秩序
—研究 Ⅳ．① F740.2
 中国版本图书馆CIP数据核字（2013）第262966号

书　　名	世界市场与国内冲突治理
作　　者	宣兴章
责任编辑	李少军
出版发行	国家行政学院出版社
	（北京市海淀区长春桥路6号　100089）
电　　话	（010）68920640　68929037
编 辑 部	（010）68928873
经　　销	新华书店
印　　刷	北京市昌平开拓印刷厂
版　　次	2013年11月北京第1版
印　　次	2013年11月北京第1次印刷
开　　本	787毫米×1092毫米　1/16
印　　张	14.5
字　　数	230千字
书　　号	ISBN 978-7-5150-1000-7
定　　价	29.00元

出 版 说 明

近年来,中国工业化、信息化、城镇化、市场化、国际化进程加快,国民收入稳步增长,经济结构转型提速。同时,中国进入了一个高风险的经济社会大转型、大发展时期,经济社会发展中不平衡、不协调、不可持续问题突出。其中,经济增长的资源环境约束强化、投资和消费关系失衡、收入分配差距较大、科技创新能力不强、产业结构不尽合理、城乡区域发展不协调、就业总量压力和结构性矛盾并存、社会矛盾明显增多等问题表现得尤为明显。此外,随着中国国际地位不断提升和多极化趋势的发展,地区争端增多和多边贸易中的利益纠葛等一系列问题的出现,都急需在政策层面给予回应。

事实上,当前中国面临的诸多"疑难杂症"并非中国独有,如行政效率的提高、公共资源的分配与监督,城市化进程中的建设与治理、多元文化的社会融合与社会和谐、新技术新传媒给政治生活带来的机遇与挑战、国际组织与国际条约体系对国内的多重影响等问题具有相当的普遍性。

发展中国家被这些问题困扰,发达国家也没有完全解决这些问题。所以,问题的普遍性或世界性,使得当代执政者在面临和解决这些问题时,必须具有国际视野和创新观念,而不能拘泥于既有的执政经验和套路,也不应囿于一地一国的有限资源。

面对这种种挑战,我国各级党政领导干部和公务员应具有较强的应对问题、开拓局面、保持稳定、推动发展的综合素质与能力,应不断地主动拓宽理论和知识视野，积极跟踪世界范围内最新而有效的解决问题的政治实践模式，谨慎探索和总结中国现实中的成功经验。同时，也更需要知识阶层积极研究中国社会转型期的新形势、新问题，为应对挑战、解决问题提供智力支持。

"政治前沿新知识文库"是基于上述设想而产生的。这套文库以"资政"为目的，以世界眼光和创新视角聚焦公共政策与治理、社会建设与发展、政党与政治权威、政府与新技术、经济发展与金融战略、国际问题与国际战略等方面的重大问题，将多学科研究的前沿知识与"国家治理"实践中的重要政治、政策问题结合起来，力图打通理论、政策和实践的边界，让理论和政策更好地源于实践、关怀实践。

本文库致力于提供解决现实问题的理论参考、世界经验和丰富案例，以中高级党政领导干部、公务员、政策研究与制定者为主要读者对象，致力于更新其理论视野，提升其执政能力，努力打造影响深远的出版工程。

应该说，本文库是国内知识界在政治前沿问题研究上的一次较为全面的展示，是力图将学术科研界的研究成果转化为政治实践的有益尝试。这套丛书在编写过程中摒弃了传统的体系性的学科知识介绍，而以针对性研究问题的方式出现，看似没什么章法，实则切中肯綮。它既是实践的探索，也是实践的总结，既是经验的浓缩，也是经验的拓展，既是理论的创新，也是理论的积淀。我们认为，不论最终效果如何，这种尝试对于中国转型期许多问题的深入研究，将提供一种新的解决问题的思路。

尝试诚可贵，然纰漏难免。我们也希望能够得到各方面的批评和建议，帮助我们完善这个文库，为读者提供更优质服务，为实现"中国梦"多出一份力。

政治前沿新知识文库编委会

2013年5月

序

本书主要研究后发展国家现代化过程中的国内冲突。探讨的核心问题是，世界市场如何重塑后发展国家的国内政治秩序？新兴工业化国家如何在国内、国际两个大局的转换、互动中维护国内政治社会稳定？

本书指出，后发展国家居于全球的权力体系的特定位阶上，需要通过国家的权力促进国内的产业竞争力，在这个过程中形成的国际、国内的权力分配决定了国内冲突的性质。现代政治暴力内在于市场作为基础性的资源配置手段之中，市场的扩展不仅是一种经济动员，同时也是一种潜在的政治动员。市场作为一套游戏规则在后发展国家扩展过程中，一方面在消解交易者的身份，使得交易者内在要求平等、免于强制进行交易；另一方面又产生了新的权力分配，这种权力分配可能产生新的不平等以及强制。

在这个分析的基础上，本书将政治、社会以及经济都归结到权力的视角中，提出了政治暴力的必要条件。本书认为权力是一种正向的交易，亦即以一种物品换取对对象行动的干预，而暴力是负向的交易，以暴力或者暴力的威胁达到政治目的，暴力只出现在权力无效的地方。这里提出一个新概念，不可交易困局（Transaction-impossible）。不可以交易困局是政治暴力产生的必要非充分条件。本书指出，政治、经济、社会权力的滥用产生租（rent）。当租趋于无穷大时，产生了交易主体间的不可交易情况，也就是部分参与者无法再继续参与游戏。在此情况下，暴力是大规模参与政治与经济交易的主要方式。在政治上，大集团之间的不可交易困局导致叛乱、革命等，小集团与大集团之间发生不可交易困局时，产生分裂主义、叛乱、恐怖主义等。

本书还分析了政治暴力产生的充分条件，指出，在国际体系之中，后发展国家只有通过政治运作增加国内战略产业的竞争力，从国家外部或者内部的某些集团之中提取租金，用于国家战略产业的发展。这使得国家在发展的特定阶段难以兼顾公平，并在国家、国际环境以及国内的不同受益群体之间形成紧张关系。在世界经济波动的时候，这种紧张关系更可能演变为较大规模的政治暴力。暴力的强度与烈度要根据各国国内权力分配的方式、危机的影响以及国家与外部世界的关系而定。

本书对菲律宾、韩国、墨西哥与巴西四个国家进行了比较案例分析。这四个国家的不同发展绩效以及不同的国内冲突根植于国家所处的权力结构之中。这种权力结构的形成取决于国家、国内阶层与国际体系的中心地带形成的权力关系。菲律宾由于土地寡头与世界市场形成的互惠关系，阻碍了国内的工业发展，加剧了国内冲突。韩国由于处于冷战的前沿，成为扶持的对象，在外力逼迫下解决了土地问题，从而可以通过凝聚型资本国家实现战略产业的发展，并充分利用国际权力结构，成功实现现代化。而墨西哥虽然也基本解决了土地问题，但还是在长期稳定后重新走向动荡。这是因为在融入世界市场的过程中，墨西哥国内各集团与世界市场形成了不同的关系，这种与外部的不同联系产生了不同的利益诉求，并导致阶层之间利益的不可交易。最终使得执政70年的革命制度党下台，国内也爆发了农民起义。而巴西由于现代化初期的大地产制的存在，以及随之而生的依附性发展模式，国内土地寡头、新兴工业阶层以及社会大众之间形成的不稳定政治关系，使得发展绩效与国内政治动荡并行。

国家在国际环境中的权力地位以及国内各个阶层之间的权力关系决定了国家从外部获取资源的多少，决定了国内冲突的方式以及解决，也决定了国家的发展道路以及发展模式。在历史上，英美国家由于国内产业的发展居于全球的顶端，因而可以从世界市场中获取足够的租金来缓解国内的冲突。而在日德等国有一定的工业化基础，在危机中，国家通过市场手段获取外部资源的方式被制约。国内土地、工业寡头以及工农的利益不可调和，出现了不可交易困局，因而通过军事化国家的方式来用强力从外部获取资源，缓和国内的矛盾，实现国内利益的分配。而在俄国与中国这样以农民为主体的国家中，国内的资产阶级弱小，国家整体上处于世界政治经济权力体系的底层。中俄两国通过革命建立了强大的政权，用政府权威的方式来缓解国内的不可交易困局。政权建立之后，从农业中抽取剩余用于工业发展，走出了独特的现代化道路。其中，中国不同于苏联之处在于，中国走出了一条国家孵化社会的道路，先是通过脱离世界市场体系构建自主性发展的基础，后是引入市场机制，逐渐建立以人为本的科学发展模式。

  本书最后提出了后发展国家国内冲突的治理之道。本书指出，政治体系要求缓解国内的不可交易困局，保证政治交易的可进行。这就需要调整国家与世界市场两个大局之间的关系，通过产业升级、宏观调控等手段理顺各阶层、各地区与世界市场之间的关系，平衡国内集团之间的力量，在扶植战略产业的同时，建设权力均衡的制度体系，这样才可能缓解现代化过程中的大规模国内冲突。

政治前沿新知识文库

世界市场与国内冲突治理

SHI JIE SHI CHANG YU GUO NEI CHONG TU ZHI LI

序 / 1

导论 / 1

第一章　世界市场如何重塑国内政治秩序？/ 6

第一节　世界市场的视角 / 6

第二节　政治暴力与政治秩序 / 9

第二章　市场内在的冲突性质 / 17

第一节　政治社会学的解释模式 / 18

第二节　政治经济学的解释 / 23

第三节　国家、社会与市场 / 30

第四节　市场的三重社会政治建构 / 36

第三章　权力、暴力与冲突的机制 / 44

第一节　市场与权力、暴力 / 45

第二节　不可交易困局与暴力 / 53

第三节　政治秩序、反对者与场外交易 / 61

第四节　政治暴力的发生 / 68

第四章　国际体系中的租与发展悖论 / 76

第一节　租与发展悖论 / 77

第二节　后发展国家的国内权力结构 / 83

第三节　权力链条的运转与暴力 / 91

第四节　意识形态与场外交易 / 97

第五章　国际体系与国内冲突 / 105

第一节　体系权力分配与国内冲突 / 106

第二节　体系权力变化对国内的压力 / 114

第六章　案例研究一：韩国与菲律宾 / 123

第一节　菲律宾与韩国所处的权力结构 / 126

第二节　菲律宾与韩国的国内冲突 / 133

第七章　案例研究二：墨西哥与巴西 / 142

第一节　墨西哥稳定之谜 / 143

第二节　墨西哥国内冲突的发展 / 149

第三节　巴西的国内冲突 / 159

第八章　中国的道路 / 168

第一节　主体性发展的基础 / 171

第二节　孵化型国家 / 177

第九章　后发展国家的政治秩序与治理 / 182

第一节　权力交易结构 / 183

第二节　制度安排与交易秩序 / 188

结　语 / 197

参考文献 / 200

导论

1668年，八十岁高龄的托马斯·霍布斯在其最后一本重要著作中写道："如果时间也像陆地一样有高低起伏的话，我真的认为，1640至1660年就是这样一个高峰。那段时间里，像从魔鬼山顶上俯瞰，可以观察到人类的种种行为，特别是在英国，也许可以见识这世上所有的不义以及所有的愚蠢。"[1]这段话所指即为英国内战，被称为英国资产阶级革命的这场漫长而血腥的战争开启了世界近代史。从那时起，或者在此前的一个多世纪，市场作为基本的资源配置方式就已经深刻地影响到人类的社会结构，并激起了巨大的变革。

霍布斯特地将这本著作命名为《比希莫斯》，与利维坦一样，比希莫斯同为《圣经·约伯记》中上帝创造的怪兽。在霍布斯的语义里，利维坦象征着强大的国家，而比希莫斯象征着有着动乱倾向的社会。将两个怪兽分别作为其两部著作的书名，霍布斯的寓意在于，用利维坦这个怪物不断遏制着另一个怪物——比希莫斯。[2]用国家的力量克服社会的动荡。

作为先发展国家的智者，霍布斯的忧思是有着深沉的历史洞见的。在此后的数个世纪中，现代化进程中的种种内战、叛乱与革命几乎难以计数，至今没有一个大国是未经流血而达致现代的门径的。此中的原因值得人们探究与思考。

---

[1] Thomas Hobbes: Behemoth; or, The long Parliament(Chicago : University of Chicago Press, 1990), p.1.

[2] Carl Schmitt, The Leviathan in the State Theory of Thomas Hobbes: Meaning and Failure of A Political Symbol, trans. by George Schwab and Erna Hilfstein (London:Westport: Greenwood Press,1996), p.32.

现代化本质上是工业化，而工业化从根本意义上说是参与世界分工，参与世界市场的过程。对绝大多数国家来说，现代工业是外在的，国家必须从外部获取资源，并将资源转化为自身之所需。而在国家参与世界市场资源分配的过程中，内部不同群体的力量消长，群体之间的利益重新调整，同时，国家将被纳入世界政治与经济的权力结构之中。因而，市场进程所改变的不仅仅是国家的经济，还将是国内的社会政治结构以及国家与外部世界的关系。罗伯特·考克斯指出："国家的国际化是一个全球性的进程，其间国家政策和惯例得到调整，以适应以国际性生产为特点的世界经济的要求。通过这一过程，民族国家成为一个更大、更复杂的政治结构的一部分，这一政治结构与国际性生产形成对应。由于这一过程，世界经济中地位不同的国家形成了与自己地位相适应的国家形式。外部压力（这里外部是相对国家而言，其实还是在总的国际政治结构范围之内的），加上国内社会群体之间权力关系的重组，造成了各国的国家结构顺应总的国际政治结构的改变。"[1]世界市场以及与此相关的政治体系直接影响了国内的权力分布以及国家内部政治秩序的变迁。

在后发展国家中，国内冲突大多根植于不稳定的政治－经济－社会关系之中，这种组合关系是世界政治经济体系的一部分。正如苏长和指出的："国际政治权力分配与全球生产/贸易格局结合在一起所构造的政治经济结构，或者我们一般所说的国际体系，通过一定的传导机制对国内政治经济社会产生调整的压力。有三种打通国内－国际界限的传导机制，它们分别代表着国家、市场与社会层面的作用机制，一是政治权力，二是价格运动，三是人口及与其相关的跨国社会运动所带来的意识形态传播。"[2]我们在本书中会将上述三种机制简化为一种，那就是作为权力分配的变动机制。上述三种机制中，政治权力、价格运动以及知识生产传播机制从根本意义上说都是权力的分配机制造成的。

---

[1][加拿大]罗伯特·考克斯著，林华译.生产、权力和世界秩序——社会力量在缔造历史中的作用[M].北京：世界知识出版社，2004,181.

[2]苏长和.国内－国际相互转型的政治经济学.世界经济与政治[J],2007,7,7.

使用权力、租、权力链这组简单的概念，可以分析得出，国内冲突如南联盟民族分裂、伊朗革命等实际都是在世界权力结构的背景下国内权力关系变更而导致的。后发展国家一定居于特定的依附的地位，现在的发达国家在其发展过程中一度也是如此，如美国在发展过程中曾经也依附于英国，英国在发展过程中一定程度上依附于联省共和国。这里使用的后发展国家的概念，就其主要范围来说与世界体系论中的半边缘国家大致重合，现在亚洲的韩国、新加坡，拉丁美洲的巴西和墨西哥；欧洲的葡萄牙、西班牙、希腊和南斯拉夫这些都是后发展国家。

因而，后发展国家主要并不是指边缘国家，而是指新兴工业化的东亚以及南美国家。这里之所以不使用世界体系论意义上的"半边缘国家"的概念是因为这里并不完全同意世界体系论的部分逻辑，并不同意世界体系是相对静止的、结构性的圈层，而是认为世界体系是不断发展变化的权力体系，其中心区、半边缘、外围的范围不断改变。这里虽然有时会采用依附论中的"依附"的概念，这只是为了形象地说明半边缘国家所处权力地位的不同，并非是完全接受依附论的观点。因而，本书考察的对象是国家处于特定发展位阶时的内部冲突。

市场进程所带来的一系列转变以及大规模的冲突可能在发达国家已经成为历史，但是对新兴工业化国家来说，市场所带来的政治、社会效应还没有完全显现，其中所展示出来的诱人的或者恐怖的前景都还没有被充分的认知。与最为边缘的国家一样，后发展国家也是国内冲突的多发地界。最近几十年，世界权力结构的变迁，经济的飞速发展，以及全球化的深入，这三股潮流相互渗透，相互推进，这对一些国家原有政治秩序的容纳性提出了新的挑战。1991年，戴维·弗洛姆科因在《世界政治》撰文指出，国内冲突将替代国际战争成为人类的挑战，"现代国家体制经历一个考验的阶段，……21世纪最为突出的问题，不会是一种理想对抗另一种理想，也不会是一个大国对抗另一个大国，而是秩序与无政府状态的对立"[1]。詹姆斯·多尔蒂与小罗

---

[1] [美] 詹姆斯·多尔蒂、小罗伯特·普法尔茨格拉夫著，阎学通等译. 争论中的国际关系理论 [M]. 北京：世界知识出版社，2003,302.

伯特·普法尔茨格拉夫指出："国内冲突正在增长和蔓延，……关于这些冲突发生的潜在原因及其本质，还有待更多的研究。"[1]这一趋势在冷战结束前后才在学术研究中明显反映出来。冷战结束之后，主权国家衰落的趋势更加明显。也就是说，社会经济层面的因素在国际政治领域中的作用更加明显了，这些因素尽管不能取代安全领域的高级政治，但是也占有研究议题的一席之地。在国家硬壳逐渐软化的过程中，国际、国内的互动加强，社会在国际政治中的作用愈加显现出来。在国际关系学界，对于国际与国内的互动研究成为国际政治的前沿领域与成长性的领域。

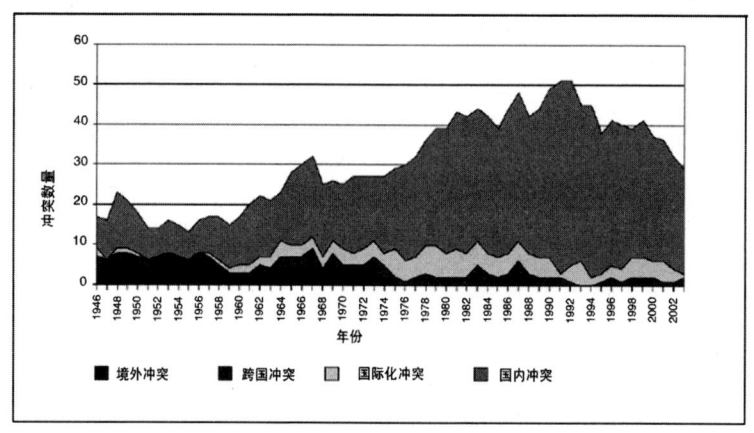

注：境外武装冲突是国家同非国家集团在其境外进行的武装冲突。跨国武装冲突发生在两个或两个以上国家之间，国际化国内武装冲突是国家政府与国内反政府组织之间的冲突，并受到其他国家的干预。国内武装冲突是国家政府与国内反政府组织之间的冲突，没有受到其他国家的外来干预。

资料来源：乌普萨拉冲突数据方案/奥斯陆国际和平研究所，2004。

图1：全球冲突类型（1946年至2003年）[2]

对于新兴工业化国家来说，建立相对稳定的政治秩序是一个艰难的过程。道格拉斯·诺思等指出："在动态变化背景下建立和维护政治秩序一直是一个古老的社会难题，并继续成为现代世界的一个中心问题。在社会中建立秩序是一回事，而在经济和政治变动中维护秩序则是另一回事。这是理解政治

---

[1][美]詹姆斯·多尔蒂、小罗伯特·普法尔茨格拉夫著，阎学通等译.争论中的国际关系理论[M].301.

[2]图表来自于：联合国社会发展研究所.男女平等：在不平等的世界里争取公正[R].北京：中国对外翻译出版公司，2007,214.

经济变化特征的核心。"[1]像许多新工业国家一样，中国也处在深刻的变革之中。改革开放以来，中国经历了高速的经济发展。这种发展带来了空前的繁荣，也带来了国内阶层结构的改变以及国家与外部世界关系的改变。近年来在西藏、新疆发生的骚乱以及一些城市中发生的较大规模的群体性事件向我们表明，在中国进一步发展过程中，将要经历多方关系的深刻调整以及多种因素的挑战，在这种背景下，深入研究各国发展过程中的冲突与治理，将会深化我们对发展政策与策略的理解。

---

[1] [美] 布鲁斯·布恩诺·德·梅斯奎塔、希尔顿·L·鲁特主编，叶娟丽等译. 繁荣的治理之道 [C]. 北京：中国人民大学出版社，2007,19.

第一章

世界市场如何重塑国内政治秩序？

我们在导论中实际已经指出，对于国内政治秩序的研究既是现代政治学的核心问题，又是国际政治的前沿领域，同时还是中国现代化建设的迫切需要。那么如何看待国内政治秩序与国内冲突问题的实质？在发展政治学中，通常将这一问题限制在政治现代化的领域内进行讨论。我们这里认为，政治秩序与后发展国家的国内冲突是全球权力体系的一种结果，需要从体系的视角来理解。而这种体系的基础性的动力就是世界市场。世界市场的扩展推动了现代国际体系的发育、成长，是导致社会经济以及政治密集互动的基础性力量。世界市场的扩展导致了国际、国内的权力的重新配置，进而导致政治秩序的重新组合以及不同力量之间的博弈与冲突。

第一节 世界市场的视角

对于国内冲突的性质与原因，还没有在更为广阔的视野中得到充分研究。目前，对国内冲突的研究主要局限于国别政治和比较政治的范畴之内，而国际政治主要集中于研究国家之间的冲突。因而对国内冲突的研究通常忽略了至关重要的国际背景,而这种背景有时恰恰是关键所在。马克思与恩格斯指出:"大工业发达的国家也 plus ou moins[或多或少]影响着非工业国家,因为非工业国家由于世界贸易而被卷入普遍竞争的斗争中。"[1] 他们还指出:"不仅一个民族与其他民族的关系,而且一个民族本身的整个内部结构都取决于它的生产以及自己内部和外部的交往的发展程度。"[2] 因此,这里呼唤一种世界政治的研究路径,从全球体系的角度研究国内冲突。

需要指出的是,强调国际–国内的互动是马克思主义的基本分析方法,也是近年来国际政治经济学反思研究范畴而重新"发现"的方法。苏长和指出:"国内–国际分析模型假设全球层面的权力–生产–意识形态的分配结构很大程度上决定了各国内部政治经济的选择与走向,而不是相反。"[3] 我们认为,国际、国内都是权力链条上的"转换器",很难确定哪一个是具有决定性的,具体的效果要视交易中形成的具体互动关系而定。在本书中,我们重新定义了权力,并将上述三种关系简化为权力,认为权力–生产–意识形态都属于权力的范畴。将权力作为基本分析范畴,也是马克思主义政治经济学的基本方法之一,政治经济学之所以能够利用经济学的成果而不是经济学的附庸,是因为政治经济学坚持从权力的角度而不是从效率的角度看待经济。

暴力是国际政治学中的永恒主题,但是,迄今为止国际政治领域中仍然顽固地坚持将战争与内战、政治暴力冲突等严格区分开来,史蒂夫·史密斯在批评当前国际关系理论的时候指出:"这一学科并不关心其他形式的暴力,如国内暴力,除非国内暴力威胁到国家的生存。这就牺牲了其他可能的学科指涉对象,特别是个人与种族群体的利益。"[4] 可以说,将国际国内割裂开

---

[1] 马克思、恩格斯著,中央编译局译.马克思恩格斯全集第 3 卷 [M]. 北京:人民出版社,1960,69.

[2] 马克思、恩格斯著,中央编译局译.马克思恩格斯全集第 3 卷 [M]. 北京:人民出版社,1960,24.

[3] 苏长和.国内–国际相互转型的政治经济学.世界经济与政治 [J],2007,7,7.

[4] [美] 史蒂夫·史密斯.我们的世界何以生成——国际关系理论与"9·11".世界经济与政治 [J],2004,5,49.

来这种划分已经难以解释一系列事件，美国发生的9.11事件很难完全界定为是一种国际事件——国家之间的事件，因为暴力已经溢出国家的硬壳，暴力行动从一个国家内部延伸到另一个国家内部。而且暴力的范畴已经难以局限在纯粹政治的领域之中。在市场条件下，经济因素不仅仅是经济因素本身，经济因素涉及社会、政治等诸多方面，经济因素本身就是权力体系的组成部分并能引发暴力。约瑟夫·斯蒂格利茨在为波兰尼的《大转型》一书所作的前言中写道："我们认识到，在拉美许多地方，过长的失业期、持续的严重不平等，以及无处不在的贫困和污秽，已经对那里的社会整合产生了灾难性的影响，并成为那里层出不穷、愈演愈烈的暴力现象的助推剂。我们认识到，俄罗斯改革的方式和速度侵蚀了社会关系，破坏了社会资本，导致了俄罗斯黑手党（the Russian Mafia）的出现乃至它的统治地位。我们认识到，国际货币基金组织取消了对印尼的食品补助金，正如工资的直线下降和失业率的急剧上升一样导致了可预见的（并且确实被预见到的）政治和社会骚乱。考虑到这个国家的历史，出现这种局面的可能性本该表现得特别明显。在所有这些例子中，不仅经济政策造成了古老（尽管有些比较脆弱）的社会关系的崩溃：社会关系的这种崩溃本身也会产生非常不利的经济效应。"[1]斯蒂格利茨这里已经隐约提到世界权力结构对国家的影响，对于上述的一些案例，本书将会细致分析。

国内冲突是一个非常模糊的词语，在国际关系领域内泛称为国内冲突的概念表述，其实在国内政治研究中被细分为诸多的不同类型，这些分类很多是约定俗成的，并没有一个严格的标准。从社会冲突、经济冲突、政治冲突、社会运动、内战、革命、集体行动、叛乱、暴动、起义乃至政府内部不同部门间的冲突都可以纳入到国内冲突的范围中来，这使得国内冲突成为一个内涵过于丰富的概念。而上述各种不同概念，由于概念指涉对象的复杂性以及命名出发点的不同也存在着很大的模糊性。如革命与内战在外延上有很多重

---

[1][英]卡尔·波兰尼著，冯钢、刘阳译.大转型：我们时代的政治与经济起源[M].杭州：浙江人民出版社，2007,4.

合，革命是就事件的性质而言的，内战是就其形式而言的，两者在很多场合指的是类似的对象，如英国内战，在很多场合被表述为英国革命，但是所表达的意义却大不相同。因而我们这里主要集中于对政治秩序的研究。着眼于政治秩序一方面可以对造成国内冲突的根源进行深入的探讨，另一方面可以避免陷入政治冲突、经济冲突、社会冲突等难以分清的边界的追寻中去。因而这里我们泛泛地将这些冲突都归结为"政治暴力"，亦即使用暴力颠覆现存政治秩序的活动。

第二节 政治暴力与政治秩序

政治暴力是一个有着多种意蕴的词汇，有时指武装力量或者使用武装力量，正如哈罗德·D.拉斯韦尔所认为的："暴力，是精英用于进攻和防御的一种主要手段，它有多种形式。自古以来被包括在世界武装力量中的人员数字在一定程度上说明了暴力在政治中所占的地位。"[1] 有时，暴力指政府的对立面所使用的激烈手段，而主要用权力来表示政府拥有的暴力，乔治·索雷尔指出："强力的目标就是维持少数人统治的社会秩序，而暴力则倾向于摧毁这种秩序。"[2] 在这种较为微妙的区别上，暴力与权力的区分在于对合法性原则的不同判断，在一个正常的社会中，暴力并不是一件好事，因而暴力被视作秩序的破坏者；在一个不正常的社会中，暴力被视作破坏现有不好的政治秩序的福音。这种价值判断并不是我们这里主要的讨论对象，这里以中立的立场讨论暴力的发生机制。

伊莎贝尔·佐默尔区分了三种对政治暴力的定义："最普遍的看法是强

---

[1] [美]哈罗德·D.拉斯韦尔著，杨昌裕译.政治学——谁得到什么？何时和如何得到？[M].北京：商务印书馆，1992,23.
[2] [法]乔治·索雷尔著，乐启良译.论暴力[M].上海：上海人民出版社，2005,140-141.

调打击目标,一切打击政治制度或其代表人物的行动将被认定属于政治暴力。……另一种看法强调行动的战略意向性。当一个暴力行动一旦寻求最大意义上的政治转变,就成为政治暴力。第三种观点认为,不管其始作俑者是谁,动机是什么,受害者是谁,一切导致政治领域发生变化的强制行动都是政治暴力。"[1] 这三种定义都涉及对现存政治秩序的破坏性,因此我们这里可以采用托德·罗伯特·格尔(Ted Robert Gurr)的经典定义,他指出,政治暴力是:"在一个政治共同体中反对现政权的所有集体攻击行为,攻击的对象是现政权的代理人——包括竞争性的政治群体和现职官员——或政策。这一概念包含了一系列的事件,其共同的性质是实际或威胁使用暴力。"[2] 格尔的上述概念中,包含了革命、游击战、政变、反叛以及政治骚乱。

选定一个研究对象有时就意味着选择了一种理论的前提,或者接受了某一种理论的假设。因而,选定研究对象在社会科学领域是一件困难的事情。在格尔的定义中,包含了这样的前提,那就是政治暴力——游击战、政变、反叛、骚乱、革命等反政府行动是一种类型的事物,它们之间的区分仅仅是量的不同,而不是质的不同。类似的观点也为集体行动学派的学者所继承,他们认为上述行动与集体行动并没有实质性的不同,同属于集体行动的一种类型,只是手段与行动方式的不同而已,如查尔斯·蒂利的抗争政治理论。而有些政治学家认为革命、骚乱以及其他集体行动的原因是不同的,应该分别予以研究。这两种观点的主要区分在于其研究目的的不同,格尔的定义主要立足于政治秩序,政治暴力就是对现存政治秩序的破坏,而很多政治社会学的研究则是立足于行动产生的原因,在这一类问题上,集体行动、革命、内战的发生当然有很大的不同之处。我们这里研究的主要是后发展国家在发展过程中政治秩序所遇到的挑战,因而,这样理解政治暴力是合适的——将其看成是旨在破坏现有政治秩序的革命、内战、叛乱、骚乱以及社会运动等。

---

[1] 中国现代国际关系研究所反恐怖研究中心编.恐怖主义与反恐怖斗争理论探索[M]. 北京:时事出版社,2002,46.

[2] Ted Robert Gurr, Why Men Rebel(Princeton, N.J.: Princeton University Press, 1970), pp.3-4.

梅登（Fred R. Von Der Mehden）将政治暴力分为五种一般类型，原生型（Primordial）、分裂型（Separatist）、革命型（Revolutionary）、政变型（Coups）、问题型（Issues）。[1]其中原生型暴力产生于基本的社会群体之间的矛盾冲突，如种族、民族、宗教矛盾等。黎巴嫩多方战争以及索马里部族冲突、魁北克分离运动、西班牙巴斯克运动以及北爱尔兰独立运动等都属于这种类型。分裂型暴力，有时是原生型冲突的产物，它的目的是相关群体的独立。南斯拉夫部分地区的独立，以及中国的藏独与疆独势力都属于这种情况。革命型，旨在推翻或取代现政权，如伊朗革命。政变型，从本意上是反革命的暴力，其目的在于阻止革命接管，如1964年巴西政变，1973年阿根廷政变。问题型暴力是指由某一类问题所引发的暴力，如反越战抗议等。[2]我们可以看出，这种分类尽管是各种分类中较好的一种，但是还是着眼于现象的。因为，上述分类是缺乏统一标准的、分散的。这五种类型的暴力除了在名称上都冠以"暴力"，以及在实际行动上的激烈性之外，是否具有作为研究对象意义上的内在关联性？

如果从国家-社会-市场的视角来审视暴力冲突的话，我们可以看出这三者之间的组合形成了七大类冲突：①社会内部的暴力冲突，也就是社会群体之间的矛盾，如教派冲突、种族冲突等，这种矛盾可能会涉及对现存政治秩序的改变；②市场内部的冲突，如因争夺经济资源等引发的暴力冲突等，这种冲突尽管有时会涉及政府，但是通常不具有政治性；[3]③政权内部的暴力冲突，如叛乱、政变等；④社会与政权的暴力冲突，社会运动、社会骚乱等；⑤市场与政权的暴力冲突，如因政府征收、经济执法不公等经济法律事件引起的对政权的攻击行为等；⑥社会与市场的暴力冲突，如黑社会、经济犯罪等；⑦政权、市场、社会共同的暴力冲突，通常为革命、内战、独立运

---

[1] [美]迈克尔 G. 罗斯金等著，林震等译. 政治科学 [M]. 北京：华夏出版社，2001,391.

[2] [美]迈克尔 G. 罗斯金等著，林震等译. 政治科学 [M]. 北京：华夏出版社，2001,391-392.

[3] 厂商竞争可能引发暴力冲突，如2005年的啤酒销售旺季，国内最大的两家啤酒生产厂家青岛啤酒和燕京啤酒，因为争夺啤酒销售份额，在广西接连发生暴力冲突。

动等。这七种暴力冲突在实际中交织在一起，很难完全将某一种暴力冲突完全归于一个类别中，但是通过这样的分析，我们这里的分析对象会更加明显，也可以囊括梅登对暴力分类中的绝大部分。我们从中选出主要的研究对象，也就是涉及政治的暴力冲突，下表中的白色区域不在研究范围之内。

表1：暴力冲突的层次

	政权	社会	市场
政权	政权内部暴力冲突，如叛乱等。	政权-社会暴力冲突，如社会运动、社会骚乱等。	政权-市场暴力冲突，如因税收问题，政府征收、管制等问题等引发的暴力事件。
社会	政权-社会-市场的冲突，如分裂主义、恐怖主义、革命、内战、骚乱等旨在破坏现有政治秩序的行为。	社会内部暴力冲突，如历史结怨、种族、宗教冲突等。	
市场		市场-社会暴力冲突，如经济犯罪、黑社会等。	市场内部暴力冲突，如经济纠纷引发的暴力行为。

政治暴力作为一种现象非常复杂，只有从根本上进行详细的分析与剖析，才能进行更为清晰的分类。政治暴力由于其涉及的是国家、社会与市场的关系，因而是政治学、社会学的共同研究对象。在政治学领域中对于政治秩序的研究、内战的研究、恐怖主义的研究以及剥削、压迫等方面研究，社会学领域的集体行动、社会运动以及革命等研究等关涉到政治暴力的内容。[1]然而，尽管分散在多学科之中，政治暴力的研究并不因为这样失去了其研究的内核，因为政治暴力本质上是使用武力改变现有的秩序。在秩序概念的基础

---

[1]赵鼎新指出："所谓集体行动（collective action），就是有许多个体参加的、具有很大自发性的制度外政治行为；所谓社会运动（social movement），就是许多个体参加的、高度组织化的、寻求或反对特定社会变革的制度外政治行为；而革命（revolution），则是有大规模人群参加的、高度组织化的、旨在夺取政权并按某种意识形态对社会进行根本改造的制度外政治行为。革命又可以进一步划分为政治革命和社会革命。政治革命旨在夺取政权并改变政权性质，但不对社会结构进行全面重建；而社会革命的发动者则在夺取政权之后，不但会改变现存政权的性质，亦会对整个社会结构进行彻底改造。"参见赵鼎新.社会与政治运动讲义[M].北京：中国社会科学文献出版社，2006，2-3。

上，我们很容易将政治暴力的分析予以简化，也就是将政治暴力定义为使用暴力破坏政治秩序的行为，而政治稳定则是可能发生的政治暴力基本为现有秩序所吸收。[1]

既然我们将暴力视作对政治秩序的破坏，那么何为政治秩序？动荡与秩序似乎是一个问题的两面，塞缪尔·亨廷顿就是这么理解的，他认为政治秩序乃是指"一种目标，而非某种现实"[2]。"于那些正在经历着迅猛的社会、经济变革而灾象丛生的国家来说，我力图找出一些条件，使这些国家借此能在某种程度上认识到这个目标。"[3] 但是，实际上政治稳定与政治秩序并非同义语。在亨廷顿作为案例的政治稳定国家中，苏联已经不复存在，墨西哥已经重新陷入不稳定之中。因而，我们可以看出，亨廷顿所描述的不稳定——暴力、动荡与骚乱，其对立面是稳定而不是秩序。稳定，掩盖了初级的秩序与高级的秩序之间的区别，通过强制可以达到稳定，通过有机的社会、政治过程则可以达到秩序，这两者之间表面上看起来是类似的，但是其实质却有着巨大的差别。稳定既可以是强制的结果，也可能是一种有机的秩序的产物，强制的秩序是不稳定的，而只有有机的秩序能够保持长期的稳定。

这一点，弗里德里希·冯·哈耶克的认识更深刻一些，哈耶克"把所有的结社、制度和其他社会型构的社会秩序类分为不是生成的就是建构的"[4]。前者是"自发的秩序"，而后者则是"人造的秩序"。这两者之间的区别在于："自生自发的秩序乃是在那些追求自己的目的的个人之间自发生成的，而这意味着任何个人都不知道他的行动与其他人的行动相结合会产生什么结

---

[1] 赵鼎新指出："稳定并不是指社会中不存在政治冲突或社会运动，而是指国家将社会矛盾和冲突纳入制度轨道的能力不断得到提高……从而消除发生大规模的、具有破坏性的动乱或革命性运动的可能性。"赵鼎新.社会与政治运动讲义[M].北京：中国社会科学文献出版社，2006,6.

[2] [美]塞缪尔·亨廷顿著，王冠华等译.变化社会中的政治秩序[M].北京：三联书店，1989：前言1.

[3] 同上。

[4] [英]弗里德里希·冯·哈耶克著，邓正来译.自由秩序原理[M].北京：三联书店，1997,17,

果。"[1]这种自发秩序"是人之行动的非意图的后果，而非人之设计的结果；然而，组织中的有序性却是一致行动的结果，因为组织中的合作与和谐乃是集中指导的结果。"[2]而人造的秩序是人为设计的组织。

哈耶克这种对秩序的分类有着深厚的西方历史渊源，在古希腊，哲学家就将物品分为自然的和人造的。在哲学的史前史和早期希腊哲学中，自然的（physikos）与人造的（technastos）是一对相对的概念，那时认为人、社会以及社会生活准则都是属于 physis 领域的，是自然的，而房子等才是人造的。[3]自然的东西具有一种神性，这是立法者为其规定的性质，而人为的东西则是可改变的，可以质疑的。罗宾·柯林伍德指出："希腊思想家……把自然界看作是一个运动体的世界。运动体自身的运动，按照希腊人的观念，是由于活力或灵魂（soul）。"[4]哈耶克将这一对概念用于分析秩序，他用"希腊语'cosmos'来指谓一种成长的秩序（a grown order）或由内形成的秩序（endogenous order）；而用'taxis'来指谓人造的秩序（a made order）或由外力产生的秩序（exoenous order）"[5]。cosmos 在古希腊语中指自发生成的宇宙，与 physis（自然）有相似之处，而 taxis 就是指 technastos。哈耶克将这两个概念引进现代政治学，用于分析秩序，包含了诸多真知灼见。基于这两种分类，哈耶克进一步指出："所有的自生自发秩序都有一个共同的特征，就是它们都生成于要素多样间的互动，而这些要素在回应其特殊环境的时候受着某些一般性规则的支配；具体到自发社会秩序的型构而言，它所依凭的

---

[1] [英]弗里德里希·冯·哈耶克著，邓正来译.自由秩序原理[M].北京：三联书店，1997,17.

[2] [英]弗里德里希·冯·哈耶克著，邓正来译.自由秩序原理[M].北京：三联书店，1997,17.

[3] "他们将人和社会看作只是自然的组成部分，认为宇宙的生成、动植物的产生、人的机构组成以及人的认识能力和社会生活等等都是自然的（physikos）。"参见：汪子嵩、范明生、陈村富、姚介厚著.希腊哲学史第二卷[M].北京：人民出版社，1993,203.

[4] [英]罗宾·柯林伍德著，吴国盛、柯映红译.自然的观念[M].北京：华夏出版社，1999,4.

[5] [英]弗里德里希·冯·哈耶克著，邓正来译.自由秩序原理[M].北京：三联书店，1997,17.

机制便由这样两个部分构成：一是人们对某些行为规则的普遍遵守，二是个人对具体情势的调适；换言之，人们所普遍遵守的这些行为规则的性质将决定整个社会秩序的某些一般特性，但因此而产生的社会秩序的特殊内容则将始终取决于该秩序中的个人所回应并与之调适的具体环境。"[1]对于这种一般性规则，哈耶克并没有清晰阐释。[2]但是可以看出，这种规则是在市场交换中形成的交易秩序。

关系是一种交往，亦即交易，那么，权力、市场等都是一种关系，并形成了诸多结果。米格代尔指出："社会交换是任何制度和组织得以建立的实质原因。"[3]查尔斯·蒂利将描述与解释社会过程的理论划分为三种类型：系统的、意象的和交易的。[4]蒂利指出："交易说明把社会场所之间的互动作为它们的起点，把那些场所之中的事件与那些场所的持久特点看作是互动的结果。当交易说明聚焦特定社会场所之间的交易特点时，它就是关系说明……交易或关系描述与解释具有把沟通（包括语言的使用）置于社会生活的中心地带的优点。"[5]我们这里将社会关系理解为交易过程，而社会结果是关系派生的。这是一种关系实在论的本体论，罗嘉昌指出："关系实在论，是主张关系即实在，实在即关系，关系先于关系者，关系者和关系可随透视方式而相互转化的一种哲学观点和理论。"[6]这种关系实在论对传统的本质

---

[1] [英]弗里德里希·冯·哈耶克著，邓正来译. 自由秩序原理 [M]. 北京：三联书店，1997, 17.

[2] 参见[英]弗里德里希·冯·哈耶克著，邓正来译. 自由秩序原理 [M]. 北京：三联书店，1997, 第11章.

[3] [美] J. 米格代尔著，李玉琪、袁宁译. 农民、政治与革命 [M]. 中央编译出版社，1996, 2003.

[4] 系统说明以及意象说明的意思是，"系统说明通过实体之中事件所处的位置来解释该实体内部的这些事件"，"意象说明同样地针对那些具有内聚力的实体——在这种情况下通常是个人而不是其他实体——但是它借助于实体行动前的方向来解释它们的行动。竞争性意象说明具有动机、决定逻辑、情感和文化模本的特点"。[美]查尔斯·蒂利著，谢岳译. 身份、边界与社会联系 [M]. 上海：上海世纪出版集团，2008, 16.

[5] [美]查尔斯·蒂利，谢岳译. 身份、边界与社会联系 [M]. 上海：上海世纪出版集团，2008, 16.

[6] 罗嘉昌著. 从物质到实体到关系实在 [M]. 北京：中国社会科学出版社，1996, 8.

主义、实体主义是一种颠覆，"在传统形而上学中，环境、场所外在于实体；属性、关系依附于实体。然而在关系实在论中，这一切都颠倒过来了。'关系'成了'性质'乃至'对象'生成的必要条件，成了定义任何事物的基础。在一定意义上，可以说这是一种本体上的更替，即以'关系一般'取代了'实体一般'，从根本上颠覆了实体主义。"[1] 基于关系实在论，我们将关系看成是生产性的、第一位的，先有关系的存在，后有实体性质的显现。关系构建了实体，因而，实体所有的性质都要从关系中去理解。

在关系本体之下，我们在本书中将权力定义为对行动能力的交易，是一种社会交易过程。秩序是作为交易结果的权力的体现，权力关系的形成即意味着控制成立，如果脱离于权力关系之外，那么就处于失控状态，此时暴力就可能发生。

---

[1] 罗嘉昌著. 从物质到实体到关系实在 [M]. 北京：中国社会科学出版社，1996,334.

第二章

市场内在的冲突性质

在急速现代化的国家，伴随着经济的增长，一个大众社会崛起了。所有经历市场化的国家管理者都发现，人民不再驯服，以前低眉顺目的"臣仆"可能成为愤怒的暴民。这也就是霍布斯所指的怪兽——比希莫斯的出现。奥尔特加·加赛特怀着恶意指出："大众突然出现在世人面前，并且在社会上占据着优越的地位，而在过去——如果它存在的话——它却从未被人注意过，它仅仅是社会舞台的背景，一点儿也不起眼。然而，如今它却越过舞台的脚灯，摇身一变成了主角。"[1] 他还指出："我们这个时代的典型特征就是，平庸的心智尽管知道自己是平庸的，却理直气壮地要求平庸的权利，并把它强加于自己触角所及的一切地方。"[2] 在市场经济下，大众社会为何崛起？这是我们在本书中将要回答的第一个问题。

---

[1] [西班牙] 奥尔特加·加赛特著，刘训练、佟德志译. 大众的反叛 [M]. 沈阳：吉林人民出版社，2004,5.

[2] [西班牙] 奥尔特加·加赛特著，刘训练、佟德志译. 大众的反叛 [M]. 沈阳：吉林人民出版社，2004,10. 加赛特还指出："我们生活在一个平均化的时代（a leveling period）里，在这个时代里，财产收入被平均化了，文化均匀地分布于社会各阶层之间，甚至性别上也平等了。而且，大陆与大陆之间同样也趋于平等，尽管欧洲大陆曾在活力上要差一些，但它现在也已经由于经济上的平均化而有所提高。因此，从这一点来看，大众的崛起就意味着生活可能性（living possibilities）的惊人增加，这与我们常常听到的关于欧洲衰落的说法有天壤之别。"参见：[西班牙] 奥尔特加·加赛特著，刘训练、佟德志译. 大众的反叛 [M]. 沈阳：吉林人民出版社，2004,19–20.

我们这里要指出，市场作为基础的资源配置方式，在此之上形成了一系列内在与外在的新规范。正如理查德·罗斯克兰斯指出："惟一真正的国际文明来自于世界市场占主导地位的经济文化。"[1] 市场在逐渐扩展的过程中，产生了三重社会政治构建，首先市场内在的要求交易平等；其次，要求交易自由；再次，交易又是一个权力博弈的过程。因而，冲突内在于市场所构建的社会政治事实之中。无论在国内市场还是在世界市场中，市场作为一个本质性的范畴，内在形成了现代社会政治的冲突机制。

第一节　政治社会学的解释模式

对于政治暴力的研究分散在多个学科之中，就其主要方面而言，政治社会学以及政治经济学都从各自不同的分析框架之中寻找政治暴力的发生根源。政治社会学主要是从国家与社会关系角度分析的，而政治经济学思考的主要角度是国家与市场的关系。其中政治社会学的研究成果要远远多于政治经济学，政治经济学对于政治暴力的新成果较少。西方学者对于政治暴力的研究呈现出以下两个特点：首先是重视政治因素、社会因素的较多，较少注重对经济因素的分析；其次，个案研究、比较研究较多，较少将个案置于整体的分析框架之中，并在个案之间建立高于个案本身的理论框架。

在政治社会学领域，我们可以将对政治暴力的研究划分为三大范式：变迁、结构与社会心理。[2] 赵鼎新指出："所谓变迁，指的是由现代化、人口变迁、自然灾害、大规模疫病流行、外来思潮入侵等原因所引起种种社会变化。所谓结构，包括两个方面，一是国家的结构及其行为方式，二是社会结构以及

---

[1] R. Rosecrance, The Rise of the Virtual State, Foreign Affairs(July/August 1996), p.45.

[2] 赵鼎新将对政治社会运动的研究划分为结构、变迁、话语三大范式。因为从广义上说，政治暴力属于社会运动的一部分，因而，我们也可以借用这个框架对政治暴力的研究成果进行梳理。其中，话语范式主要解释西方发达国家中的社会运动，而不是发生在后发展国家中的政治暴力。因而，我们这里强调的是结构范式与变迁范式。

社会行动者的结构性行为。国家的结构包括国家的性质（如民主的、威权的或独裁的）、国家权力的合法性基础（如法律－选举型、意识形态型的或绩效型的），以及国家在社会结构和政治文化共同作用下形成的特有的行为方式，等等。"[1] 社会心理范式主要建立在群体心理学的基础上，认为多种原因导致的群体心理的变化是群众参与暴力行动的原因。

上述变迁范式可以追溯到涂尔干那里，社会变迁范式假定了社会变迁对于社会运动的激发作用。涂尔干对于自杀的分析之中就包含了社会变迁与个人选择的因果关系。[2] 此后，达伦多夫的研究也可以归入变迁范式之中，但是最有影响力的当属塞缪尔·亨廷顿的作品。在《变化社会中的政治秩序》一书中，亨廷顿将社会变迁与制度化作为主要的变量，他认为，如果一个社会的变迁、解体速度超过其制度形成的速度，那么政治暴力就会发生。亨廷顿的理论有着广泛的影响力，并且其理论本身也富有启迪，但是其书中所举的很多例证已经为事实证明是不恰当的。在该书中，亨廷顿认为墨西哥革命制度党是一个成功吸收了各个阶层利益的稳定政治架构，但是现在该党在政治上已经不完全如是。亨廷顿的理论并不能很好解释这一点。而且亨廷顿认为政治参与是外在于市场的，我们下文中将要指出，参与的意识并非完全能由执政者控制，参与本身就是市场动员机制所造成的。亨廷顿理论与现实发展之间的差距，表明了其理论中的问题，那就是将社会变迁置于广阔的经济发展之外。

结构理论可以追溯到托克维尔那里，托克维尔在《旧制度与大革命》一书中分析了法国大革命的起源，其叙述的重点在于国家的结构，他认为，

---

[1] 赵鼎新. 社会与政治运动讲义 [M]. 北京：中国社会科学文献出版社，2006,23.

[2] 参见：[法] 埃米尔·涂尔干著，冯韵文译. 自杀论. 北京：商务印书馆，1996. 达伦多夫在《工业社会中的阶级和阶级冲突》中，以韦伯关于权威和权力的理论为基础建立其阶级和冲突理论。达伦多夫认为，社会组织内部的各种不同位置具有不同量的权威和权力。社会结构中固有的这种不平等权威的分布，使社会分化为统治和被统治两大彼此对立的准群体。在一定条件下，准群体组织表现为明显的利益群体，并作为集体行动者投入公开的群体冲突，从而导致社会组织内部权威和权力的再分配，社会暂时趋于稳定与和谐。但权威的再分配同时也是新的统治和被统治角色的制度化过程。和谐中潜伏着冲突的危机，一旦时机成熟，社会成员就会重新组织起来，进入另一轮争夺权力的冲突。See: Ralf Dahrendorf. Class and Class Conflict in Industrial Society(Stanford: Stanford University Press,1959).

路易十四的集权改造使得贵族阶层失去了领导平民的能力，这使得国家直接面对平民，"巴黎以前只不过是首都，这时已成为国家的主宰，简直可以说就是整个国家"[1]。因此，"一次骚乱就能彻底摧毁君主制"[2]。联系托克维尔在《论美国的民主》中的观点，可以看出托克维尔重视国家结构以及社会中层在国家整体结构中的重要性，这一点后来为威廉·康豪瑟（William Kornhauser）以及西达·斯考切波（Theda Skocpol）等所继承。康豪瑟在其《大众社会政治》一书中将托克维尔的社会层级概念化为政治精英-中层组织-民众三个层次，其中中层组织承担着社会稳定的重要功能。[3]斯考切波在《国家与社会革命》一书中关注的重心在于从托克维尔传统与马克思主义传统之间寻找一种综合，她考察了阶级关系、阶级与国家的关系以及国际关系，认为，法国、俄国、中国革命的原因在于国家战败之后所进行的改革对农村以及原有社会结构的破坏。[4]在托克维尔及其继承者中，普遍采取国家-社会的分析方式，这种方式的弱点在马克思主义谱系作家的对照之下会非常明显。

社会心理学范式起源于法国大革命后古斯塔夫·勒庞（Gustave Le Bon）所写的一系列著作如《乌合之众》《革命心理学》等。勒庞认为，个体的意识与个性淹没在群众心理之中，群众心理诱发出情绪，意识形态通过情绪感染得到传播。一旦被广泛传播，意识形态就渗透到群众中个体的心理层次，使个体丧失批判能力，从而影响他们的行为；群众的行为是一致性、情绪性

---

[1] [法] 托克维尔著，冯棠译. 旧制度与大革命 [M]. 北京：商务印书馆, 1992,236.

[2] [法] 托克维尔著，冯棠译. 旧制度与大革命 [M]. 北京：商务印书馆, 1992,236.

[3] William Kornhauser:The Politics of Mass Society(London: Routledge & Kegan Paul,1972). 威廉·伊斯特里的一句话很好表达了这种思想：A higher share of income for the middle class and lower ethnic polarization are empirically associated with higher income, higher growth, more education,better health, better infrastructure, better economic policies, less political instability, less civil war (putting ethnic minorities at risk), more social modernization,and more democracy. See:William Easterly.The Middle Class Consensus and Economic Development.World Bank Policy Research Working Paper No.2346.

[4] [美] 西达·斯考切波著，何俊志、王学东译. 国家与社会革命——对法国、俄国和中国的比较分析 [M]. 上海：上海世纪出版集团, 2007.

和非理智性的。[1]沿着勒庞的社会心理路径，产生了大量的社会心理学著作，其中最为著名的理论是格尔（Ted Gurr）在《人们为什么要造反》一书中提出的相对剥夺理论，他指出："相对剥夺感使得人们产生不满，这是激励人们参与集体暴力的基本条件。"[2]格尔指出了人们产生相对剥夺感的一系列情况，如经济增长的突然停止等。我们需要注意的是格尔在传统政治社会学的领域中引入了重要的经济因素。但是这种经济因素只是一种现实的处境，还没有深入到市场作为一种现代资源配置机制所产生的政治、社会效应中去。

群众心理的确是政治暴力重要的形成因素，但是心理一定依托于具体的条件，如果没有将这些具体条件分析透，那么这种心理机制虽然解释面很宽，却没有什么实际指导意义。但是格尔等指出现代社会对于不公平的敏感性，这的确是社会变迁过程中的重要现代现象。小保罗·扎克（Paul .J. Zak）考察了1962年到1992年的69个国家的数据后得出的结论是，平均基尼系数越高的国家，社会政治的不稳定性越高。而且，社会政治的不稳定性会随着人均收入的提高而下降。[3]在扎克提供的统计数据中，社会政治不稳定的事件主要发生在人均收入4000美元以下的国家。[4]可以看出人们关心的是差距，而不完全是收入。塞缪尔·亨廷顿指出："贫困与落后，动乱与暴力，这两

---

[1] [法]勒庞著，冯克利译．乌合之众．中央编译出版社，2000．[法]勒庞著，佟德志译．革命心理学[M]．吉林人民出版社，2004．

[2] Ted Robert Gurr, Why Men Rebel(NJ: Princeton University Press,1970), p.24.

[3] 但是扎克对此的引申解释基本是错误的，他指出："收入不公一般在发展初期加剧并且随着发展的持续而下降。人均收入的增加可以通过两条渠道降低社会政治不稳定。第一，如果经济增长缩小了收入分配，侵占产权的相对收益就会下降。第二，随着发展从有教育的城市居民扩大到农村居民，工人的工资会普遍提高，参与政治行动的机会成本（占用工作时间）就会增加，游行示威的动机也会消失。此外，经济发展通常会带来政治发展，这样人们就能够通过政治渠道而非游行或侵占资本来表达对分配的不满。由于这些原因，社会政治不稳定一般会随着充分发展而减弱，它仅仅是欠发达国家中存在的问题。"这种判断并没有事实的依据，在拉美一些国家，按照平均数据已经相当发达，但是收入差距却相当大。而且，在法国等发达国家也发生了大规模的城市骚乱。[美]布鲁斯·布恩诺·德·梅斯奎塔、希尔顿·L·鲁特主编，叶娟丽等译．繁荣的治理之道[C]．北京：中国人民大学出版社，2007,167.

[4] [美]布鲁斯·布恩诺·德·梅斯奎塔、希尔顿·L·鲁特主编，叶娟丽，等译．繁荣的治理之道[C]．北京：中国人民大学出版社，2007,168.

者之间的表面关系乃是一种假象。产生政治秩序混乱的原因，不在于缺乏现代性，而在于为实现现代性所进行的努力。如果贫穷国家出现动乱，那并非因为它们贫穷，而是因为它们想致富。"[1]亨廷顿这里已经点出，但没有予以详细说明的是，对于公平与差距的理解来自于市场内在的动员机制，相对剥夺的感觉以及对社会不公平的敏感来自于市场本身的社会观念构建。

然而，仅仅有观念并不能直接导致政治暴力的发生，在社会心理学基础上发展起来的资源动员理论所弥补的就是这样的空缺，查尔斯·蒂利、西德尼·塔罗等人提出的"政治机会"机制也是富有启发的。[2]西德尼·塔罗指出："当变化的政治机遇和限制使那些自身缺少资源的社会参与者受到刺激时，往往会触发斗争政治。"[3]"斗争政治的产生，是在政治机遇扩展时，在它们显示了联盟的潜在可能性时，以及它们揭示了对手的脆弱性时。一旦斗争触动了它所根植的社会网络和联系结构，产生能持续与强大对手斗争的集体行动框架和有支持力的认同，斗争就明确转化为社会运动。"[4]但是，机会是一个非常模糊的词汇，行动者所拥有的资源以及所对抗的资源都可以视作机会的组成部分。所以总结上文，任何给予行动者以暴力行动空间的机会似乎都可以视作政治机会，因而，在理论上，资源动员理论虽然弥补了社会心理理论的种种遗憾，但是还是在种种方面陷入了决定论的泥沼，亦即是认为某种特定的因素决定了政治暴力的发生。

政治社会学理解政治暴力的时候，主要将政治暴力的发生置于国内的国家与社会之间的关系的视角之下，这种视角的问题在于，忽视现代国家所处

---

[1] [美]塞缪尔·亨廷顿著，王冠华译.变化社会中的政治秩序[M].北京：三联书店，1989,38.

[2] Charles Tilly, From Mobilization to Revolution(New York: Random House, 1978).

[3] [美]西德尼·塔罗著，吴庆宏译.运动中的力量——社会运动与斗争政治[M].南京：凤凰出版传媒集团、译林出版社，2005，2.塔罗还指出："斗争性集体行动之所以成为社会运动的基础，不仅因为运动总是激烈的或偏激的，还因为它是普通民众所拥有的对抗具有装备优势的对手或强大政府的主要常常也是唯一的资源。"参见：[美]西德尼·塔罗著，吴庆宏译.运动中的力量[M].南京：凤凰出版传媒集团、译林出版社，2005,4.

[4] [美]西德尼·塔罗著，吴庆宏译.运动中的力量[M].南京：凤凰出版传媒集团、译林出版社，2005,31.

的环境。现代世界中,所有国家都处于内部与外部的联系之中。政治暴力也处于这种联系之中,忽略了这种联系,单纯分析政治暴力的发生机制,得出的结论是较为片面的。

第二节 政治经济学的解释

政治经济学主要从国家与市场的角度来审视政治暴力,还有一些作品仅仅从人们的现实的经济处境来理解政治暴力的发生。这方面的研究直到20世纪90年代才逐渐成为主流的研究方式,其中世界银行对此的推动功不可没。20世纪90年代以来,世界银行组织了一系列对于政治暴力以及冲突之后国家重建的研究。1997年还专门成立了后冲突基金(The Post-Conflict Fund of the World Bank)开展了大量的研究,支持国家建立可持续的和平以及稳定的经济增长。世行的研究主要从发展的角度理解冲突,政策导向意味较强。目前,其中一些研究已经成为政治暴力研究的经典,如《贪婪与怨恨:内战中的经济议程》《打破冲突陷阱:内战与发展政策》《暴乱、政变和内战:重新审视贪婪与怨恨的争论》《性别、冲突与发展》《用案例分析扩展内战理论》《自然资源与暴力冲突》等。[1]除此之外还有大量的案例分析,

---

[1] 就笔者对世界银行有关冲突的出版物以及报告的整理,具有较大价值的至少有:Berdal, M. & Malone, D. M. (eds.) Greed and Grievance: Economic Agendas in Civil Wars(Boulder & London: Lynne Rienner, 2000). Paul Collier, V.L. Elliott, Havard Hegre, Anke Hoeffler, Marta Reynal-Querol, and Nicholas Sambanis Breaking the Conflict Trap: Civil War and Development Policy(Washington, DC: World Bank and Oxford University Press),2003. Cristina Bodea,Ibrahim A. Elbadawi.Riots, Coups and Civil War:Revisiting the Greed and Grievance Debate, World Bank Policy Research Working Paper No. 4397. Cristina Bodea,Ibrahim A. Elbadawi. Political Violence and Economic Growth, World Bank Policy Research Working Paper No. 4692. Tsjeard Bouta, Georg Frerks, Ian Bannon,Gender, Conflict,and Development,World Bank Policy Research Working Paper No. 30494. Nicholas Sambanis,Using Case Studies to Expand the Theory of Civil War,World Bank Policy Research Working Paper No. 26670. Ian Bannon and Paul Collier EDITORS,Natural Resources and Violent Conflict,World Bank Policy Research Working Paper No. 28245.

如对斯里兰卡、塞拉利昂、菲律宾、波黑以及冷战后其他国家内部冲突等都有专门研究，几乎可以说世行对冷战后所有国内冲突基本都进行了较为系统的研究。[1] 世行的研究主要使用量化的方法，而且高度关注经济发展与政治暴力之间的关系，因而汇集了大量的实证资料，澄清了很多长期误导人们的观点。在《打破冲突陷阱：内战与发展政策》一书中，世行的研究人员认为，对国内暴力冲突的研究中掺杂了太多的意识形态。这份报告指出："多数人认为他们已经知道内战的根源，那些政治上的右派认为内战是因为长久存在的种族和宗教仇视，中间派认为，这是因为缺乏民主——那些地方缺乏和平解决政治争端的机会，而左派认为，内战的发生是因为经济不平等以及殖民主义的传统。这些解释均不符合统计数据显示出来的证据。"[2] 世行的上述批评是有道理的，关于政治暴力的研究由于局限于传统政治学中的研究范式，因而，对于基本变量的分析反而显得薄弱。世行的研究澄清了很多本来为学界视为信条的迷思。

---

[1] 世行对于冲突个案研究中有较大价值的主要有：Social Development Department Environmentally and Socially Sustainable Network, Effective Conflict Analysis Exercises:Overcoming Organizational Challenges,Report No. 36446. Mobilizing for Violence——The Escalation and Limitation of Identity Conflicts: The Case of Lampung, Indonesia Yuhki Tajima ,Report No. 32324.

Patrick Barron, Samuel Clark, Decentralizing Inequality?Center-Periphery Relations, Local Governance,and Conflict in Aceh, Report No. 38160. Thania Paffenholz, Christoph Spurk, Civil Society, Civic Engagement, and Peacebuilding, Report No. 37813. Shobhana Rajendran,David Veronesi,Nasrudin Mohammad,Alimudin Mala.The Impact of Armed Conflict on Male Youth in Mindanao, Philippines, Report No. 36874. Barry Boubacar-Sid, Edward G. E. Creppy,Estanislao Gacitua-Mario, and Quentin Wodon. ed.Conflict, Livelihoods, and Poverty in Guinea-Bissau, Report No. 39044. Julien Labonne, Dan Biller and Rob Chase.Inequality and Relative Wealth:Do They Matter for Trust?Evidence from Poor Communities in the Philippines, Report No. 39387. Jonathan Goodhand and Bart Klem with Dilrukshi Fonseka, S.I. Keethaponcalan, and Shonali Sardesai,Aid, Conflict,and peacebuilding in Sri Lanka 2000-2005, Report No. 45126. Nat J: Colletta and Michelle L. Cullen, The Nexus between Violent Conflict Social Capital and Social Cohesion:Case Studies form Cambodia and Rwanda , Report No. 22852. N AT Y. Colletta,Teck Lim,Anita Kelles-Viitanen,Social Cohesion and Conflict Prevention in Asia:Managing Diversity through Development, Report No. 23245.

[2] World Bank: Breaking the Conflict Trap: Civil War and Development Policy, p.53.

我们结合世行的报告以及学界的研究，可以把政治暴力的根源归结为以下几个主要因素：失业、不公平、资源争夺、相对贫困以及组织化资源。大量来自于实践的材料证明，上述是政治暴力发生的主要直接因素。

在很多国家中长期失业导致失业群体的普遍的激进化，尤其是在缺乏社会保障的国家更是如此。失业不仅仅是没有工作机会这么简单，还涉及家庭的责任以及个人的尊严。李工真指出："失业者的日常生活不仅是用物质上的匮乏、对家庭生计的担忧、生活上安全保障的失落感来标志的，同时也是用被排除在生产过程之外的感觉、个人的无用性、无所事事的混日子的感觉等这类心理上的负担来标志的。他们过去的日常生活是由劳动生活的节奏、在企业中的劳动纪律来组成的，正因为如此，才使他们感觉到业余时间的可贵。然而在失业的状况中，他们过去在业余时间里进行的活动却在逐步减少，发生了一种普通的对时间意识的丧失感。这种长期性的失业不可能使失业者在发挥劳动创造性方面穷则思变，只能导致他们在现有体制下对未来的绝望。"[1]二战前逐渐走向激进的德国，工人以及中产阶级下层长期无法就业是一个直接的原因。李工真还指出："正是在这种社会心理状态的影响下，越来越多的失业者加入各类'命运共同体'的倾向日趋强烈。因为这种战斗性的同盟，比起国家提供的那种意义不大、并在不断减少的福利救济金来，更能帮助失业者克服心理上的障碍。"[2]激进团体为失业者提供了精神与现实的家园，尤其是青年，得到战斗意识形态的指导，不仅缓解了现实中的疏离与痛苦，而且为愤怒与仇恨找到了发泄的渠道。

---

[1]李工真著.德意志道路：现代化进程研究[M].武汉：武汉大学出版社，1997,335.
[2]李工真指出："一般来说，非熟练工人中的失业者往往加入共产党领导的'红色战士同盟'，熟练工人中的失业者更多地是加入社会民主党领导的'帝国旗帜'和'钢铁战线'，传统手工业中的失业者最初选择的往往是右翼保守政党领导的'钢盔团'，而职员中的失业者、被辞退的小官员、农业工人中的失业者和其他中间等级破产者加入的往往是纳粹党领导的'冲锋队'。尽管这些战斗组织在政治上和意识形态上各不相同，甚至根本对立，但是，它们都能为其成员提供组织内部的理解、同情、亲近与伙伴式的团结一致，都能从时间上充实失业者的日常生活，都能用战斗的组织纪律来取代劳动的组织纪律，并将人们置入到长期的、不停顿的运动之中。"李工真.德意志道路：现代化进程研究[M].武汉：武汉大学出版社，1997,335-336.

因而，许多激进势力的社会基础是长期失业的青年。毕康健在研究埃及的政治暴力时指出："埃及失业的地区分布与政治暴力的地区分布基本一致，说明二者存在相关性。当代埃及政治暴力高发地区是大开罗城市边缘区和上埃及，而大开罗城市边缘区恰恰是城市失业者最为集中的地方，城市贫困带；上埃及是埃及的贫困之乡，失业率高——1996年埃及失业率最高的省份便是上埃及的阿斯旺省。1996年，在失业率超过10%的7个省中，上埃及占3个。"[1]

在以上因素之外，还有一个重要的变量就是对于自然资源的争夺。考勒尔（Collier）以及霍夫勒（Hoeffler）发现，对于国内冲突影响最大的是三个经济因素：人均收入水平、增长率以及增长结构，亦即，对初级产品出口的依赖。他们指出，而对初级产品的依赖性与叛乱之间的关系是非线性的，当初级产品的出口占到GDP的30%的时候，叛乱的可能性达到最大值。[2] 对于前两点，前面已经分析，这里要分析的是自然资源的占有。对于自然资源的占有具有自然垄断性，对于土地的占有以及土地之上其他资源的占有是排他的，难以共享的，而且有资源者称王，无资源者为奴。国内群体对于资源的争夺会导致国内社会的严重分化以及分裂。对于为什么自然资源会有这种效应，我们在以后的章节中还要详细分析。

失业与相对贫困有着密切的联系，上文已经指出：在传统的贫困地区并不存在政治暴力的多发，然而在城市的边缘地区以及国家中较为贫困地区的大城市却是政治暴力的多发地带。已经开始接触到市场，然而并没有能从市场中获益的群体，见证了市场所带来的繁华与自身所面对的贫困处境。两相对照之下是巨大的心理落差。相对剥夺的感觉，不仅存在于经济的繁荣期与衰落期的对照，还存在于贫富之间的对比。东京大学的冈崎哲二对日本二战前的历史数据进行统计分析发现，收入不平等对社会稳定有着明显的正相关的关系。他将社会稳定用自杀率与盗窃事件加以衡量，发现收入不平

---

[1] 毕康健著. 埃及现代化与政治稳定 [M]. 北京：社会科学文献出版社，2005,356.
[2] World Bank: Breaking the Conflict Trap: Civil War and Development Policy, p.58.

等的扩大将同时出现自杀率的上升以及盗窃事件的增多。[1]东南亚的诸多分离主义运动并不是出现在该国家最贫困的地区，而是出于收入居中的半开发地带。印度尼西亚的亚齐地区并非是最穷，自由亚齐运动的发生与绿色革命引起的农村地区分化有很大的关系。[2]美国种族冲突的研究也表明，上世纪60年代美国的大规模的种族冲突无一例外地都发生在大都市区以及中心城市的少数民族聚居区。[3]"爆发冲突的洛杉矶市中南区，由于失业率居高不下，贫困率令人触目惊心。在16岁以上的人口中，未进入就业市场和失业的比率达42%以上，其中黑人男性为52.7%，女性为57.9%，西班牙裔男性为29.9%，女性为59.9%，白人和亚洲裔明显偏低。如此高的失业率使人口贫困率到了无以复加的程度。在有18岁以下子女的家庭中，贫困率为38%，其中，黑人为56%，西班牙裔为42%，白人为12%，亚洲裔为13%，比全国各类同比均高一倍以上。在年龄构成上，加州的青少年贫困率平均为12%，而洛杉矶中南区为44%。"[4]失业与相对贫困背后隐含着社会机制的某种不公平，现代社会对于公平的敏感要远远高于前现代社会，这一点在越是现代化的地区中越是如此。

相对贫困是导致政治暴力的基本因素，但是对这个问题，我们需要深一层的理解。那就是在很多基尼系数很高的国家，并没有发生长期大规模的冲突。"当一个人在社会上比其他人穷，即便他为此感到绝望，也未必

---

[1] [日]青木昌彦、吴敬琏编.从威权到民主——可持续发展的政治经济学[C].北京：中信出版社，2008,62.

[2] 陈衍德等著.全球化进程中的东南亚民族问题研究[M].厦门：厦门大学出版社，2008,90.

[3] 美国20世纪60年代的种族冲突规模是很大的。"在1961-1969年间，各地城市共发生大大小小的种族冲突达2500多起，伤亡人数达9500多人。大型冲突主要集中在1964-1968年。在这四年间除一些与学生反对越战、反主流文化和妇女运动相关的暴力冲突外，有239次大型种族暴力冲突，参与人数多达20多万，造成约200多人死亡，8000多人严重受伤。"参见：梁茂信、聂万举.60年代以来美国城市种族暴力冲突的特征及其根源.哈尔滨工业大学学报(社会科学版)[J].2000,12,60.

[4] 梁茂信、聂万举.60年代以来美国城市种族暴力冲突的特征及其根源.哈尔滨工业大学学报(社会科学版)[J].2000,12,62.

会发动一场叛乱。"[1]这是因为，他缺乏组织化的资源。这种资源可能是种族、特定的信仰、意识形态、区域或者是对原有组织的改造。也就是说，不平等需要与认同群体结合起来，才能使得政治暴力成为一种现实的可能性。没有这种资源，人们甚至可能采取犯罪等方式来背离现有的法律，改善自身的状况，但是难以组织起大规模的反对政府的武装力量。[2]组织起大规模的政治暴力活动不仅需要自身的组织资源，还需要外部的政治上的机遇。道格拉斯·A·希布斯发现，种族歧视、经济增长率低、非共产党式的中央集权以及国家人口规模，与暴力形式的集体抗议活动程度有很高的相关性。[3]虽然加布里埃尔·A·阿尔蒙德认为，公共秩序与警察力量之间不完全相关，但是他还是认为政治结构对于骚乱有着很大的影响。阿尔蒙德通过统计1958年至1967年各国国内安全力量与骚乱的数字得出结论："美国和西德拥有与各自人口相比同等的安全力量，但在1958-1967年间，美国发生骚乱的水平和发生率几乎是西德的六倍，以色列拥有大规模的安全力量和按人均计算的最高骚乱发生率，而英国国内安全力量相对很小，骚乱发生率却很低。在捷克斯洛伐克、保加利亚和南斯拉夫这些共产党国家中，安全力量的规模相对很大，因而骚乱发生率很低。因此，看来公共秩序并不完全同这些国家

---

[1] Gudrun Ostby. Horizontal Inequalities, Political Environment, and Civil Conflict: Evidence from 55 Developing Countries, 1986-2003, World Bank Policy Research Working Paper No. 4193, p.2.

[2] Gudrun Ostby point out that: Civil wars are organized group conflicts, not a matter of individuals randomly committing violence against each other. Hence, we should not neglect the group aspect of human well-being and conflict. Systematic inequalities that coincide with ethnic, religious or geographical cleavages in a country are often referred to as horizontal inequalities (or inter-groupinequalities). Case studies of particular countries as well as some statistical studies have found that such inequalities between identity groups tend to be associated with a higher risk of internal conflict. However, the emergence of violent group mobilization in a country with sharp horizontal inequalities may depend on the characteristics of the political regime. Gudrun Ostby. Horizontal Inequalities, Political Environment, and Civil Conflict: Evidence from 55 Developing Countries, 1986-2003, World Bank Policy Research Working Paper No. 4193, p.2.

[3] Douglas A Hibbs: Mass political violence: a Cross-national Causal Analysis (New York: Wiley, 1973).

中警察力量的大小相联系。社会和政治秩序的特征似乎是重要的因素。"[1] 上述统计中，阿尔蒙德的研究给我们的启示是，影响秩序的因素很多，很难得出一个较低抽象层次上的一对一的变量关系，需要将多种变量结合考虑。

　　上文已经指出的，世行的研究是政策导向的，理论色彩较为薄弱，而且即便进行理论分析也是立足于对冲突进行具体的理论总结，主要集中于对冷战后国内冲突的研究，缺乏对于具有历史纵深的思考。[2] 这个问题也同样存在于各种学术团体对政治暴力的研究之中。在政治经济学的视野中，西方学者更多将经济视为经济因素，而很少将经济作为现代的生产、交换方式。这与政治社会学的在分析政治暴力时所出现的问题一样，是决定论的，亦即认为数个变量决定了政治暴力的产生、发展，而不是将政治暴力视为多种关系中的某种状态。这些研究中，即便有理论构建，也主要集中于对于发生机制的理解，如《贪婪与怨恨：内战中的经济议程》中指出，政治暴力的发生并

---

[1] [美] 加布里埃尔·A·阿尔蒙德等著，郑沛霖等译. 比较政治学：体系、过程和政策 [M]. 上海：上海译文出版社，1987，402.

[2] V. Fitzgerald, & A.Grigsby, Nicaragua: the Political Economy of Social Reform and Armed Conflict, in War and Underdevelopment: Case Studies of Countries in Conflict, vol. 2, F. Stewart & V. Fitzgerald, eds., Oxford :Oxford University Press, 2000. E. W. Nafziger, F. Stewart, & R. Vayrynen, eds., From Holy War to Opium War?: A Case Study of the Opium Economy in North Eastern Afghanistan(Oxford: Oxford University Press, Goodhand, J. 1999). Sayigh, Yezid. The Gulf Crisis: Why the Arab Regional Order Failed(International Affairs1991.67,487-507). James C.Scott, The Moral Economy of the Peasant: Rebellion and Subsistence in Southeast Asia(New Haven: Yale University Press,1976). Samuel Brunk, Emiliano Zapata: Revolution and Betrayal in Mexico (Albuquerque: University of New Mexico Press, 1995). Cliff Welch, The Seed Was Planted: The Sao Paulo Roots of Brazil's Rural Labor Movement, 1924-1964 (University Park: Pennsylvania State University Press, 1999). Steve J. Stern.New Approaches to the Study of Peasant Rebellion and Consciousness: Implications of the Andean Experience. in Steve J. Stern, ed., Resistance, Rebellion, and Consciousness in the Andean Peasant World: 18th to 20th Centuries (Madison: University of Wisconsin Press, 1987). P. Richards. Fighting for the Rainforest: War, Youth and Resources in Sierra Leone(Oxford, James Currey, 1996). A.Payne. The Global Politics of Unequal Development (London, Palgrave, 2005). R.Joseph.(ed.) State, Conflict, and Democracy in Africa (Lynne Rienner Boulder Colorado & London,1999). D. KeenConflict and Collusion in Sierra Leone(Oxford, James Currey, 2005).

不仅仅是因为受到压迫,在很多情况下也是因为贪婪。[1]这个判断有道理的,但是我们要指出的是,贪婪还是怨恨,有时是分不清的。我们后面章节中将要详细分析,最为根本的原因在于权力的强度,在特定的权力强度下,如自然资源争夺,只要一方拥有,那么对没有获得的人就拥有极大的权力强度,在这种情况下,如果不贪婪地夺取,那么就会被迫生活在怨恨之中。从关系实在论的角度审视,可以将上述几个方面综合起来,从国家、社会、市场关系的互动中理解政治暴力。

第三节 国家、社会与市场

统计数据提供了对于事实的凝练性概括,但是统计规律本身并不一定是规律,不仅因为很多统计所选取的样本数量等方面存在着局限性,还因为规律是对变量关系的持久、全面考察,植根于理性思考以及对于事实的不断再验证过程之中,统计规律如果不和这个过程结合起来,得出的结论很可能是片面的。上述几个方面提供的是市场背景下,市场参与者面临的境遇问题。这种境遇,无论是公平的收入,还是对自然资源的占有以及对于工作机会的获取,都涉及市场内在的性质以及这种性质在社会与政治上的反应。因为,正是由于市场中所处的竞争地位决定了收入以及工作,而对于自然资源的占有更是一种由国家确认的权利,这种权利的保障是依靠权力的。

仅仅将经济因素归结为经济领域是肤浅的,麦金德在分析民族独立运动的时候认为,爱尔兰独立自治诉求的主要原因在于青年。"这些青年正在进行鼓励(虽然他们不完全理解这一点),要求机会均等,而不是反对英格兰的所谓奸猾。波西米亚人在奥地利的残暴统治下,经济繁荣,异常出色,但

---

[1] Berdal, M. & Malone, D. M. (eds.) Greed and Grievance: Economic Agendas in Civil Wars(Boulder & London: Lynne Rienner, 2000).

是他们仍然为建立捷克斯洛伐克国家而战。"[1]麦金德这里实际上含蓄地指出了权力在政治暴力中的核心意义。正如米格代尔在分析农民革命时指出的，"农民革命是从政治开始的。一开始只不过是农民因某种可选择的利益而献身的行为逐渐变为类似的为爱国主义而献身的行为，在这一点上，农民不仅仅是为了某种特殊物质利益而投身革命，也不仅仅是为了反对现存社会制度中的利益分配方式而起。农民起义的目的是为了推翻不能为农民提供适合于农民新经济地位的大的政治社会的法律制度。"[2]安东尼·吉登斯也指出："革命运动只有在普遍的公民身份权利的观念出现以后才会出现，同时还结合了平等和民主的理念。这种观念根源于古代世界，在17世纪的时候逐渐展现其现代的轮廓。但是，只有在18世纪晚期以后，它们才系统地演变为激进的社会和政治变革运动。"[3]可见，政治暴力是与现代性密切相连的一种政治方式。

因而，对于政治暴力的分析需要国家、市场与社会的视角，这正是马克思主义政治经济学所一贯坚持的。总体而言，马克思经典作家的著作也可以部分纳入结构分析的范式，但是马克思不同于托克维尔式结构主义的最为重要方面是，马克思将国家、社会、市场综合进一个整体的框架中思考，并将市场作为基本的动力之一。马克思从生产中的内在矛盾着手进而分析国家与社会之间的关系。

马克思与恩格斯指出："按照我们的观点，一切历史冲突都根源于生产力和交往形式之间的矛盾。"[4]马克思所指的生产力是内容，而交往方式是形式。特定的内容需要特定的组织方式与交流方式，如果内容与形式之间不相契合，那么就会发生冲突。而国家是对这种冲突的解决。恩格斯说："国

---

[1] [英]麦金德著. 武原译. 民主的理想与现实[M]. 北京：商务印书馆，1965，165-166.

[2] [美]J.米格代尔著，李玉琪、袁宁译. 农民、政治与革命[M]. 中央编译出版社，1996，228.

[3] [英]安东尼·吉登斯著，郭忠华译. 批判的社会学导论[M]. 上海：上海世纪出版集团，2007，67.

[4] 马克思、恩格斯著，中央编译局译. 马克思恩格斯全集第3卷[M]. 北京：人民出版社，1960，83.

家是社会在一定发展阶段上的产物；国家是承认：这个社会陷入了不可解决的自我矛盾，分裂为不可调和的对立面而又无力摆脱这些对立面。而为了使这些对立面，这些经济利益相互冲突的阶级，不致在无谓的斗争中把自己和社会消灭，就需要有一种表面上凌驾于社会之上的力量，这种力量应当缓和冲突，把冲突保持在'秩序'的范围以内；这种从社会中产生但又自居于社会之上的并且日益同社会相异化的力量，就是国家。"[1] 社会之所以有冲突与对立是因为在国家产生的过程中，由于经济生活条件的变化，使社会内部分裂为自由民和奴隶，从事剥削的富人和被剥削的穷人，形成不可调和的阶级矛盾，并日益尖锐化。因此，要出现第三种力量来缓和对立，"压制它们的公开的冲突，顶多容许阶级斗争在经济领域内以所谓合法形式决出结果来"[2]。同样，在资产阶级国家，国家也是资产阶级统治的工具，是统治阶级维护自己利益、获取利益的一种手段。

沿着这种思路，列宁在《帝国主义是资本主义的最高阶段》中将阶级分析范式扩展到了世界的范围，并将马克思、恩格斯的世界市场、资本、阶级斗争的概念有机结合形成了帝国主义论。列宁概括出帝国主义的五个基本特征："（1）生产和资本的集中发展到这样高的程度，以致造成了在经济生活中起决定作用的垄断组织；（2）银行资本和工业资本已经融合起来，在这个'金融资本的'基础上形成了金融寡头；（3）和商品输出不同的资本输出具有特别重要的意义；（4）瓜分世界的资本家国际垄断同盟已经形成；（5）最大资本主义大国已把世界上的领土瓜分完毕。帝国主义是发展到垄断组织和金融资本的统治已经确立、资本输出具有突出意义、国际托拉斯开始瓜分世界、一些最大的资本主义国家已把世界全部领土瓜分完毕这一阶段的资本主义。"[3] 他指出：在生产资料私有制还存在的这种经济基础上，帝国主义战争是绝对不可避免的。因为，资本主义发展到帝国主义阶段，帝国

---

[1] 马克思、恩格斯著,中央编译局编译.马克思恩格斯文集第4卷[M].北京：人民出版社,2009,189.

[2] 马克思、恩格斯著,中央编译局编译.马克思恩格斯文集第4卷[M].北京：人民出版社,2009,188.

[3] 列宁著,中央编译局编.列宁选集第2卷[M].北京：人民出版社,1995.651.

主义国家间竞争加剧，同时对殖民地与附属国的争夺加剧，帝国主义国家内部的矛盾、它们之间的矛盾、帝国主义与殖民地之间的矛盾是战争的根源。"不管是一个帝国主义联盟去反对另一个帝国主义联盟，还是所有帝国主义大国结成一个总联盟，都不可避免地只会是两次战争之间的'喘息'。和平的联盟准备着战争，同时它又是从战争中生长出的，两者互相制约，在世界经济和世界政治的帝国主义联系和相互关系这个同一基础上，形成和平斗争形式与非和平斗争形式的彼此交替。"[1]我们由上可见，马克思主义经典作家关于冲突形成了一个广阔视野中的系统的理论体系。马克思、恩格斯与列宁的观点提供了思考政治暴力的重要视角，尽管他们的分析主要针对特定的环境。但是，如果我们从其理论中抽出其使用的变量，清晰分析其理论构成，就应用到更为广阔的范围中来。

马克思经典作家解释政治暴力的着眼点在于市场的变动带来的一系列政治、社会权力配置方式以及权力内涵的变迁。这里的市场不仅指抽象意义上的市场，而且在较为具体的意义上指"世界市场"。马克思指出："有许许多多人仅仅依靠自己劳动为生，有大量劳动力与资本隔绝或者甚至连有限地满足自己的需要的可能性都被剥夺，因而它们已经不仅暂时失去作为有保障的生活来源的工作本身，而是一概处于完全不稳定的地位，——所有这一切，都由于竞争的关系而以世界市场的存在为前提。"[2]因而，我们要在更大的范围内考察国际体系对于国内冲突的影响，这也就是采用所谓"颠倒的第二意象"分析方法。该方法是彼得·古勒维奇（Peter Gourevitch）首先提出的，强调国际政治经济结构对国内政治的影响。在他看来，有两种体系层次的力量在塑造单元层次的结构，一种是国际权力结构，即国际政治体系的权力分布状态，第二是国际市场结构，即国际经济体系的财富分配状态。简而言之，就是战争与贸易

---

[1] 列宁著，中央编译局编.列宁选集第2卷[M].北京：人民出版社，1995,680.

[2] 马克思、恩格斯著，中央编译局译.马克思恩格斯全集第3卷[M].北京：人民出版社，1960,40.

深刻地影响着国内政治的发展。[1]另一位比较政治学家罗纳德·罗高斯基（Ronald Rogowski）也强调国际对国内的影响，他在《商业与贸易》书中指出，扩大贸易开放会削弱国内丰富要素持有者的经济利益和政治地位，而有利于巩固和提升国内稀缺要素拥有者的经济利益和政治地位，[2]从而提出了国际贸易层次的变化影响国内政治联盟与分裂的著名假说。1995年，里斯－卡彭（Thomas Risse-Kappen）主编了《把跨国关系找回来》，考察了跨国性的规范和制度力量、非政府组织和跨国利益集团对国内结构变迁的重要意义。[3]罗伯特·基欧汉和海伦·米尔纳主编的《国际化与国内政治》一书中，通过对工业化国家、社会主义国家和发展中国家融入世界经济体系的比较分析，考察了国际贸易流动和国际资本市场的扩张所形成的跨国经济力量，也就是国际化通过三种途径影响了国内政治：塑造了新的政策偏好和政治同盟；引发国内经济和政治危机；削弱政府对宏观经济政策的控制。[4]在国际政治经济学近年的推动下，国际－国内分析成为较为主流的分析方法。

　　至少在市场为主要资源配置手段的社会中，一个重大的经济政策同时也是一个重要的社会政策，一个重要的政治政策。市场构建了现代社会基本的生活方式以及基本的价值取向。在市场主导的情况下，与经济交换密切结合形成了普遍的社会交换。这种交换在经济学领域被假设为平等的，因而，经济学有效地规避了权力的因素，只在讨论垄断的时候，偶尔涉及一点。但是，市场并非平坦，交易并非总是公平。在所有的交易中都涉及权力的因素。马克思指出："受分工制约的不同个人的共同活动产生了一种社会力量，即扩大了的生产力。由于共同活动本身不是自愿地而是自发地形成的，因此这种

---

[1] Peter Gourevitch, The second Image Reversed: The International Sources of Domestic Politics, International Organization(Autumn 1978),pp.881-912.

[2] Ronald Rogowski,Commerce and Coalitions: How Trade Effects Domestic Political Alignments(Princeton: Princeton University Press 1989).

[3] Thomas Risse-Kappen, ed., Bringing Transnational Relations Back In: Non-state Actors,Domestic Struture and International Institutions(Cambridge University Press,1995).

[4] [美]罗伯特·基欧汉、海伦·米尔纳著，姜鹏、董素华译. 国际化与国内政治[M]. 北京：北京大学出版社，2003.

社会力量在这些个人看来就不是他们自身的联合力量，而是某种异己的、在他们之外的权力。关于这种权力的起源和发展趋向，他们一点也不了解；因而他们就不再能驾驭这种力量，相反地，这种力量现在却经历着一系列独特的、不仅不以人们的意志和行为为转移的，反而支配着人们的意志和行为的发展阶段。"[1] 马克思将这种权力称为"异化"，亦即形式对内容的改变。他还指出："资本是资产阶级社会的支配一切的经济权力。"[2] "资本家已经作为资本同活劳动相对立，这是资本家不仅作为资本保存自己，而且作为不断增长的资本越来越多地不支付等价物便占有他人劳动的唯一条件，或者说，这是资本家扩大他的权力，扩大他的同活劳动能力相对立的作为资本的存在，而另一方面，一再地把处于主体的贫穷中，即丧失物质实体的贫穷中的活劳动能力重新变为活劳动能力的唯一条件。"[3] 这里马克思明确地把市场中交易主体的境遇与他所具有的权力结合到了一起，并将这种权力斗争扩展到了整个世界政治经济体系之中。"对于某一国家内冲突的发生来说，完全没有必要等这种矛盾在这个国家本身中发展到极端的地步。由于同工业比较发达的国家进行广泛的国际交往所引起的竞争，就足以使工业比较不发达的国家内产生类似的矛盾（例如，英国工业的竞争使德国潜在的无产阶级显露出来了）。"[4] 马克思关于权力的思想后来在列宁的著作中作了更为深入的阐释。

马克思、恩格斯以及列宁的著作为理解政治冲突提供了更为广阔的视野。目前，关于政治秩序、政治冲突的研究明显局限在各个学科细分之中。塞缪尔·亨廷顿的著作以及很多其他著作大多局限于分析政治与社会的关系，而很多政治经济学的研究成果显然仅仅关注贫富分化等具体的变量对于政治冲

---

[1] 马克思、恩格斯著，中央编译局译.马克思恩格斯全集第3卷[M].北京：人民出版社，1960,38-39.

[2] 马克思、恩格斯著，中央编译局编译.马克思恩格斯文集第8卷[M].北京：人民出版社，2009,31-32.

[3] 马克思、恩格斯著，中央编译局编译.马克思恩格斯文集第8卷[M].北京：人民出版社，2009,106.

[4] 马克思、恩格斯著，中央编译局译.马克思恩格斯全集第3卷[M].北京：人民出版社，1960,83.

突的影响。巴林顿·摩尔对于国内冲突的分析主要局限于仅仅继承了马克思主义的生产方式方面。摩尔忽略的国家间权力关系,可能恰恰是问题的关键。正是因为各国所处的国际与国内的权力结构不同,才导致英国、法国、俄国与中国产生了不同的国内冲突方式,并进而走上不同现代化道路。[1]因此,国家、社会与市场的关系只有在全球体系中才能清晰地认识,如果不理解国家在世界产业中的分工地位,就很难理解其内部阶层结构的形成原因以及制约因素。

第四节　市场的三重社会政治建构

什么是现代市场?哈耶克认为市场是一种自发秩序,是不同领域不断试错的结果,这种试错并非是有意识的,而是历史机遇引起的。[2]当然,在哈

---

[1] [美]巴林顿·摩尔著、拓夫,等译. 民主和专制社会的起源 [M]. 北京:华夏出版社. 1987.

[2] 哈耶克指出:"我们在自己既不十分了解、其结果也并非出自我们的设想的环境引导下——譬如通过市场交换中的价格机制——去做某些事情。在我们的经济活动中,我们既不了解我们所满足的那些需求,也不了解我们所获得的物品的来源。我们所服务的人,我们几乎全不认识,甚至我们不在乎他们的生存。同时我们的生活,也要依靠不断接受另一些我们一无所知的人所提供的服务。这些事情之所以成为可能,不过是因为我们处在一个巨大的制度和传统架构——经济的、法律的和道德的——之中,我们通过服从某些并非由我们制定、从我们了解自己制造的东西的功用这个意义上说我们也并不理解的行为规则,使自己适应了这个架构。"[英]哈耶克著,冯克利、胡晋华译. 致命的自负 [M]. 北京:中国社会科学出版社,2000,11. 他还指出:"在自发秩序中,为了让人们各得其所,不需要任何人对应当追求的一切目标以及采用的一切手段了解得一清二楚。这种秩序是自己形成的。在调整中产生出秩序的各种规则,它们的出现并不是因为人们对其作用有了更好的了解,而是因为那些繁荣兴旺的群体恰好以一种增强了他们适应力的方式对规则进行了改进这个进化过程并不是直线式的,而是在包含着不同秩序的领域不断试错、不断'试验'的结果。当然,并不存在试验的意图——规则的变化是由历史机遇引起的,它类似于遗传变异,其作用也大体相同。"[英]哈耶克著,冯克利、胡晋华译. 致命的自负 [M]. 北京:中国社会科学出版社,2000,18.

耶克这里忽略了市场发育中的"人造秩序"的重要性。但是,无论如何,这种自发秩序是存在的,人造的秩序只有依托于这个自发的秩序,才能长久存在。因为大量的日常的经济行为并不能通过一个中枢来完成,而要许多的分散个体,在自己的讨价还价、精心算计中进行,并得以固定下来一套习惯、制度。因而,自发秩序是在交换中产生的。

交换让我们看到了复杂性中的简单性。制度经济学派的康芒斯的天才贡献在于,他发现了市场之"场",也就是说,市场是一种关系,而不是一个实体。在这个意义上,康芒斯着重批判了洛克"劳动"的概念,他指出,在洛克看来"劳动意味着所有权以及被占有的物质的东西的存在都是正当的"[1]。可是物质和所有权的相互关系,不在"劳动"中,而是在"交易"中,他认为,交易不仅是物品交换,而是权利的交换。"个人与个人之间对物质东西的未来所有权的让与与取得,一切决定于社会集体的业务规则。因此,这种权利的转移,必须按照社会的业务规则先在有关方面之间谈判,然后劳动才能生产,或者消费者才能消费,或者商品才会实际交给其他的人。"[2] 在交换关系之下,交换形成了一种社会选择机制,交换决定了生产什么,怎么生产。在市场中,生产的目的是为了交换,因为存有交换的可能性的预期才导致生产。而通过市场的试错机制,那些不能交换的生产将停止,或者减少,那些得到顺利交换的产品将扩展生产,并吸引大量的厂商的参与。交换产生持续的成本压力,而大规模的交换则刺激了大规模的生产,并引起大规模的分工。因而交换是市场的核心,正是交换关系构建了生产与分工。

亚当·斯密在《国富论》中指出:"分工起因于交换能力,分工的程度,因此总要受交换能力大小的限制,换言之,要受市场广狭的限制。市场要是过小,那就不能鼓励人们终生专务一业。"[3] 马克思在《政治经济学批判(1857—1858年草稿)》中指出:"交换和分工互为条件。因为每个人为

---

[1] [美]康芒斯著,于树生译.制度经济学上册[M].北京:商务印书馆,1962,70.
[2] [美]康芒斯著,于树生译.制度经济学上册[M].北京:商务印书馆,1962,74.
[3] [英]亚当·斯密著,郭大力、王亚南译.国民财富的性质和原因的研究,北京:商务印书馆,1988,12.

自己劳动，而他的产品并不是为他自己使用，所以他自然要进行交换，这不仅是为了参加总的生产能力，而且是为了把自己的产品变成自己的生活资料。"[1] 交换比分工更具有根源性，保尔·芒图在分析英国产业革命时指出："交换与分工这两大主要事实，统治着这一整个的演进；它们彼此密切联系着，相互使对方发生变化，它们的结果虽有无限的差异，但它们的原理总是同一的。它们同人类的欲望和劳动一样的古老，它们是通过整个由它们所决定的或伴随着的文化运动来共同继续前进的。交换上每一次扩大或增加，都为生产打开了新的门路，引起了更加进步的、更加有效的分工，引起了在各生产地区间、在各行业间以及在每一行业的各部门间日益狭窄的任务分派。反过来，分工由于得到技术进步（技术进步是分工的最有成就的形式）的帮助，于是在许多相互依赖的专业之间就必以越来越大的协作为前提，最后，全世界都参与这一协作了。"[2] 我们从上面论述可以看出，交换是一个统一化的过程，而分工是一个分化的过程。在交换中，所有的商品都要以相似的标准与衡量手段进入交换系统，而在分工过程中产生越来越复杂、越来越多样化的生产形态与工作方式。这两者之间的互动产生了新的社会与政治效应。

在市场交换的基础上产生了不同的价值与社会形式。在市场交换中，价格与物的分离，这就意味着一种新的脱离于质料的价值的存在。人们按照这种价值，而不是物的形态进行交易。在《资本论》中，马克思指出："商品是天生的平等派和昔尼克派，它随时准备不仅用自己的灵魂而且用自己的肉

---

[1] 马克思、恩格斯著，中央编译局编译. 马克思恩格斯文集第 8 卷 [M]. 北京：人民出版社，2009,52. 马克思认为："交换只是生产和由生产决定的分配一方同消费一方之间的中介要素。"（马克思、恩格斯著，中央编译局编译. 马克思恩格斯文集第 8 卷 [M]. 北京：人民出版社，2009,22.）在这种观点下，交换是从属于生产的，"交换也就显然作为生产要素包含在生产之内"。（马克思、恩格斯著，中央编译局编译. 马克思恩格斯文集第 8 卷 [M]. 北京：人民出版社，2009,22）因而，"交换和消费不能是起支配作用的东西，这是不言而喻的"。（马克思、恩格斯著，中央编译局编译. 马克思恩格斯文集第 8 卷 [M]. 北京：人民出版社，2009,23.）

[2] [法] 保尔·芒图著. 十八世纪产业革命——英国近代大工业初期的概况 [M]. 北京：商务印书馆，1983, 24-25.

体去换取任何别的商品。"[1]商品价值衡量尺度上的通用性构建了交易者交易行为中的平等性。也就是说，交易主体在交易中必须被假定为形式上是平等的，尤其在陌生人交易中，商品掩盖削弱了交易者的身份，削弱了交易者的主体特征。

这一判断是符合历史实际的。中世纪末期的城市向领主或者教会购买自治权的过程中逐渐消解了身份制，形成了新的平等观念。周仲秋认为这种金钱政治原则直接产生了一种新的平等观念，包含三层含义："一是政治地位和社会地位的平等比财富平等更加重要。这是所有的城市居民，包括富人和穷人、老贵族和新贵族在反抗封建领主，争取自治权的斗争中作出的价值选择。二是人的社会地位和政治地位不能依据别的原则，而只能依据金钱的原则来确定和谋得。这里很自然地产生了一个'排除性判断'：除了人们在金钱占有的数额上存在差别外，在其他一切方面都不存在差别，都是完全平等的。三是平等权利要求的合理性。既然城市自治权是大家出钱赎买来的，那么大家在城市自治权的享有上也是平等的，尽管这是一种有差别的平等。"[2]这种平等观念不仅表现在自然人之间，而且表现在法人之间，欧洲国家皇室向社会融资的契约化逐渐导致了罗马民法作为支配性的法律准则，应用民法的原则实际上承认了契约主体的平等性。而在威斯特伐利亚体系建立之后，这种原则已经上升到国家的层面，成为国家之间的抽象的而不是具体的原则。

市场作为一种普遍化的资源配置手段通过交易纽带将陌生人连接起来。这种连接不仅在连接中构建新的价值，也在连接中消解原有社会关系，塑造

---

[1] 马克思、恩格斯著．中央编译局编译．马克思恩格斯文集第5卷[M]．北京：人民出版社，2009，104．

[2] 周仲秋进而指出："一般来说，在赎买之前，城市居民要以契约的形式，组成权力机构来进行谈判和交易。因此，每个城市居民都明确这种权力具有'转让'、'授予'和'委托'的性质。而获得城市自治权之后，通过选举产生市议会、市长和法官，这进一步使市民感到社会地位和政治地位的平等，特别是权利平等的要求是'天经地义'的。完全可以肯定，正是这种新的平等观念驱使着行会手工业者为争取平等权利而与城市贵族进行了长期的斗争。1293年佛罗伦萨所颁布的《正义法规》正是这种新的平等观念驱使行会手工业者争取平等权利而斗争的胜利记录。"参见周仲秋著．平等观念的历程[M]．海口：海南出版社，2002，148-149．

了新型的社会关系形态。这种交易形态塑造了不同于以往任何一种社会形态的新的价值、规范与新的制度体系。亚当·斯密生动说明了交换对身份制的毁坏作用。他指出：在贸易很少的农村，地主没有什么东西可以交换，因而要么宴请宾客、供养奴婢和门客，要么就对佃耕者放松征收，因而形成了严密的封建人身依附关系。然而，商业与制造业的兴起，却逐渐改变了这种情况。因为大领主能以土地的全部剩余产物与外界进行交换，他们的钱有了出处，所以完全为了自己的消费而失去了权威。一个领主宁愿把足以维持一千人一年生活的粮食，用来换取一对钻石纽扣或其他同样无用而无意义的东西。因而，人身依附关系逐渐解体，同时，每个商人或工匠的生活费，都不是得自一个顾客，而是得自千百个不同的顾客。他在某程度上，虽要靠他们中每一个人过活，但不绝对依赖他们中任何一个人。因而，商人或者匠人在交换中获得了自由。斯密指出："对于公众幸福，这真是一种极重要的革命，但完成这种革命的，却是两个全然不顾公众幸福的阶级。满足最幼稚的虚荣心，是大领主的唯一动机。至于商人工匠，虽不像那样可笑，但他们也只为一己的利益行事。他们所求的，只是到一个可赚钱的地方去赚一个钱。大领主的痴愚，商人工匠的勤劳，终于把这次革命逐渐完成了。"[1]

市场所构建的形式上的平等只是一个方面，在另一个方面，市场逐渐将自身与暴力掠夺区分开来。托克维尔认为，自由的观念出现于平等观念之后。"对于自由的爱好和观念，只是在人们的身份开始趋于平等的时候，才开始产生和发展起来，并且是作为这种平等的结果而出现的。"[2] 这一点与马克思的观点相似，马克思指出："既然个人之间以及他们的商品之间的这种自然差别，是使这些个人结合在一起的动因，是使他们作为交换者发生他们被假定为和被证明为平等的人的那种社会关系的动因，那么除了平等的规定以外，还要加上自由的规定。尽管个人A需要个人B的商品，但他并不是用

---

[1] [英]亚当·斯密著，郭大力、王亚南译. 国民财富的性质和原因的研究（上卷）[M]. 北京：商务印书馆，1988.378.

[2] [法]托克维尔著，董果良译. 论美国的民主（下卷）[M]. 北京：商务印书馆，1988.623.

暴力去占有这个商品，反过来也一样，相反地他们互相承认对方是所有者，是把自己的意志渗透到商品中去的人。因此，在这里第一次出现了人的法律因素以及其中包含的自由的因素。谁都不用暴力占有他人的财产。每个人都是自愿地出让财产。"[1] 这就是说，交易必须是免于强制的，在强制之下的交易无法长期、大规模进行。这种免于强制的内容，一方面导致了国家对社会暴力的逐渐垄断，另一方面导致了社会对于国家暴力的制约。

马克思进而将这种关系上升到制度的层面进行论述，他指出："为了使这些物作为商品彼此发生关系，商品监护人必须作为有自己的意志体现在这些物中的人彼此发生关系，因此，一方只有符合另一方的意志，就是说每一方只有通过双方共同一致的意志行为，才能让渡自己的商品，占有别人的商品。可见，他们必须彼此承认对方是私有者。这种具有契约形式的（不管这种契约是不是用法律固定下来的）法的关系，是一种反映着经济关系的意志关系。这种法的关系或意志关系的内容是由这种经济关系本身决定的。"[2] 交换衡量尺度的统一，构建了交换者衡量尺度的统一，进而构建了交换的规范与制度。因而随着市场交换的原则成为社会支配性的原则，市场所要求的形式平等原则、免于强制原则成为具有统御性的社会、政治诉求。市场交易行为的发展催生了新的秩序规则，重新塑造了政治社会关系。这不仅是对传统社会的摧毁，也是一种新的社会形态的构建。马克思深刻地指出："如果说经济形式，交换，确立了主体之间的全面平等，那么内容，即促使人们进

---

[1] 马克思、恩格斯著，中央编译局译. 马克思恩格斯全集第 46 卷 [M]. 北京：人民出版社，1979,195-196. 马克思还指出："从交换行为本身出发，个人，每一个人，都自身反映为排他的并占支配地位的（具有决定作用的）交换主体。因而这就确立了个人的完全自由：自愿的交易；任何一方都不使用暴力；把自己当作手段，或者说当作提供服务的人，只不过是当作使自己成为自我目的、使自己占支配地位和主宰地位的手段；最后，是自私利益，并没有更高的东西要去实现；另一个人也被承认并被理解为同样是实现其自私利益的人，因此双方都知道，共同利益恰恰只存在于双方，多方以及存在于各方的独立之中，共同利益就是自私利益的交换。一般利益就是各种自私利益的一般性。"马克思、恩格斯著，中央编译局译. 马克思恩格斯全集第 46 卷 [M]. 北京：人民出版社，1979,196-197.

[2] 马克思、恩格斯著. 中央编译局编译. 马克思恩格斯文集第 5 卷 [M]. 北京：人民出版社,2009,103.

行交换的个人材料和物质材料,则确立了自由。可见,平等和自由不仅在以交换价值为基础的交换中受到尊重,而且交换价值的交换是一切平等和自由的生产的、现实的基础。作为纯粹观念,平等和自由仅仅是交换价值的交换的一种理想化的表现;作为在法律的、政治的、社会的关系上的发展了的东西,平等和自由不过是另一次方的这种基础而已。而这种情况也已为历史所证实。这种意义上的平等和自由恰好是古代的自由和平等的反面。古代的自由和平等恰恰不是以发展了的交换价值为基础,相反的是由于交换价值的发展而毁灭。"[1]

市场自发推动自身的成长与秩序的形成,当社会的绝大多数人超脱了自己为自己生产,而是通过交换获得生产与生活资料的时候,这种价值就成为整个社会以及政治的支配性价值。然而,自由与平等,正如上面说过的,是一种超越质料的形式,在这种形式之下,市场是按照权力,或者经济学中通常汉译为权势的力量原则来分工与分配的。马克思揭示了市场的重要一面,但是需要注意的是马克思主义经典作家论述市场所带来的自由与平等是相对于封建社会而言的,另一方面马克思主义经典作家更加强调了市场带来的权力效应。马克思认为,阶级关系就是权力关系,"权力标志着一个社会阶级实现其特殊的客观利益的能力"。[2] 在生产资料所有者与无产阶级博弈的过

---

[1] 马克思、恩格斯著,中央编译局译. 马克思恩格斯全集第46卷[M]. 北京:人民出版社,1979,197.

[2] 见尼科斯·波朗查斯著,《政治权力与社会阶级》[M]. 北京:中国社会科学出版社1992,108-109. 马克思还着重指出货币的权力:"生产的发展越是使每一个生产者依赖于自己的商品的交换价值,也就是说,产品越是在实际上成为交换价值,而交换价值越是成为生产的直接目的,那么,货币关系以及货币关系(即产品同作为货币的自身的关系)的内在矛盾就越发展。交换的需要和产品向纯交换价值的转化,是同分工,也就是同生产的社会性按同一程度发展的。但是,随着生产的社会性的发展,货币的权力也在同一程度上发展,也就是说,交换关系固定为一种对生产者来说是外在的、不依赖于生产者的权力。最初作为促进生产的手段出现的东西,成了一种对生产者来说是异己的关系。生产者在什么程度上依赖于交换,看来,交换也在什么程度上不依赖于生产者,作为产品的产品和作为交换价值的产品之间的鸿沟也在什么程度上加深。货币没有造成这些对立和矛盾;而是这些矛盾和对立的发展造成了货币的似乎先验的权力。"马克思、恩格斯著,中央编译局译. 马克思恩格斯全集第46卷[M]. 北京:人民出版社,1979,91.

程中，无产阶级处于劣势，这是造成受剥削地位的重要原因。因而，在马克思主义经典作家那里至少提到了市场的三重社会、政治构建，那就是形式上的平等、免于强制以及内容上的权力，这三者是内在冲突的。

我们从市场交换的最小化模型中可以考察这一点。在市场交易行为中，一方面交易的形式是平等的，按照等价交换的原则进行交换，另一方面交易的内容是一种自由的选择，同时交易的结果又是一种博弈关系、权力关系。也就是说这是一个讨价还价的过程，根据双方的讨价还价能力，也就是权力进行交易。因而，在市场原则成为社会、政治的支配性原则的情况下，一方面要产生一个诉诸平等与自由的大众社会，另一方面又会产生一个根据博弈中的权力而展开的分工社会。商品交换要求平等与自由，而权力则产生不平等与不自由，这三种原则之间的冲突就是现代化过程中政治暴力产生的重要内生原因，这种冲突根植于市场进程之中。涂尔干正是从分工理论走向冲突理论的，这里也要遵循这一路径，只不过得出的结论却大相径庭。冲突与秩序都是市场交换内生的，交换行为构建了支配性的交换观念——平等、自由与权力。商品交换要求平等，要求自由，而权力产生不平等，产生不自由。平等与自由式市场提供的一种"隐秩序"，也就是一种潜力与呼声，这种潜力能不能得到表达，能不能成为一种显现的秩序，能不能成为一种现实性，需要依靠于特定的历史条件，以及权力在其中所起的作用。

第三章

权力、暴力与冲突的机制

我们每个人都身处市场的网络之中，这构成了现代生活的特色。现代社会中，市场分工剥夺了普通人独自生活的能力，我们要拿自己的东西和别人交换，从别人那里才可能获得生活所需要的一切。你有多少可以交换的东西，别人对这些东西评价如何？这决定了生活的质量。

市场中的交易主体并不是平等的，与政治以及社会生活一样，市场中也存在着权力关系。现代市场有一套游戏规则，这种游戏规则是按照需求以及购买而设定的。在程度不同的权力关系之下，一部分人将被排除在市场之外，成为市场中的不活跃的交易者或者根本无法参与市场交易。这种不可交易不仅仅出现在市场交易之中，也存在社会以及政治交易之中，马克思指出："工业和商业、生活必需品的生产和交换，一方面制约着不同社会阶级的分配和彼此的界限，同时它们在自己的运动形式上又受着后者的制约。"[1]我们这里将所有社会交往抽象为一种关系，亦即权力关系。当市场在一个国家内部扩展的过程中，这个国家内部的权力关系发生了深刻的调整。当这种权力关系导致了不可交易困局的出现，那么就为暴力抗争提供了必要条件。

不可交易困局是我们从经济学、政治学以及社会学的罅隙里发现的机制，简而言之就是身处交易之中，却又失去了交换的能力。我们在阿马蒂亚·森、

---

[1] 马克思、恩格斯著，中央编译局译.马克思恩格斯全集第 3 卷[M].北京：人民出版社，1960,49.

凯恩斯那里找到了可以向马克思、列宁以及巴林顿·摩尔的理论延伸之处。森研究贫困与饥荒的关系，从中推出市场权利的概念，他的主要观点是人们因为失去了市场的权利因而导致贫困与饥荒的出现；而凯恩斯对于失业的研究阐释了失业与战争之间的关系，尽管凯恩斯本人对此并没有进行完整的论证，而只是将问题作为其伟大著作的余论而留给后人。马克思、列宁以及世界体系论者将权力与斗争的概念逐步推广到了整个世界体系之中，在此基础上，我们才能用权力来进行全球视野的分析，巴林顿·摩尔则在国内冲突与国内阶级的基础上推导出了各国的发展模式以及现代化的路径，尽管摩尔严重忽视了全球市场这个重要的背景，由此得出了有着强烈意识形态色彩的结论，但是这种从冲突方式推演到发展模式的学术思路仍然有着重大的启迪。在此基础上，我们在经济学家、社会学家以及政治学家论述的边缘发现了一处所有人都涉及但是并没有专门论述的地带。这个地带就是市场的游戏规则是什么，这种游戏规则在全球的展开，对后发展国家带来了什么样的后果？

我们认识到森所谓的"市场权利"实际上是权力的一种结果，没有权利是先天授予的，权利一定是权力契约化、约定化、机制化的结果。在现代市场经济条件下，失业与相对贫困不仅是市场权利的缺失，从根本上而言，实际是市场游戏规则中内在或外在的权力因素的结果。因而，存在"不可交易"的情况，也就是参与者不能继续参与游戏。在市场游戏规则之中，如果有一种权力机制不断将一部分参与者从市场的"牌桌"上推下去，那么这些"输家"就会发生"场外交易"，也就是失势的精英与被排除的下层将会重新组合形成新的具有挑战性和替代性的权力结构，可能在这种状况加剧的时候发生国内以及国际的革命性变化。这就是政治暴力发生的内在机制。

第一节　市场与权力、暴力

市场条件下，分工是基于交易。对于分工，最著名的理论是"比较优势"

学说，该理论认为分工是按照各自的优势进行的，譬如说，美国知识工人较多，更适合于生产计算机软件，而中国劳动力丰富更适合于生产计算机硬件，因而最优的分工是美国生产软件，中国生产硬件。但是这种静态的理论，内在包含着很大的问题。

事实上，如果考虑到市场中的博弈者的权力关系，我们会发现，分工并不是按照比较优势进行的，而是按照竞争优势进行的。产业链的各个环节中的利润是不同的，每个生产者都会竞争其中最有价值的环节，或者使自身所处的环节受益最大，而强大的生产者会获得较高的价值，弱势的生产者只能获得较低的价值。这是一个动态竞争的过程，不断将弱者排斥到价值链的低端环节，甚至排除在生产之外。因而，分工不是按照优势的选择，而是按照竞争中优势以及对劣势的排斥进行的。无论在国家之间，还是在国家内部的社会分工之中，竞争优势起着支配作用。在这一原则的支配下，市场、社会、国家的一系列互动产生了复杂的结果，概言之就是，社会分工是一种权力博弈。在这一点上，达伦多夫比涂尔干更为清醒，达伦多夫认为社会冲突是发展过程中的必然现象，而涂尔干认为社会分工会造成有机的团结，显然，这并不尽然。

我们这里的权力的概念指涉广泛的主体之间的联系方式，这一点要比经典政治学范围更大。权力是政治学的基石，古老而混杂多意。在近代权力概念的发展中，各种对权力的定义基本都包含着这样两重内涵：能力与强制。[1] 霍布斯认为权力是行动者与行动对象之间的因果关系，他指出："权力是人获取某种未来具体利益的现实手段。"[2] 由此，霍布斯将人的自然能力、社会能力等都视为一种权力，声誉、财富、出身、学识等都是权力的一部分。[3]

---

[1] 有些学者是在实体与关系之间动摇，如皮埃尔·布迪厄等指出："社会位置之间存在的力量关系，这种位置确保它们的拥（占）有者握有一定量的社会力量和资本，以便使它们能够跻身于对权力垄断的争夺之中。"参见：[法]皮埃尔·布迪厄著、[美]华康德著，李猛、李康译.实践与反思：反思社会学导引[M].北京：中央编译出版社，2004,347-348.

[2] [英]霍布斯.利维坦.北京：中国政法大学出版社，2003.62.

[3] [英]霍布斯.利维坦.北京：中国政法大学出版社，2003.62-63.

马克斯·韦伯对权力的经典定义是："权力是指一个人或一些人在某一社会行动中，甚至是在不顾其他参与这种行动的人进行抵抗情况下实现自己意志的可能性。"[1] 我们可以看出霍布斯突出的是能力，而韦伯突出的是实行强制的能力，在后来权力概念的发展中基本没有脱离这种理解的范畴。

对于韦伯的权力定义，帕森斯指出其存在两个明显的漏洞："第一是这个定义中已包含了冲突和对抗的假设，A克服了B的反对，就意味着B为了A的利益而牺牲了自己的利益，但这忽略了权力关系可以是一种互惠关系的可能性，权力可能是一种有助于AB双方都实现其各自目标的手段。第二是把权力中相互作用的特性转变为权力主体的属性，只将权力作为一种人的能力进行考察，这是远远不够的。"[2] 帕森斯的批评相当精彩，然而，帕森斯并没有走出韦伯的定义范畴，"在帕森斯那里，权力是一种约束能力，这种能力的体现就在于当权力的实施遇到阻力时，它能够用消极制裁来使其得以继续实施下去"[3]。帕森斯理解得相当不错，权力与约束无法分离，在人类社会中，将个人组织成为社会是一种复杂的约束能力使之然，从具体一个企业到一个国家，乃至国际组织，约束其成员使之按照特定的规范行事，是保证其基本运行的重要方面，然而，这依靠的尽管不全是，但主要是权力的控制。权力是对行动的一种干预，这是权力重要的表现，但是权力是否就是这样的一种"约束能力"呢？苏珊·斯特兰奇也认为："权力就是一个人或一组人所具备的如下能力，即能够施加影响，造成自己的偏好胜过他人的偏好的后果。"[4] 斯特兰奇的定义中，相当重要的一点是将权力的概念扩展到了经济领域，权力不再仅仅是一个政治的概念，强制的色彩变淡了，转而成为一种"影响"。然而，权力的能力概念保留了本质主义的痕迹，将权力看成是一种主

---

[1] Max Weber, The Theory of Social and Economic Organization(New York: Oxford University Press,1947), p.152.

[2] 沈启容.权力概念分析 [EB/OL].http://www.xslx.com/htm/sxgc/ddsc/2005-02-21-18320.htm.

[3] 同上.

[4] [英] 苏珊·斯特兰奇著，肖宏宇、耿协峰译.权力流散——世界经济中的国家与非国家权威 [M]. 北京：北京大学出版社，2005,14.

体的固定的获得。马克思指出:"每个个人以物的形式占有社会权力。如果你从物那里夺去这种社会权力,那你就必须赋予人以支配人的这种权力。"[1] 马克思这里指出,物只是权力的形式,能力之所以成为能力是因为关系的存在,没有关系的存在就没有权力的"能力"。正如鲁宾逊在荒岛上没有任何的权力,只有当"星期五"到来之后才有了权力。

米歇尔·贝内特(Michael Barnett)与雷蒙德·杜瓦尔(Raymond Duvall)在《国际组织》(IO)上发表的《国际政治中的权力》一文中指出:"权力是一种内在或者通过社会关系表现出来的产物,其效果塑造行为者决定环境与命运的能力。"[2] 权力是一种关系,并不能脱离行使的对象而存在。关系使得关系者成为拥有权力的一方,形成了"能力"。因而,霍布斯、韦伯、帕森斯、斯特兰奇对于权力的定义主要是关系的结果——由于权力关系而形成的一种能力,这种能力对关系中一方的行为进行控制。

我们这里解决了一个问题,那就是权力是作为关系结果的能力,这种能力是对行为者行动的约束。那么权力与强制是什么关系?由于韦伯的影响,强制内在于各种定义之中。因而,权力成为强制的使用,亦即,一方强制另一方,因而权力与暴力就有着难以分解的关系,按照这种定义的推论,暴力也会产生权力,那么抢夺也是一种权力的行使。这种观点严重阻碍了对权力的认识。汉娜·阿伦特认为,权力与暴力的区别不在于是否强制,而在于强制是否具有正当性。她指出,权力的存在就表明它具有合法性,它是既得的,指向过去;而暴力的目标是未获得的,是指向未来的。因而,"暴力从来不会导致权力的获得,它只会在权力受到威胁时出现"[3]。阿伦特的区分是值

---

[1] 马克思、恩格斯著,中央编译局译.马克思恩格斯全集第46卷[M].北京:人民出版社,1979,104.

[2] Michael Barnett and Raymond Duvall pointed out that: Power is the production, in and through social relations, of effects that shape the capacities of actors to determine their circumstances and fate. See: Michael Barnett and Raymond Duvall, Power in International Politics, International Organization(Vol.59, Nomber1, Winter 2005),p.39.

[3] Hannah Arendt, On Violence, Crisis of Republic(San Diego: Harcourt, Brace &Company, 1972), p.151.

得深思的,权力实际上并不一定依赖于暴力,契约关系也可以产生权力,企业可以强制员工完成应该完成而没有完成的工作。这种权力行使并没有暴力作为支持,却是依赖于企业与员工之间的由于交换关系而形成的契约。企业对员工的权力行使是受到契约限制的,企业必须在契约关系之内行使权力,例如,企业不可能让员工做契约没有规定之事;同时,员工离职之后,企业无法对其继续行使权力。因而,阿伦特所谓的"合法性"理解为约定更为恰当,而这种约定通常是交易形式化了的结果。埃哈尔·费埃德伯格指出:"权力关系被理解为围绕行为交换而进行的诸种讨价还价的关系……在任何一个行动领域中,权力都可以被定义为行动的诸种可能性的不均衡交换。"[1] 费埃德伯格这个判断是很深刻的,我们如果将权力与暴力分离开来,就可以发现权力是一种交易的结果,在这种结果的范围内,一方获得了行使权力的能力,另一方获取了其他东西。米格代尔指出:"权力产生于社会组织的创立。而社会组织又是通过社会交换过程建立的。"[2] 我们如果按照费埃德伯格与米格代尔的说法将权力看成是一种交易关系,那么就会对"胡萝卜与大棒"的譬喻有着更加深刻的认识。那就是暴力的使用是因为权力的失效。美国攻打伊拉克使用了暴力正是因为美国无法和平地让伊拉克改变行为,美国没有必要攻打墨西哥,因为美国可以通过说服与交涉改变墨西哥的行为。在浮士德的譬喻中,魔鬼与浮士德签订契约,魔鬼做浮士德的仆人,帮助浮士德获得一切需要;但当浮士德表示满足的一瞬间这种奴役便解除,浮士德属魔鬼支配。因而在这个寓言中,浮士德权力的获得是来自于一种交易。在奥尔森关于匪帮成为国家的论述中,实际上也包含了这样的意义,暴力团体提供了安全与对契约的强制力保障,而市场提供了税收,这种"共容利益"的产生体现了一种交易关系,尽管这种交易是一种不均衡的交易。在这种交易中,一方获得了对另一方行动控制的能力,虽然这对于其中一方来说,实际是危

---

[1] [美] 埃哈尔·费埃德伯格,张月等译.权力与规则:组织行动的动力 [M].上海:上海人民出版社,2005,109.

[2] [美] J.米格代尔著,李玉琪、袁宁译.农民、政治与革命 [M].中央编译出版社,1996,225.

险的，因为这进一步减少了讨价还价的筹码。[1]

按照通常的说法，"拥有"权力的一方可以对另一方使用权力。假设有两个主体A与B，其中A对B拥有权力，这是一种交换的产物，B将行使权力的权力交给了另一方A，那么A获得权力，B从交易中得到权利。如果A对B行使的权力超过了B的权利，那么这就是"租"。租在经济学中一般指稀缺品价格超过平均价格的部分，詹姆斯·布坎南(James Buchanan)的开创性工作是将权力的概念推广到国家与市场的关系研究中，并进而提供了对"租"的新解释。按照布坎南的解释，所谓寻租活动，是指人们在某种制度环境下，凭借政府保护而进行寻求财富转移的活动，这种努力的结果不是创造社会财富而是导致的社会的大量浪费。[2]布坎南用"租"来指超过权力范围扩大自身收益所获取的利益。[3]这里，我们将这个概念扩展到更为广泛的空间中去，用来理解权力的滥用程度以及不对等程度。如人民将权力交给政府，获取安全的保证，这时政府就会将安全作为一种公共物品提供给授权者。如果超出了这个限度，就会有"租"产生。租的产生意味着出现了不平等交易。权力虽然在传统的文献中主要指政治权力，尤其是政府所拥有的资

---

[1] 奥尔森指出："当我们放弃所有的互动都是自愿的这个假设，社会结果必然是有效的这个含义就不存在了。拥有权力的一方通过武力威胁或者使用权力能够得到收益，如果这样做的成本比他获得的收益要少得多的话。受害者的损失，以及即使这样的损失规模与拥有权力一方的收益相联系，也并不必然会对结果产生影响。"[美]曼瑟·奥尔森，苏长和、嵇飞译．权力与繁荣[M]．上海：上海人民出版社，2005，49．

[2] Buchanan, J.M., Rent Seeking and Profit Seeking, in Buchanan, Tollison, ed., Toward a Theory of the Rent Seeking Society(Texas: Texas A.& M University Press,1980),pp.3-15.

[3] 布坎南批评经济学家的假设有问题，他指出："规定理想化的完全竞争环境，部分目的正是为了描绘一种完全没有权力或人强制人的场所。在这种场所中，每一种商品和劳务的每一个买者都面对许多卖者，他可以在这些卖者中间不花成本地移动；而每一种商品和劳务的每一个卖者也都面对许多买者，他也可以在这些买者中间不花成本地移动，这里不存在任何权力或人强制人的现象。在这样一种环境中，'经济权力'完全变成了没有意义或内容的东西。可是，当我们离开这种概念化的理想环境，当人们之间的关系中出现实际或可能的经济租金时，权力因素和潜在强制因素就会产生，行为就得由某种与纯交易经济学不同的学科来分析了。"[美]詹姆斯.M.布坎南，平新乔、莫扶民译，自由、市场与国家[M]，上海：上海三联书店，1989，公共选择的观点．

源分配、强制与说服的能力,但是随着权力研究的深入,权力成为一种使用更加广阔的概念,苏珊·斯特兰奇正是用权力的概念将国家与市场置于一个研究框架之下。斯特兰奇所建议的,是要把国家与市场这"两个世界"当成一个世界来对待。[1] 权力的概念现在不仅在政治领域,而且在经济、社会领域中广泛用于描述人们之间的不对等关系。[2]

我们在上面主要论述的是主体之间的关系中产生的权力,也就是斯特兰奇提出"联系性权力",[3] 斯特兰奇还提出了"结构性权力"的概念,她指出:"结构性权力是形成和决定全球各种政治经济结构的权力,其他国家及其政治机构、经济企业、(同样重要的是)科学家和别的专业人员。都不得不在这

---

[1] [英] 苏珊·斯特兰奇著,肖宏宇、耿协峰译. 权力流散——世界经济中的国家与非国家权威 [M].32.

[2] 在经济学中,市场权势(Power)主要指垄断,柯武刚、史漫飞指出:"在经济生活中,权势是缺少竞争的结果,即在一个人的可选择范围内缺少可直接互替的选择对象的结果。……但若供方的市场权势是对竞争施加私人性或公共性抑制的产物,就会对经济自由构成较持久的限制。"[德] 柯武刚、史漫飞著,韩朝华译. 制度经济学——社会秩序与公共政策 [M]. 北京:商务印书馆,2000,92. 可是,这种观点过于褊狭,权力的现象一直存在于经济学中,只是后来逐渐让位于更为精确化的描述。实际上,法国的杜阁对讨价还价的描述就可以看作一种权力分析。法国的杜阁指出:"相互需要导致了人们的互通有无。人们用一种产品交换另一种产品,或者用产品交换劳动。在这些交换中,交换的双方必须就交换的每种产品的质量和数量达成协议。在这种协议中,当事的每一方当然都想尽力多收进一些而少交出一些;由于双方都必须就他对他所交出的商品的爱好和他对他所希望收进的那种商品的欲望加以衡量,据以决定被交换的东西的各自数量。如果双方的意见不能取得一致,他们就必须相互让步,交出多一点而满足于收进少一点。"[法] 杜阁著,南开大学经济系经济学说史教研组译. 关于财富的形成和分配的考察 [M]. 北京:商务印书馆,1961,35. 为了进一步阐释这种观点,杜阁举了谷物换取葡萄酒的例子,在一次交易中,双方同意以一蒲式耳谷物换取六品脱葡萄酒。"可是其他的人在另一次交换中,这种价格就可能根据当事的一方对另一方所有的商品的需要是否迫切而有所不同……如果我们把每一次的交换行为当作一种孤立的、单独存在的现象来看待的话,那么,每一种被交换的物品的价值,除了协议双方互相平衡的需要或欲望以及资力之外,便没有其他衡量尺度,而物品的价值只能由当事人双方意见的一致来规定,而不由任何其他东西来规定。"[法] 杜阁著,南开大学经济系经济学说史教研组译. 关于财富的形成和分配的考察 [M].35-36.

[3] 斯特兰奇指出:"联系性权力就是甲靠着权力使乙去做他本来不愿意做的事情。"[英] 苏珊·斯特兰奇著,杨宇光等译. 国家与市场 [M]. 上海:上海世纪出版集团,2006,21.

些结构中活动。"[1]斯特兰奇详细地解释了结构性权力的行使与出现,她举例说:"伦敦的'劳埃德'是国际保险市场上的一个权威机构,它允许小保险商或承保人把大风险'卖给'大的再保险商,从而使该体系的运营以完全能承担和管理大风险的大国和大保险商为中心。需要保险的人必须照此办理。简而言之,结构性权力就是决定办事方法的权力,就是构造国与国关系、国家与人民之间关系或国家与公司企业之间关系框架的权力。如果有一方在相互关系中也能决定周围的结构,那么各方在相互关系中的相对权力就会增大或减小。"[2]

米歇尔·贝内特与雷蒙德·杜瓦尔发展了结构性权力的概念,他们将权力分为四种类型,强迫性权力(compulsory)、制度性权力(institutional)、结构性权力(structural)与成效性权力(productive),其中,强迫性权力主要指一个行为者对另一个的直接控制的互动关系;制度性权力主要指通过制度的非直接控制;结构性权力指结构关系中形成的受支配能力的构成;成效性权力指的是社会意义系统形成的权力。[3]我们可以看出,强迫性权力主要指的就是联系性权力,成效性权力类似于约瑟夫·奈提出的软权力,而制度性权力与结构性权力是对斯特兰奇结构性权力的深化,表明了决定办事方法与权力的现实格局之间的分别,但是两位作者并没有清晰说明这四种权力之间的关系。斯特兰奇也没有说明联系性权力与结构性权力之间的关系。

那么如何理解结构、制度与联系性权力?在交易的视角下很容易理解它们之间的联系与区别。我们上面的例子中主要分析的是联系性权力,这是一种主体间直接的不均衡交换关系。而结构性权力与制度性权力也是一种交易关系,但是这种交易关系涉及多个主体,但并非这多个主体都参与了交易,其中一定量的主体进行交易形成了结果,并让所有的主体都接受这种结果。政府抓捕一个罪犯,这并不是政府与罪犯之间的交易,而是政府与民众之间

---

[1][英]苏珊·斯特兰奇著,杨宇光等译.国家与市场[M].上海:上海世纪出版集团,2006,21.

[2][英]苏珊·斯特兰奇著,杨宇光等译.国家与市场[M].上海:上海世纪出版集团,2006,21.

[3] Michael Barnett and Raymond Duvall, Power in International Politics, International Organization(Vol.59, Nomber1, Winter 2005),p.43.

交易的一个结果。一项法规制度出台，这项法规制度是多个利益集团交易、妥协的产物，这项政策涉及很多人，但并非所有的人都有自己的代表参与了这项政策的讨价还价。再举一个例子，美国微软公司与英特尔等公司在信息技术领域形成了结构性的权力，如生产标准、价格等，但是这种权力是微软与几大巨头以及消费者博弈的结果，这种结构对于新加入厂商有着重要的影响，新加入者必须接受结构的结果。因而，制度性权力与结构性权力也是一种交易的产物，但是一种更为复杂的交易的产物，这种交易对于没有参与谈判的一方来说，租是不能确定的，权力可能滥用，也可能被参与谈判方限定在一定的范围。

我们结合前文的分析结果可以得出结论，权力是关于行动的交易。权力是一种交易关系。正如前文中所有作者都涉及的强制的概念，强制的确存在于权力之中，尽管造成强制的不仅仅是权力。那么权力所强制的是对象的行动，而不是其他。A 强制 B 做 B 该做某些事情，或者不做某些事情，这些都针对的是对象的行动。因而，权力是对行动的交易。亦即，以某种物品换取对象的行动或者不行动。其中，关系性权力是结构性权力的一种微观机制，结构性权力是关系性权力的宏观格局。因而，制度性权力以及结构性权力即是权威，权威是权力形成的相对稳定的结果，权威保障授予者的权利，亦即是对权力法定认可，是对每个人交出其行动能力一部分的保证。因而，制度性权力与结构性权力是一种社会关系，这种社会关系就表现为获得对行动控制的授权。

第二节 不可交易困局与暴力

权力与暴力是何种关系？前文已经指出暴力起于权力的失效，正如卢曼指出的："在缺乏权力的地方不得不实施强制。"[1]一个父亲制止相互厮打的孩子们，如果仅仅警告就可以，那么权力有作用；如果警告无效，只能用

---

[1][美]尼克拉斯·卢曼著，瞿铁鹏译. 权力[M]. 上海：上海世纪出版集团，2005,11.

拳头制止的时候,这是暴力在起作用。彼得·卡尔弗特(Peter Calvert)指出:"正如一个富人试图用一个使用炸药作燃料的新型内燃机做他的豪华游艇的动力时会发现的一样:武力并非权力。武力可以是暂时的或间断的;而权力则持久地行使意志,并能确保命令能够得到遵从、决议能够得到实施。对权力的分析最后会回归到武力,正如货币最终需要回到金子或有价证券,但其日常运作却依赖其可信性一样。一个经常诉诸武力的政府并不能提高其可信性,而单独将政府孤立出来看却会再次抓不到要点。"[1]权力是一种正向交易,而暴力是一种负向交易,暴力并不给予什么,但是可以夺取什么,暴力并不能增加什么,但是可以减少什么。因而,权力是正向的交易,暴力是一种负向的交易。权力主要是建设性的,而暴力是分配性的。

我们已经指出,权力是一种关于行动的不均衡交易。我们现在假设有两个交易主体A与B,在这个最小的交易模型中,B将自己的行动约束交给A并获取A的保护。我们现在假设租不等于零的状态,现在假设B以一个货币单位的税收换取A价值一个货币单位的安全保护,B只有10个货币单位的财产。但是在B交出行动组织暴力的能力之后,A向B多收一个货币单位的租,也就是说,价值一个货币单位的安全保护,现在需要两个货币单位。这样交易进行5次之后,B已经无可交换。如果A与B都是市场中的交易主体,现在A与B都有10个硬币的货物,B更需要A的货物,A比较需要B的货物,因此,B需要以两个硬币的货物换取A的一个硬币的货物。也就是说,每次交换,A获得一个硬币的租。这样,交换5次之后,A拥有了20个硬币的货物,此时虽然B还是非常需要A的货物,但是交易已经不可进行。我们将这种状态称为"不可交易的困局"(transaction-impossible)[2]。所谓不可交易困局就是,交易无法进行的状态,这是一种有租出现最终可能导致

---

[1] [英]彼得·卡尔弗特著,张长东等译. 革命与反革命[M]. 长春:吉林人民出版社,2005,55.

[2] "不可交易困局"英文翻译借用了电影《谍中谍》(Mission: impossible)的片名,Mission: impossible英文原意为不可能完成的任务。Transaction-impossible借用此意,表示不可能进行的交易。这种译法是楚树龙教授给出的建议,特此致谢。

的状态。我们可以看出,不可交易困局并不是零和博弈,零和博弈表示一方赢,另一方输,而不可交易困局指的是双方或是因为交易成本过高,或是一方不愿意交易,或是一方没有可交换物,或是因为交易将导致一方失去利益而不能交易的情况,这种状态就是找不到共容利益的权力不均衡状态。也就是说,当A的权力矩阵中有B所需要的,而B的权力矩阵中也有A所需要的,但是因为种种原因,交易不能发生;或者当A的权力矩阵中有B所需要的东西,而B的权力矩阵中没有A所需要的东西,那么就产生了不可交易困局。我们这里可以看到,奥尔森所说的"共容利益"就是A的权力矩阵中有B所需要的,同时B的权力矩阵中有A所需要的,并进而进行交易所出现的结果。

在这种状态下,失去交换能力的B有以下三种策略,策略一,停止交换;策略二,以自身进行交换,提供劳务或者其他;策略三,对A实施暴力抢夺或实施其他有暴力色彩的掠夺方法。这三种策略方式的选择要视具体的情况而定,但是B的选择基本都在这三类策略的范畴之内。我们可以看出,在策略一与策略三中,A与B是没有共容利益的,而在策略二中会产生奴役。也就是说,在策略一和三中,因为不能再进行交易,因而A对B没有权力。但是,当A对B没有权力的情况下,B未必对A使用暴力,因为B还有选择不行动的可能。没有共容利益的情况下,未必会产生暴力,但是暴力的产生必然以不可交易困局出现为条件,因此,不可交易困局是暴力的必要而非充分条件。在这个范例中,我们似乎推出了一种极端的情况,那就是当交易对双方,或者至少对其中一方来说需要进行交易而又不可进行时的情况。如果A、B是厂商,那么一方交换价值低于成本的时候,就会陷入不可交易困局。此时的该厂商要么进一步压低成本,要么想办法提高交换价值,要么不进行交易,这种情况在现实中可能是因为交易成本趋近于无穷大造成的,也可能是一方失去交换物造成的,但是其结局都是一种不可交易的状态。因此现实中产业链的上下游之间的合作都是以共容利益为基础的,大的厂商采购小厂商的货物,会压低价格,但是通常给予了批量的生产的保证,小厂商就此降低了经营风险,大厂商获取了价格优势。但是现实中还是有很多大厂商经不住诱惑利用优势地位盘剥小厂商，因而有些国家制定法规限定大厂商的不合理行为。我们就此可以发现，租与权力失效、暴力发生有着重要的关系。正如布坎南指出的,适当的租是有益的,因为权力的行使者需要激励。在企业中，如果没有租的产生，也就是说，没有超额利润的存在时，企业就没有动力去创新。但是,当租的量达到交易参加一方无法继续进行交易的"不可交易困局"的时候，那么租就会产生"暴力溢出"。在不可交易困局下，暴力是一种可能性很大的选择。如当一个创新产品价格过于昂贵，那么仿造品就会大规模出现，这不仅仅是一种偷窃现象，而是不可交易困局下的"暴力溢出"。我们可以用博弈论中的重复剔除劣战略对上述判断进行简单证明，在重复剔除 A 与 B 的劣战略之后，剩下 A 的最佳策略是维持现状，B 的最佳策略是使用暴力。

  这里的暴力并不仅仅产生于不对等的主体之间，在势均力敌的情况下也可能产生暴力。均势之下的暴力战争是因为没有交易造成的，也就是当权力为零，而租不为零的时候，也会产生暴力冲突。因而，当权力为零的时候，对其滥用造成了租，也会产生不可交易困局。也就是说，均势如果没有造成不可交易性，那么不会发生战争；如果发生了不可交易性，那么就有可能发生战争。因而，权力的均衡并不是稳定的保障，稳定的保障是权力的可交易性。斯特兰奇指出，权力平衡可能预示着和平，也可能预示着更大的冲突。"均势（这里用一下国际关系学者熟悉的术语）可以是和平的力量，也可以是战争的根源。相互进行核威慑可以是安全结构的一部分，同时也会是对安全的最大潜在威胁。"[1] 对此，斯特兰奇正确地指出："显然引起对安全的威胁的权威冲突可以在任何形势下产生：两个享有权威的单位因为彼此或明或暗地不同意平起平坐而发生冲突，或者权力较强的一方认为权力较弱的一方的行动超过了它能容忍的限度。"[2] 这种容忍的限度，我们可以理解为潜

---

[1][英]苏珊·斯特兰奇著，杨宇光等译.国家与市场[M].上海：上海世纪出版集团，2006,44.

[2][英]苏珊·斯特兰奇著，杨宇光等译.国家与市场[M].上海：上海世纪出版集团，2006,44.

在的侵害，这实际上就是一种不可交易困局。[1] 交易的一方失去了交换的能力，或者交易的一方无法找到可以交换的对象，这种状况就是不可交易困局的产生。在不可交易困局出现的情况下，特定的集团找不到政策博弈的对象或者在政策博弈中注定会输。这时，暴力就可能作为一种选择。暴力是一种宣示手段或者是一种动员手段。因而，租的产生不取决于双方的强弱，租的产生并不一定取决于双方拥有暴力的多少，拥有暴力多的一方，也可能付给没有暴力一方租。

在 A、B 关系中，权力的大小并不必然与租的大小相联系。权力很大未必租很大，租很大未必权力很大。租的大小取决于权力的滥用程度。权力的滥用越多，租越大；租越大，权力失效越多，暴力出现的可能越大。如果 A 对 B 的租接近于零，权力的有效性是接近于完全的；如果 A 对 B 租接近于无穷大，那么 A 的权力接近与无穷小。我们用这个理解分析国家与社会关系会发现，如果国家对社会的租为零，此时接近于古典政治理论所说的契约国家，如果租为无穷大，这接近于新古典政治经济学所说的掠夺型国家。

因此，权力的大小与暴力没有直接的相关关系，暴力与不可交易性之间有着强的相关关系。我们这里可以讨论一下不可交易困局在政治上的一个实例，这有助于对上文中较为抽象的理论的理解。美国作为英国的殖民地为什么会独立？我们知道，美国在作为英国殖民地的时期，对母国有经济上的与安全上的需求。然而，英国与法国战争后这种情况改变了。[2] 拿破仑战争期间，殖民地获得了飞速的发展，在经济上不再需要依靠母国，同时战争之后，法国对英属殖民地的威胁基本解除，殖民地不再有安全之虞。在安全、繁荣两个重要方面，殖民地都可以自立，因而这时殖民地与母国的关系出现了不可

---

[1] 斯特兰奇指出："因此苏联政府和美国政府（或中国政府）之间的冲突会危及安全，犯罪首领在其集团中享有的权威与当地警长为代表的国家权威之间的冲突也会危及安全。在这两种情况下，双方可能和平共处，也可能严重冲突。这个显然常识性的看法有助于解释两个或两个以上权威共处既是安全的源泉，又是不安全的源泉这种自相矛盾的说法。"[英] 苏珊·斯特兰奇著，杨宇光等译. 国家与市场 [M]. 上海：上海世纪出版集团，2006, 44-45.

[2] [美] 布鲁斯·布恩诺·梅斯奎塔、希尔顿·L·鲁特主编，叶娟丽等译. 繁荣的治理之道 [M]. 北京：中国人民大学出版社，2007, 32.

交易困局。殖民地经济与政治上的需求不再需要母国，而为了这个并不存在的需求，殖民地需要支付大量的税收。也就是说，在殖民地的权力矩阵中有英国需要的税收以及战略利益，而在英国的权力矩阵中，没有殖民地所需要的东西，殖民地已经形成了较为完善的法律制度、自治秩序以及独立发展的能力。在这种状况下，独立就成为一种可能，但是，这是英国所不能接受的，于是暴力就成为一种选择。

这种判断不仅在于政治领域，经济领域中也会出现不可交易困局，并也会产生暴力。在近现代经济学家中，除了马克思主义学派之外，也许只有研究贫困问题的阿马蒂亚·森认真关注过这个问题，因为他所研究的饥饿也是不可交易状态。森在《贫困与饥荒》一书中指出，1812年古吉拉特饥荒以及1783年至1784年孟加拉饥荒中，英印政府相信自由贸易会使得粮食商人将大批粮食运往该地，因而对饥荒予以放任，这一政策造成了巨大的灾难。森还指出："事实上，在许多饥荒中，人们常常可以听到这样的抱怨：饥荒正在蔓延，而受灾的国家和地区却正在出口粮食。"[1]在18世纪的爱尔兰饥荒中，一面是大量的人口饿死，另一方面是大量的粮食出口到英国。1906年中国湖南以及1910年中国长沙也都出现这种最无效率的情况。粮食按照市场规律运往富足的地区，而同时大批饿殍因为得不到粮食而饿毙。对此，饥民的反应是发动大规模暴动与抢米风潮。森因而感慨地写道："亚当·斯密命题所涉及的是满足市场需求的效率，而不是满足那些因为缺乏市场权利和购买不足而不能变成有效需求的欲望。"[2]在这些案例中，一方的权力矩阵中有另一方的需求，但是另一方的矩阵中没有前一方的需求，因而出现了不可交易困局。

森提出的问题是尖锐的，经济学是研究交易的效率最大化的状态，交易不可得的状态似乎已经超出其研究范畴。正如萨伊赞许美国"教化它的野蛮

---

[1] [印度] 阿马蒂亚·森著，王宇、王文玉译. 贫困与饥荒 [M]. 北京：商务印书馆，2001，197.

[2] [印度] 阿马蒂亚·森著，王宇、王文玉译. 贫困与饥荒 [M]. 北京：商务印书馆，2001，196.

邻人",萨伊指出:"这个计划的目的在于把劳动习惯灌输给印第安人,使他们成为生产者,能和北美合众国进行实物交易。因为,一个民族如果拿不出钱来偿付它所买的东西,和它打交道毫无裨益。"[1]经济学所研究的是资源的配置,是交易,而不是不可交易。但是,如果我们从不可交易这个角度思考就会改变新制度经济学以及奥尔森的一些推论。因为在不可交易困局下,产权是无效的。保障产权的暴力存在是压迫性的,因为这种暴力使得交易成本为无穷大,产权阻止了交易的进行,使得经济成为彻底无效率的。因而,失去交易能力者只有通过潜在的暴力,如抢夺、偷窃、黑社会、毒品、色情、假货、劣质产品、伪造货币等一系列含有暴力意味的交换方式进行交易。实际上,对于自然环境的无休止的破坏、毒品种植的泛滥、跨国色情交易的盛行、偷渡以及海盗的横行都可以看作不可交易困局在更大范围内的表现。

市场是一种交换系统,进入交换的不仅是商品,而是一切可能进入交换,并参与分配的事物,也就是说,一切东西只要有交换的价值,无论是暴力、色情、权势,所有能够找到需求或者通过强制性能造成需求的都可能进入市场并参与分配。因而,我们这里讨论不止是经济理论,正如卢曼所说的:"我们不是从经济学出发,而是从一种社会理解出发,从这种理解出发来看,与其他许多系统并存的政治功能系统和经济功能系统只是由于其特殊的功能而被分立出来,因此既没有优先意义也没有超常的意义。"[2]我们在后者的视野中所讨论的是广泛的经济交换,为市场所渗透的一切社会中,所有分配主体都必须卷入交换之中,因为"一切经济行为都是社会行为,因此所有的经济总是具有社会特征的"[3]。在这个意义上,当不可交易困局出现的时候,其解决的方案不仅仅在经济中,而且也在社会与政治中。

市场发生不可交易困局与政治领域发生不可交易困局之间是什么关系?实际上这两者是一个维度下的产物,并会在一个维度上产生结果,也就是说

---

[1] [法]萨伊著,陈福生、陈振骅译.政治经济学概论[M].北京:商务印书馆,1963,148.

[2] [德]N.卢曼著,余瑞先、郑伊倩译.社会的经济[M].北京:人民出版社,2008,4.

[3] [德]N.卢曼著,余瑞先、郑伊倩译.社会的经济[M].北京:人民出版社,2008,2.

市场权利与权力是一个维度的两个结果。在市场扩展的过程中，市场博弈中的成功与否与在市场开启之时所获得原始资源有着很大的关系。也就是说，市场在绝大多数情况下都是扩展到一个原有的结构性权力与制度性权力格局中去的。这种情况下，市场会与原有的权力相结合并产生结果。我们上文已经指出，在结构性与制度性的权力中，由于对多方，租是不能确定的。因而，市场上的租以及由此带来的政治租是随着市场的扩展不均衡地在市场主体之间分配的，这就会进入到政治领域，并对政治的生态发生作用。制度性权力与结构性权力所牵涉到的对象是众多的，而这些众多的对象并不能像在关系性权力中找到采取行动的对象。正如星野昭吉指出的："如果说暴力冲突是直接的或者主体性暴力的话，那支配－从属关系则是一种间接的或者说是结构性暴力。虽然两者之间的冲突结构都有一个共同点，即当事者之间带有价值、利益或资源等无法并存的状态。暴力冲突的主体和客体可以明示，或者说冲突有直接的具体的形式。而后者，结构性冲突与其说是由主体和客体的关系引起，还不如说是社会结构本身的状态造成的。与具体的暴力冲突不同，结构性冲突中的结构是一种无形的暴力。"[1]这种无形的暴力由于没有确定的主体，因此如果结构性权力与制度性权力引起了严重的后果，那么就不大可能是一种零星的攻击，而是灾难性的大众暴力。

正如我们的权力概念指涉了广泛的社会现象一样，不可交易困局这里也指涉了广泛的社会现象。正如前文已经指出的，仅仅是经济不平等不会导致政治动荡，在贫富差距最大的国家之一的美国并没有大规模的政治动荡与激烈政治秩序变迁的出现；仅仅是贫困也不会导致大规模的社会动荡以及产生对政治秩序变革的呼声，光辉道路产生于拉美比较富裕的秘鲁，而不是更为贫穷的中美洲国家。也不是政治发展的问题，欧洲的政治制度比较成熟，但是欧洲近年来不断发生的有着改变政治秩序含义的骚乱，法国骚乱、丹麦骚乱以及希腊骚乱都说明，这种现象不仅仅是发展中国家的事情。不可交易困局是一种"矢量机制"，在宏观的范围与微观的范围都可以起作用。暴力是

---

[1] [日] 星野昭吉著，梁云祥译. 全球社会和平学 [M]. 北京：北京师范大学出版社，2007,208.

权力的替代品，只有在权力无法起作用的地方暴力才会起支配作用，暴力既可能是既得利益集团维护现状的手段，也可能是被剥夺一方恢复应得利益的手段。在不可交易困局之下，租大量产生，共容利益是严重缺乏的，这时，政府与社会之间，暴力的逻辑就会取代交易的逻辑。就像蒙古帝国在中亚统治的初期，由于没有合适的征税手段，因而采取劫掠的方式来获取收入，暴力就成为一种交易的方式，后来税收制度完善之后，蒙古人通过消灭匪盗、保障长途贸易与社会获得了共容利益，也就是特定的交易结果。

第三节　政治秩序、反对者与场外交易

不可交易困局的出现暗含了奴役与暴力的可能。正向交换可能产生奴役，在不可交易性出现的情况下的负向交换则可能产生暴力。暴力也是一种交换方式，是一种没有可以交换的情况下的交换，即以暴力来缓解不可交易的困境。

约翰·伯顿指出："若想使社会稳定、和谐，各种结构最终必须满足那些会危及它们的人们的需要，舍此别无选择。"[1] 国家的属性随着国家功能的转变不断变化，国家的属性只有在与社会的关系互动中才可以得到理解，政治秩序是国家与社会之间形成的均衡，秩序是对暴力的消解。对暴力的垄断是与内部的绥靖同时进行的，安东尼·吉登斯指出："对于民族-国家，就像其他国家一样，诉诸对暴力手段的有效控制，对国家权力来说是非常根本性的。可是，它的日趋完善之所以成为可能是因为监控能力和内部绥靖的扩展。这大幅度降低了武装力量在国家机器的统治手段中的重要性。"[2] 对此，吉登斯举例说："绝对主义国家的发展毫无疑问地与内部绥靖的重大进展联

---

[1] [澳] 约翰·W·伯顿著，马学印、谭朝洁译. 全球冲突：国际危机的国内根源 [M]. 北京：中国人民公安大学出版社，1991,21.

[2] [英] 安东尼·吉登斯著，胡宗泽、赵力涛译. 民族-国家与暴力 [M]. 北京：生活·读书·新知三联书店，1998,233.

系在一起，虽然日常暴力的程度在不同时候不同地方变化很大。"[1]吉登斯所说的暴力与内部绥靖的关系牵涉到社会力量对政治的参与。国家与社会处于互动之中，国家并不能完全不考虑社会势力，而单独做出有利于自己的决定，社会也不可能不考虑国家的因素自行其是，这正是"社会联盟范式"所坚持的基本观点，吉登斯所说的绥靖就是这种互动的一种。关于这个问题，塞缪尔·亨廷顿的论述是很有价值的，他指出："政治体制和社会势力之间是没有明确分界线的。许多社会集团会兼有这两者的重要特征。不过，两者之间的理论区分却是清晰的。所有参与政治活动的人都可以被认为是形形色色社会集团的成员。一个社会政治发展的水平，在很大程度上取决于这些政治活动家隶属和认同的各种政治机构的多寡。显而易见，各种社会势力的力量和影响颇不相同。在一个大家都属于同一社会势力的社会里，冲突便可通过该社会势力自身的结构加以限制并予以解决,而无需正经八百的政治机构。在一个社会势力为数不多的社会中，某一集团——武士，教士，某一特殊家族，某一民族或种族集团——能够支配其它集团并有效地诱使他们默认这一统治，这种社会可能很少或根本没有共同体。但是，在任何一个社会势力复杂且利害关系纵横交错的社会里，如果不能创设与各派社会势力既有关联又是独立存在的政治机构的话，那么，就没有哪一个社会势力能够单独统治，更不用说形成共同体了。"[2]

亨廷顿这里实际指出的是统合社会势力的政治机构的重要性，他指出："在组成社会的各团体之间必须存在某种利益上的相互适应性。此外，一个复杂社会还需要在基本原则或道义职责上界定能够联结各社会集团的纽带，这种纽带所联系的共同体有别于其它的共同体。"[3]但是亨廷顿似乎没有真正认识到政治制度重要性的原因，尽管亨廷顿睿智地指出："在一个完全不

---

[1] [英]安东尼·吉登斯著，胡宗泽、赵力涛译. 民族-国家与暴力[M]. 北京：生活·读书·新知三联出版社, 1998, 230.

[2] [美]塞缪尔·亨廷顿著，王冠华译. 变化社会中的政治秩序[M]. 北京：三联书店，1989, 9.

[3] [美]塞缪尔·亨廷顿著，王冠华译. 变化社会中的政治秩序[M]. 北京：三联书店，1989, 9-10.

存在社会冲突的社会里,政治机构便失去了存在的必要,而在一个完全没有社会和谐的社会里,建立政治机构又是不可能的。"[1] 但是,他并没有沿着这个思路探讨下去,他开始探讨政治制度化的标准,这一点逐渐远离了前文引述中很重要的社会势力的范畴,在谈到社会势力的时候,他指出:"社会和经济现代化引起的社会各集团的相互作用、紧张状态和不平等,其结果使在传统社会里和睦共处的种族和宗教集团卷入了暴力冲突。"[2] 我们可以看到,亨廷顿的这种论断是模糊的,他对于政治制度的有效性的几个判断标准也已经证明是不正确的。而且,亨廷顿似乎在上文中隐含了这样的判断,即政府是中立的,不参与交易的。而在现实中,政府不仅仅是提供一个权力交易的平台,也要参与到交易之中,这一点我们在下一节中再详细论述。

我们结合上文论述可以知道,政治制度的重要性在于降低社会集团的交易成本,创造交易机会,同时创造共容利益,缓解社会权力的不可交易困局。因此,这里我们可以引申亨廷顿的判断,在集团利益交易成本为零的情况下,政治制度的存在是不必要的,而交易成本为无穷大或者不可交易的情况下,政治制度是无效的。在大规模社会集团之间的交易方面,我们可以借鉴社会联盟范式的一些成果。社会联盟范式的核心是:"政策靠社会联盟推动。"[3] 彼得·古勒维奇在《困难时期的政治》中的第一句话就是:"政策需要政治。"[4] 意思就是:"形成推动某种政策的社会联盟的政治运作,也就是说有了追求某种政策的利益并不一定就能形成推动这种政策的社会联盟,社会联盟的形成以及对这种政策的成功推动往往要依赖于国家、社会中的政治行为者的协商与妥协,也就是说要依赖于他们的政治运作。"[5] 社会联盟范式的思考方式是有启发的,但是,这里要指出的是社会联盟理论所指的利益,实际上是

---

[1] [美]塞缪尔·亨廷顿著,王冠华译.变化社会中的政治秩序[M].北京:三联书店,1989,9.

[2] [美]塞缪尔·亨廷顿著,王冠华译.变化社会中的政治秩序[M].北京:三联书店,1989,36.

[3] 朱天飚著.比较政治经济学[M].北京:北京大学出版社,2006,123.

[4] 转引自朱天飚著.比较政治经济学[M].北京:北京大学出版社,2006,126.

[5] 朱天飚著.比较政治经济学[M].北京:北京大学出版社,2006,126-127.

权力。因为，利益是固有的存在，而权力是对利益的获取与分配。因而，与其说社会联盟对政策的寻求是在追逐利益，还不如说是在进行权力的交易，而政治制度则是权力交易的平台。政策则是社会集团获取利益或者分配利益的工具。因而，国家政策有着深厚的社会内涵，但是政治家在具体的情境下可以考虑采用分配型的政策或者采用增进型的政策。分配型政策是指瓜分原先固有的利益，将某个集团的利益削减一部分给另外一个集团；而增进型政策是指扩大各个社会集团的利益，并加以分配。前一种政策模式需要强大的权力为基础，需要一个分利集团联盟的压倒性优势或者政府拥有极大的权力，而后者则可能产生共容利益，尽管有着分配份额的不同，以及由此引发一定的困难。

社会联盟范式主要的问题在于将政府假设成为一个仅仅提供平台的存在，政府拥有权力，权力就会获得租金。因而，政府也是参与交易的一方。但是，政府参与交易与集团参与交易是不同的，政府也会向各个集团收取费用，就像纳斯达克公司向每个上市公司与交易者收取费用一样。因而，在我们的权力－租框架之下能更好理解社会联盟与政府的关系，我们的模型中至少有三个主体，集团 A、集团 B 以及政府 C。这三个主体在现有政治制度下活动，可以得到如下收入公式：

$$\eta（行为体所得）= \alpha（自身资源交换所得）+ \gamma（租）$$

其中 η 为行为体所得，即所获得的利润；α 为自身资源交换所得；γ 为所获得的租，超额利润。自身资源交换所得就是权力或权利，租是从其它集团所得的额外收入，租可能产生于制度、结构也可能产生于集团之间的直接交换关系。在这个公式中，当一个集团的所得租 $\gamma \geq 0$ 的时候，因为考虑到改变现状的不确定性，这个集团倾向于维护现有制度；当 $\gamma < 0$ 的时候，集团倾向于改变现存制度。当一个集团所得租远远小于零，并达到不可交易的状态时，这个集团倾向于采取暴力，而当一个集团所得的租远远大于零，与其他集团产生不可交易困局的时候，该集团倾向于采取暴力维护现状。

举例来说，假设这个集团是某个企业团体，我们可以分析其所得，并进而分析其对政治秩序的态度。在价值链上，产品从生产过程到消费者手中整个过程所产生的利润需要在各个分工中进行分配，这种分配主要是依据各个分配主体在相互交换中的讨价还价能力。这种讨价还价能力依据的是企业的可支配交易资源，利润是按照这种资源分配的。我们如果要度量这种资源产生的权力能力，根据各种企业对整个利润链的瓜分能力就能清晰地看到。消费者与生产、流通整个领域的权力关系决定厂商的利润率，而对总利润的瓜分比例就是各个参与分配者的权力比例。[1] 如果，我们将这种权力产生的剩余用"租"来表示，可以得出以下公式：企业团体所获得的租＝超额利润＋剩余价值－政府权力租＋制度租。

其中，超额利润是企业在企业关系中所获得的租，剩余价值是在劳动力市场上所获得租，政府收取费用是政府权力收取的租。这各项租的获得，可能是正数，也可能是负数。企业既有可能在企业博弈中处于优势，获得租，也可能处于劣势，付出租。在劳动力市场的博弈中，企业也未必一定处于优势，如必须雇用一个对企业具有极其重要价值的技术人员，企业处于讨价还价的劣势，必须付出租。企业与政府关系中，企业也未必一定处于劣势，如政府急于招商引资，可能会给企业很多优惠政策，数年免税等，这里政府处于权力博弈的劣势，政府必须付出租。租的获得取决于权力的博弈结果。在这个公式中，超额利润是在市场竞争中从其他企业或消费者那里获取的，剩余价值是从劳动力市场获取的，而后两者与政府有关，如果政府设立法规保护这个企业，那么这个企业获取了法规租，如果政府扶持其他产业，设立了不利于这个企业的法规，那么这个租为负数。政府权力租是政府从企业中获取的额外收益。后两个变项是与政府有关的，只要企业所获得总租 $R \geq 0$，

---

[1] 我们可以将权力比例关系称为"权力系数"，计算公式如下：$\dfrac{厂商A利润}{厂商A成本} \div \dfrac{厂商B利润}{厂商B成本} =$ 厂商权力系数。消费者与厂商之间的权力关系可以依据以下公式：单件物品总利润/价格＝消费者权力系数；劳动者与雇佣者权力关系可以依据这种方式进行计算，$\dfrac{厂商利润}{成本} \div \dfrac{工资}{生活成本} =$ 劳资权力系数，政府与厂商的权力比例可以将税收以及相关费用看作政府收入类推。

即便制度租－政府权力租＜0，企业并不反对现存制度；当总租 R＜0，即便制度租－政府权力租≥0，企业也不支持现有制度。但是在前一种情况中，当总租 R≥0，制度租－政府权力租＜0，那么总租 R 中多出的一块来自哪里呢？这当然来自对第三个集团的剥夺。

上述分析方法可以推演到社会的各个集团中去。因而，我们这里实际上暗含了这样的假定，政治秩序的稳定，不仅取决于政治制度层面权力关系的稳定，还取决于社会层面权力关系的稳定。其中不仅涉及国家与社会的关系，还涉及市场引入过程中社会内部关系以及国家与世界关系的变革。在国家实行现代化的过程中，对原先政治均衡的破坏几乎是必然的，因为，现代化就意味着部分的集团的成长与部分集团的利益的相对受损。在上述公式中，后发展国家必然要从国内其他集团抽取租金以促进资本－工业集团的发展。在传统的社会结构中，王权、地主、农民以及包括教权在内的社会势力通常形成了均衡，但是实行现代化，就其经济方面而言主要是工业化，这就意味着要增强工业在国家整体战略中的地位，同时意味着国家进入世界市场。后发展国家的工业化必然要从世界市场上买进工业生产资料，并向世界市场出售物品。这个过程中，国内的政治均衡自然就会改变。

对工业大规模的投资通常来自农业的积累，也就是说国家从农业中抽取租金，投资到工业相关部分上，在农业生产率较低的国家，这必然会遭到农民的抵制。中国清末的"新政"就遭到农民的强烈反抗，农民感觉到："以前不办新政，百姓尚可安身，今办自治巡警学堂，无一不在百姓身上设法。"[1]农民不仅受到国家为扶植工业而收取的租金的影响，还受到市场租金乃至世界市场租金的剥夺。在传统的自然经济造成破坏的同时，新兴的市场主体——从高利贷者到商品生产者，其中包括发展起来的国外企业的规模经济都会对农村造成新的盘剥，因而，农村在现代化过程中不仅受到国家的影响还同时受到市场的影响，亦即，不仅国家从农民手中收取租金，市场也会从其中收取租金。在农业生产率较低的国家，这种盘剥的结果将是灾难性的。

---

[1]《东方杂志》，1910 年 11 月，第 12 期，《中国大事记》。转引自周积明、郭莹等著. 震荡与冲突——中国早期现代化进程中的思潮和社会[M]. 北京：商务印书馆，2003,68.

工业的发展随之而来的就是一个工人群体的出现，在世界市场与国内民族资本力量的双重挤压之下，这个群体会慢慢觉察到自身的利益共同性。市场的扩展带来了人随着市场格局而进行的大规模迁移，新的价值观念的产生，这对旧的社会势力通常是沉重的打击。所有这些改变了原有的社会政治均衡，扩大了社会力量之间的交易成本。如果政治、经济上的不可交易性与阶级、地区、宗教、民族相结合就会产生严重的后果。

　　国家的政治秩序是世界政治秩序与国内政治秩序的交互界面。这种界面不仅发生在政治层面。在经济社会层面，国内的市场处于世界市场的交易秩序之中，这种交易秩序不断改变国内的经济社会权力结构，并进而影响到政治秩序。但是，权力与制度之间并非一一对应的关系。因为制度具有粘性，权力的改变并不能立即反映到制度上去，因而，制度在市场扩展过程中越来越具有框架性的作用，也就是将细节让位于权力的定期定价，而不在制度中予以确定。曹正汉区分了四种类型的制度变迁，一是由改进效率的潜在机会所引起的制度变迁；二是由外部竞争压力引起的制度变迁，这个过程中核心制度收缩，边缘制度兴起；三是因主流思想中手段与目标存在矛盾而引起的制度变迁；四是因制度违背人类终极价值而引起的制度变迁。[1] 在政府运行成本很高、效率很低的地方，黑社会就是政府的一个重要竞争者，替代政府定义产权。正如思拉恩·埃格特森指出的："从经济学的角度来看，非法产权如同合法产权一样合乎逻辑，黑手党的行动在许多方面酷似政府的所作所为。匪帮试图垄断合法的和非法的产业，如有毒废料处置或麻醉品贸易，甚至向他们的'目标物'收税——比如，向饭店和夜总会勒索保护费。这些反政府活动通常隐蔽在高交易成本的阴影中（时常利用政府的腐败或利用受威胁的代理人）。他们一旦公开出现就会爆发内战，除非政府无条件投降。当反政府的力量替代了现有政府，以前的犯罪分子成了政治领袖，而他们的组织也变成了合法政府。"[2] 在有些国家，个人或者团体主动使用黑社会来解

---

[1] 曹正汉著. 观念如何塑造制度 [M]. 上海：上海人民出版社，2005,84-91.
[2] [冰岛] 思拉恩·埃格特森著，吴经邦等译. 经济行为与制度 [M]. 北京：商务印书馆，2004,37.

决本该由政府解决的问题,这种典型的"场外交易",其行为逻辑取决于政府运行的成本与效率。

第四节 政治暴力的发生

青木昌彦把国家看成是"政治域中一般政治交换博弈的多重稳定均衡,其中政府和私人之间将达成某种秩序。这样国家就不仅仅是一种政府组织或它所制定的规则系统(可以被破坏或漠视),而且还是约束政府本身的秩序。它涉及私人和政府关于偏离均衡行为可能招致的后果的稳定的集体信念,这种信念使他们之间能够维系一种可预期的行为模式"[1]。在这个论断的基础上,青木指出了三种政治秩序的元类型,民主型、勾结型与剥夺型国家。[2]与我们这里一样,青木借用了巴里·温加斯特(B. Weingast)的简单政治交易博弈模型,这个模型中有政府、参与者A与参与者B。在民主型国家中A、B共同抵制政府的侵害;勾结型国家中,国家与某个集团共谋对另外的集团进行剥夺;剥夺型国家中,国家剥夺所有集团。[3]青木模型之中对于均衡的分析以及对于社会集团行动的分析是精彩的,但是青木局限于解决"温加斯特悖论",[4]这个问题本身就有着西方政治经济学的偏颇存于其中,而且有

---

[1] [日]青木昌彦著,周黎安译.比较制度分析[M].上海:上海远东出版社,2001,156.

[2] [日]青木昌彦著,周黎安译.比较制度分析[M].上海:上海远东出版社,2001,157.

[3] 青木指出:"最一般的民主型国家,如果存在的话,对产权的自发秩序侵犯最少。""勾结型国家是指政府(总统办公室、司法机关、永久性官僚部门、独裁者、统治集团等等,视具体情况而定)与特定私人集团(利益集团)为了自身的利益相互勾结的状态,这种状态有时可能是稳态的,有时可能是周期性振荡的。"青木在给出民主型与勾结型国家定义后,很奇怪没有给出剥夺型国家的定义,这里对剥夺型国家定义是根据上下文推测的。参见:[日]青木昌彦著,周黎安译.比较制度分析[M].上海:上海远东出版社,2001,157.

[4] 巴里·温加斯特指出,如果政府强大到足以保护产权,那么政府也同样强大到剥夺公民的财产。虽然温加斯特提出较早,但是通常称为"诺思悖论"。对温加斯特的相关论述参见:[日]青木昌彦著,周黎安译.比较制度分析[M].上海:上海远东出版社,2001,156.

意无意忽略了世界市场对国内政治均衡的影响。但是，青木的模型是有启发的，政治秩序是一种均衡，变迁是一种不均衡，这种不均衡起源于原有均衡的破坏。我们这里接着这个模型，分析当不可交易困局在政治行为体之间出现之后所引起的一系列反应。

我们这里先假设 A 是资本集团，而 B 是劳工集团，那么当 A 与 B 之间出现不可交易困局之后，包括政府 C 在内的政治行为体可能会采取什么样的行动呢？我们将所有可能的情形列出来。

第一种情况，政府偏向于 A，阻止 B 可能采取的暴力行动。第二种情况，政府偏向于 B，将 A 的一部分物品通过税收等方式，转移到 B 的手中，缓解不可交易困局。第三种情况，政府征收财物，消除私有制，充当市场的交易、分配主体。

第一种情况属于镇压型国家，虽然所有的政府都会采取措施压制局部的不可交易困局造成的暴力事件，但是当社会整体出现不可交易困局时，政府无法长久采取这样的手段，仅仅压制一个集团并没有缓解社会中的不可交易困局，A 依然无法与 B 交易。采取这种政策的政府，必然要在集团之间寻找新的共容利益。第二种情况在现实中是社会民主主义。通过和平的手段维持社会的可交易性。第三种情况在现实中是社会主义，政府消除了交易，充当分配的主体，这样原有的不可交易困局也就不复存在。这三种选择，需要根据具体的阶层力量对比以及特定的国际、国内环境来采取。

上述三种方法的采取要看不可交易困局出现的严重程度，如果在社会的一定范围之内，那么采取对特定行为主体的制止以及政府通过转移支付等手法是可能奏效的，但是当不可交易困局在整个社会出现的时候，这个时候只能采取第三种方法，无限扩大政府的权威，因为此时交易成本无穷大。正如林德布罗姆指出的："权威的行使在特殊的场合是没有成本的，因为权威的授予可以先于它的使用，可以是稳定的和持久的，可以容纳大量的行为范畴。尔后，当需要一种反应时，则常常无须任何报偿、任何惩罚、任何操纵，甚至无须任何说服。需要做的一切，都是指示什么样的反应是合乎（权威）愿望的。……这解释了为何权威成为社会控制的一个主要方法的原因；当花费时间来操作这个方法时，它是低成本的。但选择的昂贵成本，常常会令人沮丧。虽然美国的家庭生活中曾经有过父母的良好权威，当代的不少父母，却要么在树立权威上失败，要么根本不想树立权威；现在只好靠哄骗、央求和收买，做某些须花费时间和金钱的事情。所以，控制他们孩子的边际成本上升了许多，有的时候高得迫使他们放弃控制的企图。"[1]

政治制度的存在是要缓解社会集团之间的不可交易困局，减少社会集团之间的交易成本。如果做不到这些，那么政治秩序就面临挑战。二战后成立的南斯拉夫联邦有5个主体民族，4种主要语言，5种主要文字，3大信仰族群，但可以统合在一定的政治秩序下。[2]这种政治秩序之所以能保持一定的稳定性是由于国际安全结构造成了国内利益集团的可交易性，同时由于政治强人的权威以及强政府的存在减少了各集团的交易内容，在这些综合因素下，交易成本得以有效降低。冷战之后，国家安全环境缓解、中央对地区的支配性作用减小，地区资源禀赋与发展差距较大的情况突出出来，现实因素与传统宗教民族的因素相互嵌合，导致各个共和国之间的政治经济交易成本加大，南斯拉夫一分为六。[3]

---

[1][美]林德布洛姆著，王逸舟译.政治与市场：世界的政治－经济制度[M].上海：上海三联书店、上海人民出版社，1994,20－21.

[2]南境内24个民族中塞尔维亚、克罗地亚、波黑、马其顿、斯洛文尼亚为5大主体民族。这5个主体民族中，塞尔维亚和克罗地亚同讲"塞尔维亚——克罗地亚语"，但文字书写不同，前者使用基里尔语，后者采用拉丁字母；马其顿族使用马其顿语，斯洛文尼亚族则使用斯洛文尼亚语。斯洛文尼亚和克罗地亚信奉天主教，塞尔维亚和克罗地亚信仰东正教，波黑的穆斯林与科索沃的阿族则信仰伊斯兰教。

[3]1991年，斯洛文尼亚、克罗地亚、马其顿宣布独立。1992年波斯尼亚和黑塞哥维那独立。1998年，科索沃地区要求独立并引发科索沃战争。科索沃战争造成5000名南军警丧生，1500平民被炸死，数以万计的军人和平民受伤致残，24万难民流离失所，同时还使得中国使馆遭受池鱼之殃。而此前，斯洛文尼亚独立时死亡62万人，克罗地亚独立时死亡失踪超过2万人，波黑战争历时3年零9个月，死亡数十万人。

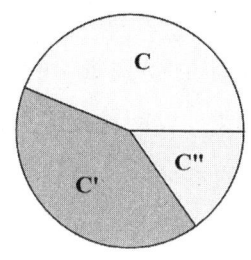 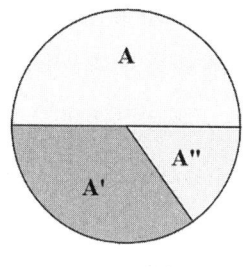 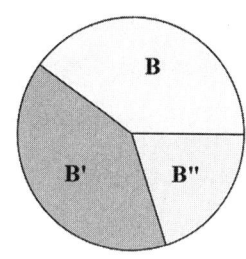

G国、G'国、G″国中的C、C′、C″集团　　G国、G'国、G″国中的A、A′、A″集团　　G国、G'国、G″国中的B、B′、B″集团

图 2：国内阶层与国际关系

没有国家是孤立于世界的，为了考虑国家在遇到不可交易困局时的具体行为，我们在这个模型中再加入两个国家，设原先的国家为 G，新加入的国家为 G'、G″。G 国家中的三个行为主体是政权 C、资本集团 A、劳工集团 B，G' 国家中的三个政治行为主体是政权 C'、资本集团 A'、劳工集团 B'，G″ 国家中的三个政治行为主体是政权 C″、资本集团 A″、劳工集团 B″。那么这就成为三个国家的 9 个参与主体的模型，在这个模型中，国家可能产生更多的选择。第一种情况，G 国家在增加、不牺牲或者少牺牲 A 利益的前提下增大 B 的利益，要实现这种状况需要扩大市场的参与者，通过对 G' 国家、G″ 国家经济扩展实现这一点。第二种情况，G 国家在增加、不牺牲或者少牺牲 A 利益的前提下增大 B 的利益，通过对 G' 国家、G″ 国家的军事扩张实现这一点。对这两种方式，G' 国家、G″ 国家会进行武装抵抗或者是经济抵抗。

这两种方法的采用，要看 G 国家这两种力量对 G' 国家、G″ 国家的力量对比。我们假设在这两个方面 G 国家都占据优势，但是其中经济力量对 G' 国家优势更大，政权军事力量优势稍小；对 G″ 国家军事、经济均占有绝对优势。G' 国家对 G″ 国家在军事、经济两个方面也都占有绝对优势。当不可交易困局在所有国家都出现的时候，G 国家倾向于采取以经济为主、军事为辅的方法扩展利益；G' 国家倾向于采取军事为主、经济为辅的方式扩展利益，G″ 国家倾向于隔绝与 G 国家、G' 国家关系的方法守护自己的利益。

第一种情况在现实中是自由主义，自由主义是一种经济上的扩张，而这种扩张的可能性依赖于 G 国家中的 A 集团对 G' 国家中 A 集团的权力，如果权力占优，那么这是一种可行的政策，通过对 G' 国家、G" 国家的剥削可以实现政策目标。第二种情况在现实中是侵略主义，如果 G' 国家中的 A' 集团并不占优或者完全居于弱势，那么可能采取这种政策。这两种政策都会对 G' 国家产生很大的影响，因为当 G 国家缓解了国内的不可交易困局之后，这种困局就会转嫁到 G' 国家内部，而 G' 国家要么除了仿照 G 国家的行为，似乎没有更好的选择。当然，我们这里讨论的都是在一个国家出现整体性的不可交易困局时的状态。在这种状态下，三个国家的模型中政府所采取的政策与一个国家模型中政府所采取的政策通常是混合使用的。经济扩张政策与军事扩张政策通常混合使用，社会主义政策、社会民主主义政策以及专制主义政策通常结合使用。如果没有这些政策的使用，那么国家就会陷入暴力冲突之中。

在世界政治中，这些国家何种情况下会发生突变，变成具有侵略性的国家或者变成和平国家，国家的行为与具体的国际环境具有密切关系，这可以通过演化博弈论中的"鹰鸽博弈"来证明并探究其和平与战争的具体条件。[1]

我们上面假设了一个国家中出现整体的不可交易困局情况下国家可能采取的行为。所谓整体性的不可交易，是指国内的主要政治集团之间出现不可交易，而局部主要指非主要集团之间或者非主要集团与主要集团之间出现了不可交易困局。如果在国家中只是出现局部的不可交易困局，那么会有何种结果？如果一个国家中有 n 个政治主体。对这些主体的租金可能导致暴力的发生。租金的产生是在多个层面上，如果一种团体要成为政治性的集团，必须在政治、经济与文化上至少有一维处于一个特定的租的获得位置，而通常在现实中是多维的结合，也就是特定的政治、经济、社会条件下的特定的遭遇团体。这个遭遇团体可能是阶级、地区、宗教派别、种族，某一突发事件的受害者，甚至是市场中的某类物品的消费者。E.P. 汤普森就提供了 18 世纪英国大量出现的食品骚乱的案例。他指出："在城乡社会中，消费者的意识高于政治或工业对抗。最敏感地反映公众不满的指示器是面包价格，而不

---

[1] 演化博弈论假设行为体是不完全理性，同时得到的信息是不完全的。

是工资。"[1] 因而："食品骚乱有时是相当厉害的，如1764年发生在诺丁汉郡古斯市集的'奶酪大骚乱'，当时所有的奶酪都被扔到街上碾踏；或像1788年发生在同一座城市的那场骚乱，其起因是肉类价格高居不下，当时肉店的门窗都被拆下，与肉店主的账簿一起堆在市场上焚烧。但是，就连这种暴力也带有远比饥饿更为复杂的动机：零售商由于肉制品价高质劣而受到处罚。"[2]

集团认同的产生并非像很多政治学家指出的那样，是因为该集团区别于其它集团的差异性。人类的差异性可以无限的历数下去，但是人类并没有按照这种差异性形成无穷多的政治团体。人类的认同也是多个层面的，每个人可以处于很多层次的认同圈层之中，但并非这些圈层都能形成政治诉求，并进而形成政治压力集团。形成集团的关键在于社会关系，也就是在社会关系中，是否有处于多种租之下的特定群体。这种租越是单纯，如仅仅有经济上的不平等，这些群体的诉求就越是单纯，形成政治性集团的可能性也较小；租越是复杂，如包括了政治、经济、文化多种因素造成的租，那么团体的诉求就越多样、复杂。汤普森指出："阶级是人们在亲身经历自己的历史时确定其含义的，因而归根结底是它唯一的定义。"[3] 正是这样的零星的、或者大规模的事件，逐渐使得英国工人阶级认识到共同的利益所在，认识到自身的阶级属性。因为工人阶级是属于特定的政治租、经济租的范围之内，并进而在斗争的过程中认识到自身在文化上的共同性，这是英国工人阶级最终形成为政治集团的重要原因。

因此，很多政治集团的形成都是复合型的，北爱尔兰分离主义不仅仅是宗教问题、民族问题，在很多国家中，居于一定地域的宗教与民族并不必然导致分离主义，如美国的少数民族裔。虽然宗教、民族容易造成不可交

---

[1] [英]E.P.汤普森著，钱乘旦等译. 英国工人阶级的形成（上）[M]. 南京：译林出版社，2001,56页.

[2] [英]E.P.汤普森著，钱乘旦等译. 英国工人阶级的形成（上）[M]. 南京：译林出版社，2001,57.

[3] [英]E.P.汤普森著，钱乘旦等译. 英国工人阶级的形成（上）[M]. 南京：译林出版社，2001, 前言3-4.

易，因为宗教、民族、语言等实际上是历史形成的缓解不可交易的设置，这种设置在缓解了内部的交易成本的同时，增大了外部的交易成本。但是，其形成现实的政治作用还要依靠与现实的政治、经济条件相结合。北爱尔兰分离主义，在宗教、民族原因之外还有现实的政治、经济原因。1949年爱尔兰完全独立后，北爱尔兰留在了英国版图内。在北爱尔兰，从英国殖民过来的新教徒偏向英国，而天主教徒认同爱尔兰。北爱尔兰政治大多为新教徒把持，天主教徒人数少于新教徒，在政治上居于劣势。亲英国的民主统一党和亲爱尔兰的新芬党谁也不肯认输，两者之间接连不断地发生激烈冲突。在过去的30多年里，北爱尔兰凶杀和爆炸造成3600多人死亡。[1]方金英指出："在北爱尔兰，信奉英国国教的新教徒大搞'多数派'专政，致使天主教徒在许多方面都受歧视，他们与新教徒的矛盾也日益加深。在20世纪60年代末，英国经济持续萧条，失业率居高不下，受到冲击的首先就是天主教徒。1968-1969年间，英国的失业率是8.1%，同期天主教徒失业率则高达20%。1969年，英国天主教徒掀起声势浩大的游行示威活动，要求与新教徒享有平等权利。然而，英国当局对游行示威进行武力镇压，并制造流血事件，这些流血事件从反面助长了爱尔兰共和军的势力。"[2]

政治上、宗教上的不可交易困局通常与经济上的不可交易困局联合在一起，市场确定了平等这样的价值，但是市场又实际上造成了新的不平等的形式。在国家机器与社会的特定遭遇团体之间存在着永恒的紧张关系。世界市场一方面造成了新的利益不平衡，另一方又为新的利益冲突提供了暴力资源。在前一方面，我们已经指出，后发展国家处于发达世界的权力之下，并为发达世界提供政治、经济与文化的租金。这在国内的影响是，在政治、经济与文化上改变了国内的力量格局。在后一方面，暴力融入世界市场的网络之中。从基地组织到猛虎解放组织、库尔德工人党都依靠世界市场提供暴力的资源。泰米尔猛虎组织为何难以剿灭，主要原因在于猛虎组织拥有全球网络，"猛

---

[1] 这在北爱冲突一百多年的漫长流血过程中，实际只是一个很小的数目。1998年，英国和爱尔兰政府迫使北爱冲突各方签署和平协议，后成立多党分权的北爱自治政府。

[2] 何希泉等. 恐怖主义根源探析. 现代国际关系 [J], 2002,1,55.

虎组织在世界 54 个国家设有宣传机构,为它募集政治与经济支持。90 万移居海外的泰米尔人,平均每月捐款超过 100 万美元。此外,印度南部是斯里兰卡泰米尔人的强劲后方,当地有 6000 多万泰米尔人,猛虎组织一直把那里作为活动大本营"[1]。在全球网络的支持下,猛虎组织逐渐发展成为海陆空俱全的恐怖组织,政府军长期无法将其消灭。而库尔德工人党也依靠全球网络获得活动经费,美国学者菲利普·乐琼指出:"据统计,1995 年库尔德工人党染指的毒品贸易达到 345 吨海洛因。很快,库尔德工人党建立一个获利丰厚的三角贸易:该组织成员在欧洲盗窃汽车,向中东出口;再用汽车换取海洛因,然后向欧洲销售。通过三角贸易,库尔德人获得巨额现钞,用于购置武器以进行库尔德人独立的战争。此外,据报道,库尔德人还深深卷入荷兰的敲诈勒索事件之中。"[2] 因此,约瑟夫·格里科、约翰·伊肯伯里判断:"国家融入世界贸易体系的程度越深,即越来越多的国内经济生产活动与进出口贸易紧密地联系在一起时,国内主张与外部世界建立持续、稳定关系的政治支持者就会增加。"[3] 这一论断显然是过于乐观的。

---

[1] 龚权,王艳."猛虎"盛衰史 [EB/OL].http://www.gd.chinanews.com.cn/2009/2009-06-02/2/18791.shtml.

[2] 中国现代国际关系研究所反恐研究中心编. 恐怖主义与反恐怖斗争理论探索. 北京:时事出版社,2002,33.

[3] [美] 约瑟夫·格里科、约翰·伊肯伯里著,王展鹏译. 国家权力与世界市场:国际政治经济学 [M]. 北京:北京大学出版社,2008,11.

第四章

国际体系中的租与发展悖论

世界市场在全球的扩展使得国家与世界市场之间一直有着微妙的关系。绝大多数依附论者没有充分注意到边缘国家在融入世界体系的过程中所产生的国家内部的深刻的紧张。因为我们通常所说的"国家融入世界市场"的论断，本身就是国家中心主义的，暗含了国家作为一个整体的前提。几乎没有一个国家是整体地突然成为世界市场的一员，国家如果处于世界市场的压力之下，国内的所有阶层都需要在这种结构下活动，并无法超脱于这种结构之外。也就是说，国家在渐进融入世界市场的过程中形成了多重的权力关系。

在国家间层面上，在不平等的体系之下，国家需要生存，如果不能居于分工的核心位置，需要军事与政治等手段来弥补这一点。发展型国家就可以看成是通过国家权力推进有利于国内分工的发展方式。在全球经济社会的层面上，国家需要处于国际分工之中，并且，世界市场与国内的某些部分形成特定的交易关系。在国内层面上，国家需要将其他产业的剩余转移到战略产业，对其重点培植。因而，在后发展国家我们可以发现三个相互矛盾的目标，国家如果要提升国家的竞争力，必须扶植战略产业，这既会在国内集团之间造成冲突，也会在国家之间造成冲突；国家在扶植产业过程中，如果没有对国家的行为进行有效约束，那么就会造成国家对社会的掠夺，引发国家与社会之间的冲突。在这种情势下，通常出现的是李斯特陷阱，也就是重商主义陷阱。这是一种双重锁定，国家与特定的利益集团勾结形成一种对外同时对内排他性的制度体系。这种锁定其结果必然导致国家的国际竞争力下降以及国内冲突的加剧。

第一节　租与发展悖论

我们在前面得出了公式：η（行为体所得）＝α（自身资源交换所得）＋γ（租）。根据这个公式，当 $\eta<0$ 的时候出现不可交易困局。在引入世界市场作为变量的前提下，何时会出现这种情况？

如果我们将这个主体视为国家，那么在世界政治经济中，一个国家的所得是其自身资源交换所得加上所获得租。在国际关系中，国家之间的关系在形式上是平等的，但是在实质上是不平等的，在权力关系中也会有租的出现。政治租、经济租与文化租都因权力交易的不对等而产生。伊曼纽尔·沃勒斯坦指出："等级性的（而且分布在不同空间的）劳动分工是资本主义世界经济中的一个永恒的要素。而世界经济中经济活动地位的（更换以及相应的）特定地理区域的变换，则是又一个永恒的要素。从国家机器的角度来看，各个地方、地区以及各个国家的经济力量的相对变化（这些变化是有规则的但并非持续不断的）可以看成是（的确常常被看成是）一个整体的国家的盛衰的'变动'，而这是相对于国际体系结构中的其他国家来加以衡量的一种运动。……至少在现代世界体系的范围内，衡量的是所处地位的相对序数，而不是自身拥有的基数。"[1]

拉法尔·卡普林斯基（Raphael Kaplinsky）将这种经济权力不平等所产生的收益称为"经济租"，"经济租出自稀缺性。稀缺性在这里指的是拥有

---

[1] [美]伊曼纽尔·沃勒斯坦著，吕丹等译. 现代世界体系（第2卷）[M]. 北京：高等教育出版社，1998，237.

一种别人所没有的资源、能力或知识"[1]。经济租或者内生于价值链，由厂商或者厂商联盟构筑，或者由生产者之外的政策原因造成，政策只对部分厂商提供优惠。[2] 他将经济租划分为以下几种：技术经济租、人力资源租、组织机构经济租、营销经济租、关系经济租、资源经济租、政策经济租、基础设施经济租、金融租。[3]

  对于造成这种租的权力资源，萨米尔·阿明将其概括为以下几种，技术垄断，对世界金融市场的控制，对全球自然资源开发的垄断，媒体和通讯垄断，对大规模杀伤性武器的垄断。[4] 与此类似，斯特兰奇用一个四面透明棱锥来表示四种重要的结构性权力——安全、生产、金融与知识。[5] 可以说，斯特兰奇这里所说的权力实际上是"能力"，也就是权力的结果。正如前一章已经指出的，安全、生产、金融与知识的权力是多维领域内交易的结果，在这种交易结果之下，国家和个人相对于其它主体处于特定的能力范畴之内，

---

[1] [英] 拉法尔·卡普林斯基著，顾秀林译. 夹缝中的全球化 [M]. 北京：知识产权出版社，2008，71.

[2] [英] 拉法尔·卡普林斯基著，顾秀林译. 夹缝中的全球化 [M]. 北京：知识产权出版社，2008，71.

[3] [英] 拉法尔·卡普林斯基著，顾秀林译. 夹缝中的全球化 [M]. 北京：知识产权出版社，2008，71-98.

[4] 萨米尔·阿明指出："一个国家在全球等级体系中的地位是由它在世界市场上的竞争力所决定的。然而，无论如何，我们认可这种自明之理绝不意味着我们和资产阶级经济学家一样，认为一个国家的地位是理性行为的结果——所谓理性是由所谓的'市场客观规律'这一标准来评价的。相反，我认为，这种竞争力是经济、政治和社会等方面许多要素综合决定的产物。在这场不平等的斗争中，中心区运用了我所称为'五大垄断力'。"[埃及] 萨米尔·阿明. 全球化时代的资本主义——对当代社会的管理 [M]. 北京：中国人民大学出版社，2005，3-4.

[5] "结构性权力存在于能够控制人们的安全（即威胁人们的安全，或者保护人们的安全，特别是保护人们免受暴力的侵犯）的人那里，也存在于能够决定和支配商品和劳务生产（这是人类生存所必需的）方式的人那里。第三，结构性权力存在于——至少在所有发达国家，不管是国家资本主义、私人资本主义或者两种的混合——能够控制信贷供应和分配的人那里。……第四，即最后一点，掌握知识、能够全部地或者局部地限制或决定获得知识的条件的那些人，也可运用结构性权力。"
[英] 苏珊·斯特兰奇著，杨宇光等译. 国家与市场 [M]. 上海：上海世纪出版集团，2006，23.

并行使相应的权力。也就是说，安全、生产、金融与知识的权力并不是主体孤立的一种能力，而是在关系博弈中产生的一种能力。在只有一个主体的情况下，主体没有权力可言，只有两个或两个以上主体互动的情况下才有权力的产生。因而，安全、生产、金融以及知识的权力都是一系列"链条"上的不同的点，每一个行为者处于链条的不同位置上，并获得特定的能力。权力的四面透明棱锥表示这四个方面的权力是互动的，正如斯特兰奇所指出的："每一个面都与其余三个面相互影响。它们在一个交接点上平衡，而不是依赖某一个基础。"[1]

阿明与斯特兰奇没有过多提及制度性权力，前文已经说明过，国际制度是国家权力的更为隐秘的表现形式，国际制度对于参与进来的国家以及没有参与进来的国家都发挥着实际的影响。正如斯蒂芬·麦克布莱德指出："新阶段的国际经济协定，通过强调自由因素、削弱民主因素来重新平衡自由主义民主秩序，它起到一种权力体制的作用，对国家予以管制和惩罚。在此过程中，它们也限制、构塑、规导着那些国家的公民们。公民们被限制在一个狭小的选择范围内，他们被束缚在国际协定所体现出来的财产关系和权力关系之中。"[2] 上述这些权力之中，较为基础的是对生产的控制能力，正如罗伯特·考克斯所指出的："主导阶级的社会权力源自对生产的控制，是长期以来对生产权力的积累。随着时间的推移，从生产中得到的资源控制转变为具有社会影响力和威望的地位。"[3] 而这种对生产的控制能力中最为根本的是对产业链的规划能力以及对国际货币与信用的控制能力。

现代世界的分工体系的展开表现为产业链以及商品链的展开，任何一个国家都卷入全球分工体系以及交易体系之中。特定的产业链也是特定的价值链，由特定的企业链按照供需关系在特定的空间上组成。在分工高度复杂的

---

[1] [英] 苏珊·斯特兰奇著，杨宇光等译. 国家与市场 [M]. 上海：上海世纪出版集团，2006,27.

[2] [加拿大] 马乔里·格里芬·科恩、斯蒂芬·麦克布莱德编著，段保良译. 全球化动荡 [C]. 北京：华夏出版社，2004,44.

[3] [加拿大] 罗伯特·W.考克斯著，林华译. 生产、权力和世界秩序——社会力量在缔造历史中的作用 [M]. 北京：世界知识出版社，2004,6.

社会中，生产过程已经划分为一系列有关联的生产环节。这种生产环节密切对应着相应的价值结构、工资结构与收入结构。随着环节权力的加大，价值与收入也相应加大。因而，在全球产业链的调整，不仅是调整产业的构成，也是在调整社会结构，这对国家会产生极大的影响。在吸纳了产业链最高端的国家，密布着高工资的工作职位以及并由此形成所谓的"橄榄形社会结构"，在产业链的下游国家中，存在着较少的高工资职位和大量的低工资职位，因而社会结构表现为"金字塔型"或者"哑铃型"。在整个世界的收入结构中，发达国家只是因为切割了产业链的最高端，而显现出一个庞大的中产阶级，整个社会呈现出稳定的、温和的形态，而这种形态是构筑在整个世界的金字塔的庞大基座之上的。

在这种产业链中，最值得一提的是各种产业的权力高端，金融业。列宁指出："金融资本是一种存在于一切经济关系和一切国际关系中的巨大力量，可以说是起决定作用的力量，它甚至能够支配而且实际上已经支配一些政治上完全独立的国家。"[1]在国际信用的控制以及世界货币的控制权上，美国金融学家亨利·C.K.刘指出了这种权力集中所造成的巨大的风险，由于权力的集中，进而造成财富的集中，而富人将钱用于储蓄或投资，而不是用来购买商品和服务，"从而，不久就出现了供大于求……物价比收入上涨得更快，人们只有借债才能分担生活所需，而他们还对魔法般地摆脱债务满怀希望，将其可支配收入都投向摸不着头脑的投机。农民、工人和上班族根本没有从中受益。虚假繁荣背后的不平衡使经济难以复苏，因为收入集中于那些无需花钱的人手中"[2]。在世界范围内，就是列宁与希法亭所界定的金融资本以及垄断，列宁指出："生产的集中；从集中生长起来的垄断；银行和工业日益融合或者说长合在一起，——这就是金融资本产生的历史和这一概念的内容。"[3]

---

[1]列宁著，中央编译局编.列宁选集第2卷[M].北京：人民出版社，1995,644.

[2][美]亨利·C.K.刘，林小芳、黄芳译.从英镑霸权到美元霸权——大萧条很可能重演.国外理论动态，2007,5,10.

[3]列宁著，中央编译局编.列宁选集第2卷[M].北京：人民出版社，1995,613.

由于这种集中与垄断，在赌局中一方输光了之后，游戏再也无法进行下去，因而出现了整体性的不可交易困局，这表现为周期性的金融危机。马克思认为："使实际的资产者最深切地感到资本主义社会充满矛盾的运动的，是现代工业所经历的周期循环的各个变动，而这种变动的顶点就是普遍危机。"[1] 马克思没有来得及把竞争和信用分析做完，因而对危机问题并没有一个"近乎完整的或系统的论述"[2]。我们知道，在市场中，几乎所有人都需要通过市场的方式获得生产、生活的必需品。因为在市场条件下，绝大多数人通过交换获得消耗品，自己只生产自身消耗品的很少一部分或者根本不生产。这就是说，交易是必须进行的，交易不进行就意味着从市场交换中出局，被文明社会所抛弃，陷于生存的边缘。对于这一点，马克思指出："除了需要救济的贫民的消费或'盗贼'的消费以外，资本主义制度只知道进行支付的消费。商品卖不出去，无非是找不到有支付能力的买家，也就是找不到消费者（因为购买商品归根结底是为了生产消费或个人消费）。"[3] 马克思在这里实际指出，由于一方失去了购买力，因而大规模的不可交易困局的出现导致了系统的停滞与危机。早在60多年前，卡尔·波兰尼指出："市场对购买力的管制会周期性地使商业企业倒闭，因为货币的短缺和过剩已证明像原始社会的洪水、旱灾一样对商业是灾难性的。无疑，劳动、土地和货币市场是市场经济不可缺少的。没有社会能经得起这种粗陋虚构的制度的影响，即使是最短的一瞬间，除非人类和自然财物及其商业组织受到了保护免

---

[1] 马克思、恩格斯著，中央编译局编译. 马克思恩格斯文集第5卷[M]，北京：人民出版社，2009,23.

[2] [美]保罗·斯威齐著，陈观烈、秦亚男译. 资本主义发展论——马克思主义政治经济学原理[M]. 北京：商务印书馆，1997,151. 保罗·斯威齐指出："要是马克思活到把竞争和信用分析做完，那么，在危机问题上他就会给我们一个透彻而系统的论述。但是，实际的情况是，危机问题只好仍属未完成事业之列。"参见：[美]保罗·斯威齐著，陈观烈、秦亚男译. 资本主义发展论——马克思主义政治经济学原理[M]. 北京：商务印书馆，1997,152.

[3] 马克思、恩格斯著，中央编译局编译. 马克思恩格斯全文集第6卷[M]，北京：人民出版社，2009,456-457.

遭这恶魔一般碾磨机的蹂躏。"[1] 而在整个社会的不可交易困局之下,"愈来愈艰难的生活不仅压迫着工人群众,而且压迫着中间阶级,因此在一切老的文明国家中都积下了'一种危及社会安定的急躁、愤怒和憎恨的情绪;应当为脱离一定阶级常轨的力量找到应用的场所,应当给它在国外找到出路,以免在国内发生爆炸'"[2]。

当然,正如上一章已经指出的,在这种态势之下国家的行为与国内的阶层结构有关,也就是说,国家的行为不仅与国际的权力配置有关也同时与国内的权力配置有关,只有国内的权力配置与国际的权力配置相结合进而形成的特定结构才能刻画国家的行为偏好。国家同时受到两方面的约束与驱动,一方面来自于国际权力结构,另一方面来自于国内权力结构,这两种结构是权力在一系列交易中形成的整体局势,塑造了国家行为的可选择空间以及动力。在这些权力所形成的结构之中,后发国家唯一的反抗武器就是国家的权力。对于后发展国家来说,正如后发展这个名词所表明的那样,其经济上所得的租通常为负数。但是,在政治上并不能如此简单的划分,因为国家的综合国力的不同,通常会掩盖经济上的落后,经济上落后的国家未必一定是弱国,像沙皇俄国就是如此。因而,这两种情况的差异,在国际环境允许的情况下,国家可能采取对外扩张政治权力的办法弥补经济上的负租,以此来达到平衡。但是,在国际环境不允许或者国家的政治权力也处于弱势的情况下,国家只有从内部寻找租,以满足扩展工业部门的要求并同时将政治权力租加诸于国内产品之上,提高本国产品的竞争力,削弱他国产品的竞争力。这种做法能否顺利进行,还要看国家对于其他部门的租的获取能力大小,以及国内集团之间的利益平衡情况。

---

[1] [英]卡尔·波兰尼著,冯钢、刘阳译.大转型:我们时代的政治与经济起源[M].杭州:浙江人民出版社,2007,63.本文采用了厉以平在《经济史上的结构和变革》中的译法,这种译法更加通顺。参见:[美]道格拉斯·诺思著,厉以平译.经济史上的结构和变革[M].北京:商务印书馆,1992,204.

[2]瓦尔.法国在殖民地,转引自列宁.帝国主义是资本主义的最高阶段[M].北京:人民出版社,1992,75.

第二节 后发展国家的国内权力结构

上文已经指出，后发展国家对抗世界市场权力结构的唯一方法就是国家政权。政权是权力链上的转化器。由于世界市场对国内社会的割裂，国内的集团力量对比并不利于国家向现代化的方向发展。工业集团是弱小的，社会的权力主要掌握在土地贵族手中，工人人数较少，而农民众多，国家必须通过对国内的特定集团获取租金以满足现代化的需要。在全球经济权力结构中，后发展国家的战略产业基本上处于劣势，要增强工业的竞争力，需要国家权力介入，重点扶植一些战略产业。因而，亚历山大·格申克龙的理论是值得深思熟虑的，在其后发展理论（theory of late development）中，格申克龙指出：第一，一个国家的经济越是落后，其工业化的起步就可能像非常突然的冲刺一样缺乏连续性，特别是制造业的增长速度会非常高。第二，一个国家的经济越是落后，在其工业化过程中强调工厂和大企业的倾向就越是明显。第三，一个国家的经济越是落后，它就越是强调生产性产品而不是消费性产品。第四，一个国家越是落后，人民消费水平的压力就越是沉重。第五，一个国家的经济越是落后，在对新兴工业的资本供给以及向他们提供较为集中和较为高深的企业指导方面，特殊制度因素所起的作用就更大；这个国家越是落后，这些因素的强制性和广泛性就越是突出。第六，一个国家越是落后，其农业在为工业发展拓展市场方面就越是难以发挥积极的作用，因为这要以农业劳动力的生产率提高为基础。[1]

这就是说，随着开始发展时间向后推移，以强组织力的机构指导发展的趋势越来越强；随着开始发展时间向后推移，企业的组织形式也由分散到集

---

[1] Alexander Gerschenkron, Economic Backwardness in Historical Perspective(Cambridge, Massachusetts: Belknap Press of Harvard University Press, 1962), pp.353-354.

中、由小到大；随着开始发展时间向后推移，后发展国家的政治形态就越容易是专制制度。因为制度要弥补工业竞争力的不足，在经济租不够的情况下，必须以国家权力来增加战略产业的租。国家通过市场分配、国家分配、社会分配等多种方式来完成租的转移，进而实现国家的工业化转型。这种发展模式在很多情况下与德国著名经济学家斯图亚特·李斯特的名字联系在一起，李斯特号召后发展国家通过关税保护实现国内的工业发展。李斯特在流放期间考察了"美国体制"，这是亚历山大·汉密尔顿倡导建立的关税保护体系，运用关税保护幼稚产业，并将关税收入投资到运河、铁路、公路等公共基础设施中去。[1]尽管这种实践较早起源于美国，但是常为人们所知的却是德国与日本的发展战略，这种发展战略在上述三个国家看起来是较为成功的，但是政治上以及社会的代价却也是极其昂贵的，具体案例我们下一节中将要详细讨论，这里我们首先探讨理论问题。

在政权介入发展的过程中，发展战略本身就内在包含着悖论，因为国家在参与到工业化过程中来的同时，国家自身的效能也受到考验。阿瑟·刘易斯指出："政府可以对经济的增长产生明显的影响。如果政府处事正确，就会促进增长。如果它们做得太少或太多，或处事错误，就会妨碍增长。"[2]他指出了政府导致经济停滞或下降的九种情况，这就是"维持不了秩序，对公民进行掠夺，鼓动一个阶级剥削另一个阶级，阻碍对外交流，忽视公共服务，过分放任自流，控制过严，花钱过多和进行劳民伤财的战争"[3]。刘易斯这里实际上指出的主要方面是"主权悖论"。道格拉斯·诺斯与温加斯特提出的"主权悖论"具体是指，国家（state）具有双重目标，一方面通过向不同的势力集团提供不同的产权，获取租金的最大化；另一方面，国家还试图降低交易费用以推动社会产出的最大化，从而获取国家税收的增加。国家的这两个目标经常是冲突的。主权悖论描述了国家与社会经济的矛盾关系，

---

[1][英]速水佑次郎著，李周译. 发展经济学——从贫困到富裕[M]. 北京：中国社会科学出版社，2003,252.

[2][英]阿瑟·刘易斯著，周师铭等译. 经济增长理论[M]. 北京：商务印书馆，1983,502.

[3][英]阿瑟·刘易斯著，周师铭等译. 经济增长理论[M]. 北京：商务印书馆，1983,502.

即"国家的存在是经济增长的关键,然而国家又是经济衰退的根源"。[1] 我们按照主权悖论的逻辑继续分析会发现,如果国家强力推进经济发展,在经济获得增长的同时,国家政权也可能对社会掠夺租金,从而影响到经济发展。但是,诺思没有分析的是,在后发展国家中,如果政府介入经济领域并通过国家权力增进工业的竞争力的话,这种经济政策不仅对外部世界是排他性的,对内部不同产业部门也是排他性的。这就意味着经济的不公平会因为国家的扶植行为而扩大。因而,我们这里将诺思悖论与后发展国家情况结合就会得出一个"发展悖论"。国家高度介入的现代化,必然要以向社会抽取租金,并将租金转移到战略部门为代价,向社会抽取的租如果大到不可交易的地步,大规模暴力的出现会破坏国家的发展。在后发展国家,如果国家政权弱小,那么国家就没有能力推动国内工业发展。这就意味着国家将处于农业国地位,国家将在国际竞争中处于劣势,无法实现自我保护的同时,也无法管理国内冲突;如果国家强大,国家就可能对社会造成掠夺,或者与某一阶层形成联盟对另一些阶层进行剥削。这种剥削通常是后发展国家冲突的重要根源。由于国家处于国际的压力之下,在发展过程中,社会公平、国际竞争力与有限政府不可兼得。因而,所有的后发展国家都承受着这种悖论的压力。国际结构与国内结构之间的这种互动是近代直至现在很多国家内部的重大冲突的深层原因。

青木昌彦认为,民主型国家中人们对政府可能侵犯的一致抵制会约束政府的违规行为,"是关于政府的违规行为将受到人们的普遍一致抵制的普遍信念,而不是法律的制定和颁布,使法律规则发生了作用"[2]。这种情况的确存在,但是青木的观点过于理想化,社会是否会抵制政府的违规行为是多方面因素的综合,其中社会的各种利益团体之间的利益格局,以及与此相联系的权力格局是至关重要的。在某些权力格局下,社会内部会产生共容利益,因而会联合起来对政府违规行为进行抵制,在另一些情况下,社会内部是分裂的,难以合作的。更为容易的是,社会中部分团体与政府合作,进而形成

---

[1] [美] 道格拉斯·C·诺思,陈郁等译. 经济史中的结构与变迁 [M]. 上海:上海三联书店、上海人民出版社,1994,20.

[2] [日] 青木昌彦著,周黎安译. 比较制度分析 [M]. 上海:上海远东出版社,2001,162.

压迫性的联盟。青木将发展型国家称为勾结型的，因为国家与工业阶层形成了联盟并采取有利于工业的政策。青木的这种观点是带有偏见的，因为发展型国家之所以采取这种发展模式，是由于世界政治经济结构的持久压力存在，因而，发展型国家实际上暗含着这样一种承诺，为了国家的长久利益，暂时需要牺牲部分人的利益，但是这种牺牲会在工业发展之后得到补偿，如果没有这种承诺，或者承诺无法兑现，那么发展型国家的确会沦为勾结型国家。

那么社会何时会形成整体的利益，何时会造成分裂呢？这需要深入到国家内部的阶层结构以及这种阶层结构与世界政治经济结构的关系中去考察。在后发展国家中，通常存在着这样几个重要的力量：农民、地主、工商业阶层、工人、学生、军人以及宗教组织。在这些力量中，农民是决定国家内部和平与否的最重要的力量，正如亨廷顿指出的："在现代化政治中，农村扮演着关键性的'钟摆'角色。……如果农村支持该政治制度和政府，那么该制度自身就可免遭革命之虞，政府也有希望使自身免受遭叛乱之虞。如果农村处于反对地位，那么，制度和政府都有被推翻的危险。城市的作用是一个常数：它永远是支持反对派的力量根源。农村的作用是个变数：它是不稳定的根源，就是革命的根源。对政治体制来说，城市内的反对派令人头痛但不致命。农村的反对派才是致命的。得农村者得天下。"[1] 亨廷顿的分析是相当睿智的，在现代化国家中，农民通常在人数上占据着绝对的优势，任何一种力量如果没有得到农民的默许或者支持，都不可能在政治上获得稳固的地位。

"城市反对派集团凭借本身的力量能够使政府垮台，但是，他们不可能造成革命。造成革命需要有农村集团的积极参与。"[2] 亨廷顿同时还认为："城市是国内反对派的中心；中产阶级是城市反对派的集中点；知识分子是中产阶级反对派内部最活跃的集团；而学生则是知识分子内最有凝聚力也最有战斗力的革命者。……最坚定、最极端和最不妥协的政府反对派就在大学里。"[3]

---

[1] [美]塞缪尔·亨廷顿著，王冠华等译.变化世界中的政治秩序[M].北京：三联书店，1989,267.

[2] [美]塞缪尔·亨廷顿著，王冠华等译.变化世界中的政治秩序[M].北京：三联书店，1989,266.

[3] [美]塞缪尔·亨廷顿著，王冠华等译.变化世界中的政治秩序[M].北京：三联书店，1989,265.

对于这个问题，需要进行更为深入的理解。在各国现代化的历史中，中产阶级可能是激进的反对派，也可能是顽固的保守派，这要视具体的历史情况而定，在俄国革命过程中，中产阶级是激进的力量，而在德国纳粹主义形成过程中，中产阶级却站到了纳粹主义的一边。在现代化过程中，中产阶级是对于市场潜在价值最为敏感的一个群体，其内在有着对于市场所需要的平等、免于强制等价值的诉求。但是中产阶级又是矛盾的，当中产阶级面对着农民以及其他群体对于实质平等，亦即财产平等的诉求时，宁愿站到现政权的一边，而不愿加入到瓜分财产、实行暴力革命的队伍中。在这一点上，毛泽东对于资产阶级的"两面性"分析至今也是极为深刻的，而且为各国的实际情况所验证。

理解后发展国家的政治，无法回避军队的重要性。军队通常是后发展国家中较早现代化的部门，军队在政治中发挥的作用是辩证的，亨廷顿指出："随着社会发生变化，军队的角色也就发生变化。在寡头统治的世界里，军人是激进派；在中产阶级的世界里，军人是参与者和仲裁人；当群众社会出现在地平线上的时候，军人就变成现存秩序的保守的护卫者。这样，微妙而又可以理解的是，社会越落后，军队扮演的角色就越进步；社会变得越进步，其军队的角色就变得越加保守和反动。"[1] 亨廷顿将这一点归结为军队与中

---

[1] [美] 塞缪尔·亨廷顿著，王冠华等译. 变化世界中的政治秩序 [M]. 北京：三联书店，1989, 201. 亨廷顿还指出："与中产阶级出现相关联的动荡和政变，归因于军队性质的变化；与下层阶级出现相关联的动荡和政变，归因于社会性质的变化。在前一种情况下，军队已现代化，并形成了使其疏远于现存秩序的概念，如效率、诚实和民族主义。他们干预政治，想使社会与军队并肩前进。他们是中产阶级的先锋队，目标是在政治领域中先行突破。他们推动社会和经济改革，促进国家统一，并在某种程度上扩大政治参与。一旦中产阶级的城市集团成了政治上的主导因素，军队就担负起一种仲裁或稳定的作用。如果一个社会从中产阶级过渡到大众参与时具有相当发达的政治制度（诸如在拉丁美洲的智利、乌拉圭和墨西哥），军队起的作用就是非政治性的、专门化的、职业性的，'客观'的文职控制的体制皆具此种特征。……然而，如果一个社会过渡到大众参与阶段而没有形成有效的政治制度，那么，军队就会竭力去保护现存的制度，反对下层阶级特别是城市下层阶级插手政治。军队成为现存中产阶级秩序的护卫者。故此，他们在某种意义上成了普力夺制社会政治参与扩大时的门卫：他们的历史作用是为中产阶级开门，而将下层阶级拒之于大门之外。"[美] 塞缪尔·亨廷顿著，王冠华等译. 变化世界中的政治秩序 [M]. 北京：三联书店，1989, 202.

产阶级的联系造成的。应该说,其判断更多是基于拉美经验得出的,在其他国家如军国主义形成时期的日本,军队充当的功能并非完全如此,这一点我们下文中将要详细讨论。亨廷顿判断与事实的出入主要原因在于他将这些基于特定实践的经验归结为特定阶层的属性,而并没有进一步分析上述各个阶层行为的深层社会原因。

按照我们前面已经论述过的本体论原则,属性是在关系中形成的。我们在社会权力的框架下理解各阶层的行为动机会获得更加深入的理解。查尔斯·蒂利在探讨权力不平等时指出了造成不平等的类型边界,"类型边界一边的团体成员控制了产生价值的稀缺资源,并且分配给自己大部分的价值,然后用这些价值的一部分去复制那个边界。这个情景有两个变体:剥削和机会累积。在剥削这里,团体谋取边界另一边的成员进行价值生产的努力,但是分配给那些成员的价值远远低于他们付出的努力。……在机会累积这边,团体排斥边界另一边的人使用产生价值的资源,收获利润,并用部分利润去复制那个边界"[1]。蒂利指出重要的几种产生价值的资源是:"强制手段,包括武器、监狱和有组织的暴力专家。劳动,特别是技术和/或有效的协调劳动。动物,特别是家养的食用动物和/或从事劳动的动物。土地,包括其上的自然资源。维持承诺的制度,例如宗教派别、家族系统和交易活动中的犹太人。机器,特别是改变自然物质的机器,生产商品和服务的机器,运输人、商品、服务或信息的机器。金融资本——获得财产权可转移的和可替代的手段。信息,特别是有利于盈利、安全或协同行动的信息。传播信息的媒体。科学-技术知识,特别是有利于干涉——无论是出于善良的还是邪恶的目的——人类福利的知识。"[2]

可以说,蒂利的分析在马克思、列宁论述基础上对于社会权力的几种现代来源做了详细的分类整理。在权力以及由这些权力的形成的各种联系的基

---

[1] [美]查尔斯·蒂利著,谢岳译.身份、边界与社会联系[M].上海:上海世纪出版集团,2008,120.

[2] [美]查尔斯·蒂利著,谢岳译.身份、边界与社会联系[M].上海:上海世纪出版集团,2008,121.

础上，我们可以清晰分析出各个阶层在权力中的地位以及由此形成的行动准则。在发展型国家中，军队与暴力机器，知识分子与信息、知识生产联系在一起，而地主或者农业资本家与土地，中产阶级与机器、资本、自然资源开发联系在一起，这些权力形成了种种维持承诺的制度基础。

在这些产生权力的资源中，权力的强度是不同的。包括土地在内的自然资源的拥有者与其上的劳动者之间的关系中，权力的强度最大，讨价还价能力最强。因为自然资源无法复制也无法模仿，自然资源的拥有者对劳动者的依赖程度最低，亨廷顿指出："资本家和工人在庞大的经济成果面前所具有的共同利益，在地主和农民之间是不存在的。"[1] 土地以及其上的自然资源的拥有者对于劳动者的权力几乎是绝对的，相对固定的产权所有者对一定自然资源的占有可以持续很长时间，而且这些资源的开采并不主要依靠劳动者的劳动技能，因而劳动者没有多少讨价还价的空间，其共容利益较小。自然资源所有者可以强化租金并复制基于自然资源的权力关系。在20世纪80年代，尽管有法律严禁，巴西还是存在着大量的奴隶劳动，足以说明自然资源所有者与劳动者之间的权力关系所造成的后果。因此，对于自然资源的争夺，非此即彼，没有多少回旋的余地，世界银行的统计表明，5/6的内战与自然资源有关。

而在生产制造业中，资本与机器的所有者高度依赖于劳动者，因而，劳动者组织起规模庞大的工会组织的可能性较大。同时，工业生产并非像自然资源那样不可模仿、不可复制，因而在工业中，权力关系会随着工业发展而发生有利于劳动者的变化。[2] 像福特、IBM这样以家族企业起步的公司，早已经不属于创业者的家族，但是在菲律宾的大地产所有者还有很多是西班

---

[1] [美] 塞缪尔·亨廷顿著，王冠华等译.变化世界中的政治秩序[M].北京：三联书店，1989，272.

[2] 需要注意的是马克思主义经典作家相关论述的重要前提，那就是工人在与资本家博弈的过程中处于劣势，这在那个时代是一种现实，但是，今天未必全是这样。在工人高度组织化的过程中，工人讨价还价能力提高，因而在特定的地域与时间中，可以在权力上获得与资本家的均衡。奥尔森的集体行动理论可以看作对马克思主义经典作家的一种补充。

牙殖民时期就已经形成的家族。因而托克维尔指出："动产的不均使一些个人富有；不动产的不均使一些家族富足，它使有钱人彼此联系，把几代人之间联合起来，并在国家中建立一个单独的小民族，他们在自己所在的大民族中，总能获得某种凌驾于大民族之上的权力。对民主制政府最为有害的恰恰是这些东西。相反，对民主制统治最为有利的，莫过于将土地划分为小块的产业。"[1] 托克维尔的判断相当深刻，对于自然资源的拥有可以持续数代人的时间，并且形成一些家族的联合，进而发展成以此为基础的文化与制度，这非用暴力相关的手段很难破除，而对于流动财富的占有则很难为一些家族长期、持续的独占。因而，亨廷顿也指出："在工业界，较平均的收入分配是经济增长的结果；而在农村，土地所有权的较平均分配是经济增长的先决条件。"[2]

与工业生产很相似，暴力的生产与知识的生产都无法像自然资源的垄断那样产生持久的、近乎绝对的权力。因为，暴力的生产依赖于组织，而组织的维系需要资本的持久支持，这种资本可能来自于农业的积累也可能来自于工业的积累。与此相似，知识的生产也要依靠资本的投入，因而军队与知识在生产权力结构中都是依附性的。尽管在现代化进程中的国家，其军队与知识界通常都是较早现代化的部门，这两个部门也通常表现出对工业的兴趣以及对中产阶级的支持与同情，但是这些都是不确定的，其确定性在于其所依附的阶层。在自然资源与工业的关系中，后发展国家通常都是自然资源的拥有者占有优势。这种优势是传统的、根深蒂固的。因而，摩尔将农业的商业化程度作为解释国家现代化道路的核心变量是相当睿智的。在农业高度商业化的国家，自然资源的拥有者已经扩散到工业领域，因而其财富也有了扩散效应。而在农业商业化程度较低的国家，国家通过国家行为来推行工业化，这种情况下必须在工业与农业集团之间达成某种协议，而在农业非商业化的国家，这种协议是无从谈起的。

---

[1] [法] 托克维尔著，冯棠译. 旧制度与大革命 [M]. 北京：商务印书馆，1992,296.
[2] [美] 塞缪尔·亨廷顿著，谢岳译. 身份、边界与社会联系 [M]. 上海：上海世纪出版集团，2008,272.

上述几种权力表现形态中，自然资源是固定财富，资本是一种流动性财富，政权是一种基于上述两种力量的社会控制权力，人力是财富的创造者同时也是暴力的创造者。农业社会的权力是与土地结合在一起的，而工商业社会的权力形态则与资本密切结合，在这两种社会中，人力都是一种潜在的权力，当它表现为一种组织化的暴力之后，才能确定这种权力的有效性，而当其处于分散、离散的状态时，却又显得不堪一击。上面我们所强调的是从交易能力的角度认识权力的分配。各种组织以及阶层的性质只能在交易关系中认识。

第三节　权力链条的运转与暴力

上文引用波兰尼的话已经指出，在现代社会中周期性的经济危机就像原始社会的洪水一样难以避免。这种洪水是灾难性的，而且会对权力结构上不同环节造成很大的影响。在上述权力结构之下，居于权力较低地位的国家与群体，对风险的承受能力也较低，在世界市场的不断波动之中，时常权力的顶端将风险转嫁给权力的底端，初级产品市场之所以容易波动，原因即在于此。这也是由于权力链条的运作性质决定的。居于权力的顶端就意味着较大的主动性以及较强的讨价还价能力，在普遍遇到危机的时候，所有的行为体都力求自保，这对底端的行为体通常更为不利。因而，这个时期通常也是摊牌的时期，各种矛盾都会在此时趋于激化。正如罗兑克（D.Rodrik）所总结的外部冲击对于内部矛盾的激发作用，在一个社会中，潜在的社会冲突越大，外部冲击对经济增长以及社会政治稳定的负面影响也越大。[1]

这种权力链条带来的是对权力体系持久的固化，虽然其表现形态各不相同，有的能够做到这一点，有的则较为困难。蒂利指出："直到最近几个世

---

[1] D. Rodrik, Globlization, Social Conflict and Economic Growth, The World Economy[Vol.21(22)], pp.143-158.

纪，上面清单中的前几项资源——强制手段、劳动、动物、土地和维持承诺的制度——主导着类型不平等的国际生产。即使是今天，它们仍然可能解释地方和地区规模的国际不平等现象。"[1]但是蒂利也指出这种权力资源的变迁，这就是："在18世纪和20世纪前50年之间，控制机器获得了作为剥削与机会累积基础的日益增长的显著性。在过去50年里，建立在金融资本、信息、媒体和科学－技术知识基础上的差异，在不平等的生产过程中特别是在国际层次上，重要性越来越明显。"[2]在现实生活中，尽管权力体系的控制者尽力维持这个体系的运行，但是体系仍然处于变化的过程之中。在社会变迁过程中，或者经济波动的冲击之下，原有的均衡很容易被打破，这时处于权力链条底端的人群可能与新的权力资源相结合形成新的权力结构。这种场外交易的形成既是较大规模政治暴力的原因。而这种暴力的社会基础通常是权力底端，处于不可交易困局的群体，亦即中产阶级的下层、农民以及学生。

毕康健在考察埃及的政治稳定后指出政治暴力发生的原因："自1986年起，严重的经济危机之中，1986年失业率高达12%，人均收入下降10%，从1986年的670美元降到1990年的610美元，1980/1981年城乡贫困率分别为18.2%和16.1%，1990/1991年上升到20.3%和28.6%，人民的生活水平普遍下降。1991年埃及政府与国际货币基金组织和世界银行达成经济改革协议，稳定经济运行环境，推进结构调整，削减财政赤字，压缩公共开支，尤其是补贴和社会开支，中下阶层生活状况进一步恶化，引发和加剧了血腥的政治暴力和劳工骚动。"[3]而参与极端组织的人，"大多来自中产阶级的中下层，不少人来自遭受经济剥削和生活水平低下之苦的下层阶级，他们在急剧变动的社会变革中沦为边缘人口，为一张大饼而疲于奔命"[4]。撒阿德

---

[1] [美] 查尔斯·蒂利著，谢岳译. 身份、边界与社会联系 [M]. 上海：上海世纪出版集团，2008,122.

[2] [美] 查尔斯·蒂利著，谢岳译. 身份、边界与社会联系 [M]. 上海：上海世纪出版集团，2008,122.

[3] 毕康健著. 埃及现代化与政治稳定 [M]. 北京：社会科学文献出版社，2005,203.

[4] 毕康健著. 埃及现代化与政治稳定 [M]. 北京：社会科学文献出版社，2005,203.

丁·易卜拉欣归纳出极端组织成员的四大特点："来自不同的年龄段，主要是二三十岁的青年，正当身强力壮、充满活力与梦想、骚动与张狂的盛年。来自于大学生和大学毕业生，其中许多人就读或毕业于医学院、工学院、药学院和军事技术学院。来自中产阶级，尤其是中产阶级的下层，即乡下的地主、城市的小业主、小商人和政府职员。大多出生于农村，早年在乡下或小城镇度过，但加入伊斯兰极端组织时已是大城市中的移民，如开罗、亚历山大、艾斯尤特城和曼苏腊，经受着移民的挫折和社会升迁无望的痛楚，伊斯兰成为唯一的慰藉。"[1]詹姆斯·C.斯科特深入考察了东南亚的农民暴动后指出："人口和土地的比例的不断恶化和国家力量加强了收租人和收税人的霸权。社会地位最不安全的农村无地者的比率不断提高。稀缺生产要素——土地和资本——所有者的利润增加了，而充足生产要素——劳动力——的利润则降低了。正是这些条件，特别当它们变得十分严重之时，引发了战后缅甸、菲律宾和越南主要的农民反叛运动（以及爪哇1948年的茉莉芬起义）。"[2]

我们上述引证似乎在指明，政治暴力发生的原因是经济的。我们前文已经说过，这里需要重申的是，经济是权力的一种结果，市场所带来一系列结果的内在的权力压力共同促成了政治暴力。那些传统的贫困的区域并不是政治暴力的多发区，正如斯塔夫里亚诺斯指出的："村庄是世代相传的，安全可靠的中心，每个农民在那既定的秩序中都有其公认的位置。……自古以来，农民就被排斥在更大的范围内的社会决策过程之外，因此，他们缺乏明确表达自身愿望并按照这愿望来行事的知识和信心。"[3]李普赛特也作出了类似的结论，他指出："如果人们处在一种看不到变革可能性的环境中，那么这

---

[1] 转引自毕康健著.埃及现代化与政治稳定[M].北京：社会科学文献出版社，2005,203.原文参见：穆罕默德·侯赛因·艾布阿莱.埃及的宗教暴力：一种政治社会学研究（阿文版）.开罗马哈鲁塞中心，1998,191.

[2] [美]詹姆斯·C.斯科特著，程立显、刘建等译.农民的道义经济学——东南亚的反叛与生存[M].南京：译林出版社，2001,288.

[3] [美]斯塔夫里亚诺斯著，迟越、王红生等译.全球分裂——第三世界的历史进程（下册）[M].北京：商务印书馆，1993,479.

种环境下的贫困甚至可能滋长保守主义。"[1]

更可能走向激进的是那些已经为现代的平等、自由的观念所洗礼，但是又为市场所带来的权力结构所左右、所剥夺的人们。城市的边缘区、大学以及较为落后地区的大城市都是催生政治暴力的温床，而这种温床在经济危机，各种机会相对集中于更高的权力阶层时，会更加凸显出来。斯塔夫里亚诺斯认为："革命大半发生在旧的社会体系正在解体而新的社会体系尚未定形的艰难过渡时期。……今天，当资本主义渗透到全球的农村时，到处的农民都被剥夺，并在历史上最大规模的移民运动中被驱赶到越来越无法居住的都市中心去。"[2] 沃尔特·罗斯托指出："和所有革命一样，现代化的革命也是十分麻烦的。个人会在自己熟悉的古老生活方式和诱惑着他的现代生活方式之间无所适从。旧社会集团——特别是那些通常主宰着传统社会的地主阶级——的力量会受到削弱。权力转移到那些能驾驭现代技术的人的手中。……村庄和城市中的男男女女会感到老的生活方式正在动摇，新的机会正向他们敞开大门，所以他们表达出来的是旧的怨忿和新的希望。"[3] 彼得·卡尔佛特也指出："农民在政治中也很少扮演重要的角色。他们需要，而且一直是，固定在土地上劳作，他们只有在保卫其故土的时候才会应征入伍。要么是在除了死亡和起义之外别无选择的情况下——这种情况并不多见，他们才会揭竿而起，发动大规模暴动。矛盾的是，在这种情况下，这个本质上最为保守的社会群体走向了极端的激进主义，而这种激进主义是基于绝望而非承诺的激进主义。"[4] 因而，我们只能大概给出各个基层的基本倾向，至于他们的具体行动，则要视他们所在的具体处境的不同。也就是说，他们在特

---

[1] [美] 西摩·马丁·李普赛特著，张绍宗译. 政治人——政治的社会基础 [M]. 上海：上海人民出版社.1997,36.

[2] [美] 斯塔夫里亚诺斯著，迟越、王红生等译. 全球分裂——第三世界的历史进程（下册）[M]. 北京：商务印书馆，1993,479.

[3] [美] 雷迅马著，牛可译. 作为意识形态的现代化 [M]. 北京：中央编译出版社，2003,266.

[4] [英] 彼得·卡尔佛特著，张长东等译. 革命与反革命 [M]. 长春：吉林人民出版社，2005,46.

定的情境下处于哪种权力交易结构之中，这种交易结构给他们带来了何种生存状况。这种交易结构不仅是经济上的，还包括政治以及文化等方面的交易状况对其具体处境的影响。

因而，这里我们要考察国家与国际体系的关系，国内的经济权力结构以及政治制度设置以及特定群体在制度设置中的地位。这几个方面都是权力分配的关键环节。在此基础上我们就可以分析在国家现代化以及参与世界市场过程中所带来的权力分配的变化以及权力链的整体变迁。

我们前文已经指出，国家与国际体系之间的关系以及国家内部的权力结构是相关联的，这种关联性来自于国家与国际体系之间的交易。举例来说，冷战使得日本与美国之间形成了特定的交易结构，这种交易结构使得美国对日本的态度不是去工业化，而是将日本的繁荣稳定放在安全的角度来审视。因而，美国对原先解散财阀的行为有所调整，只是对土地改革进行了推进。而菲律宾因为在冷战中并不居于最前沿，因而安全并不居于最重要地位。所以，菲律宾土地寡头并没有受到很大的影响，并且在战后与美国的自由贸易中，固化了菲律宾国内的产业结构。因而，菲律宾的工业化政策在很大程度上受制于国内的土地利益集团。这种国家内部与体系层面的交易结构，形成了从体系延伸到国家内部的权力链。

这种权力链在国家的政治制度中受到具体操作的影响，并努力再生这种权力，尽管这种再生会受到各方面的影响。在秘鲁，这种转换方式是通过政治制度的变化而进行的。秘鲁政治秩序可以说是不稳定的，长期以来在军人政治与民主制度之间摆动。这是由于国内政治权力体系之间的交易秩序决定的。因为秘鲁没能实行较为彻底的土地改革，国内的自然资源拥有者集团以及与此相连的外国资本在政治上有较大的势力，在工业化过程中形成的新兴中产阶级与这个集团之间难以形成较为稳定的交易秩序。在此之外，农民基本在实际上被排除在政治过程之外，因而通过暴力活动来表达政治诉求。

在选举政治之下，多数原则对政治有着很大的影响，但是这种政治结果对于掌控着经济命脉的少数人有时会构成威胁。因而，秘鲁这种政治制度产生了多种结果,首先是政治秩序不稳定,随着权势集团对民选领导人偏向的容忍程度而决定政治的稳定性;其次,正式制度在执行过程中被弱化,非正式的私下交易将影响政治,并产生一系列腐败现象;再次,政党的作用被削弱。[1] 因为,政党的作用是将所代表的团体的利益汇聚成理性的表达方式,参与到政治讨价还价之中。但是,如果有前两个方面存在,那么政党作为一种正式制度汇聚利益诉求的功能将弱化。因而在秘鲁,个人在选举中直接面对大众的作用将增强,这也是毫无政治经验的藤森在1990年当选总统的制度原因。最后,在政治权力的分配之外的群体,主要是通过暴力表达诉求,光辉道路在秘鲁的主要支持者是无地农民以及城市下层。秘鲁的经济制度对于农民以及城市下层的排斥是光辉道路的社会基础。索托在分析光辉道路的时候指出:"在秘鲁,法律和政策没有去帮助最底层的民众,给人民带来了普遍的孤立和隔离的状态,正是这种极端的阶级分化,产生了与政府为敌的恐怖主义。"[2] 正是这种政治中的排他性的权力结构导致了底层的政治暴力,是权力机构制造了密如蛛网的法律制度体系,将底层群众排斥在发展之外。因而,只有用暴力去摧毁它。相比之下,墨西哥长期执政的官方党,革命制度党奉行职团主义,作为农民、工人以及军队的交易制度体系,因而在较长时间内保持了政治的稳定,我们在以后的案例分析中会详细阐述这一点。

我们从上面分析可以看出,权力在各个环节中的分配以及由此带来的不

---

[1] Alfonso Quiroz findings: Between 1680 and 1810, graft amounted to an annual average of 4.3 percent of the country's economy. Between the 1820s, when Peru gained its independence, and the beginning of the 21st century, the annual average was only slightly below—about 4 percent—that figure. In the 20th century, the worst decades were the 1920s, the 70s and the 90s. Under Alberto Fujimori and his spymaster, Vladimiro Montesinos, the last decade of the century saw graft equal 50 percent of government expenditures and 4.5 percent of GDP. Quiroz estimates that corruption has cost the country half of its development possibilities. Peru's Legacy of Graft, http://www.independent.org/newsroom/article.asp?id=2459.

[2] [秘鲁] 赫尔南多·索托著,于海生译. 另一条道路 [M]. 北京: 华夏出版社,2007,序言26.

可交易性。权力分配中的每个环节中都是按照交易能力而组合起来的，并从中获取与交易能力相称的利益。但是在特定的制度的转换下，这种权力关系并不是直接表现为适时的、迅速的一次性交易，而是既要塑造制度，又为制度所塑造。政治制度对交易结构的设置的不同决定了交易的形式。交易制度的重要意义在于降低交易成本，缓解集团之间的不可交易性。但是，制度的这种能力要视各个集团之间的权力分配而定，现代政治制度的一个重要的功能是塑造一种交易秩序。这种秩序能够在社会下层的暴力潜能以及将社会上层的资源动员能力之间形成稳定的交易，在外部力量与内部力量之间形成较为稳定的交易，并在高层内部的不同群体之间形成较为稳定的交易。

第四节　意识形态与场外交易

由于近年来宗教主义的复兴以及各国国内冲突中种族主义案例的增多，很多学者认为意识形态是造成冲突的主要原因。这里将要指出，意识形态是大规模的政治暴力所必须的，但并不构成政治暴力的核心要件。这是因为意识形态是一种权力的再生产。社会的底层无法生产意识形态，这种生产必须由社会中层甚至高层来完成。上面已经指出，社会的中高层中总有不满于现状的异见分子，但是他们的异见能否转化为现实的政治暴力，取决于社会的底层是否愿意将行动交给他们。意识形态的功能是使他们结合，因此，种族、宗教、阶级、地区分离主义以及其他的激进主义只能看成是一种动员社会下层的手段，认同是人为制造的，意识形态是中高层写给下层的承诺与情书。无数的激进思想沉睡在故纸堆里，之所以成为一种现实的行动，还要看人们在现实中所处的权力结构，也就是处于何种交易之中。举例来说，教会在韩国民主化以及拉美的底层运动中起了很大作用，但是早期的教会在拉美却是上层的保守支持者。这是因为，教会原本是大地产所有者，但是由于土地改革逐渐失去土地，教会必须依靠下层社会才能生存，因而站在了下层的一面，并产生了相应的解放神学这样较为完备的意识形态。

斯塔夫里亚诺斯指出："社会改组必需有对另一种新秩序的向往,这种向往并不产生于构成第三世界游击力量的绝大多数农民。农民只提供人力,必须由别的人来提供理论思想和领导。"[1]他认为,20世纪的革命要看宗教复兴主义、改良思想以及马列主义中的哪一种吸引了农民。在这些思想中,宗教复兴主义是对现代化失败的一种反应,"宗教复兴主义是对种种改良的或革命的政权中的失败与危机的一种反动。困扰着这些政权的内外压力使得他们的人民在动荡不安的汪洋大海中寻找宗教这唯一的庇护所"[2]。而改良主义是由中产阶级推动的,"从宗教复兴主义再谈到改革,我们在这里发现了这样的一种运动:它是由民族主义所激起,主要是由西方化的商人、教师、职员、官员和军官支持的。虽然他们经常使用革命的辞藻,但他们的目标都不折不扣地是改良主义的。他们小心翼翼地避免根本性的社会变革,因此,便拒不接受马克思主义的精髓——阶级斗争学说。他们为征用的土地付赔偿款,鼓励农村中新的中产阶级的发展,这个阶级成了新的社会秩序的支柱之一。一些主要变化发生在城市;在那里,资产阶级的财富在其新的工商业活动以及农村不动产的投资中是很显眼的"[3]。马克思列宁主义则是在最为落后的国家的农民中激起了反响。

在这个过程中,农民以及城市的中下层很可能并不是被动地被卷入抗争之中。上述的三种意识形态一方面是精英生产出来的,另一方面也是由抗争者自主选择的结果。J. 米格代尔指出:"参与革命是农民对他们因扩大对外参与而不断遇到的困难所作的政治反应,这种反应引起了一种交易:农民通过提供有组织的支持而获得能克服个人在经济制度网络中不利之处的手

---

[1][美]斯塔夫里亚诺斯著,迟越、王红生等译. 全球分裂——第三世界的历史进程(下册)[M]. 北京:商务印书馆,1993,479.

[2][美]斯塔夫里亚诺斯著,迟越、王红生等译. 全球分裂——第三世界的历史进程(下册)[M]. 北京:商务印书馆,1993,480.

[3][美]斯塔夫里亚诺斯著,迟越、王红生等译. 全球分裂——第三世界的历史进程(下册)[M]. 北京:商务印书馆,1993,482.

段。"[1] "一位农民向组织提供了支持,即让自己的行为符合他所担任的组织角色的要求,他就会希望组织能给他提供利益回报,这种利益是他从别处得不到的。"[2] 米格代尔这里指出了农民与精英之间的交换或者交易关系。林红也指出:"底层人民并非完全可以操纵,他们听从民粹主义者的政治号召,参与对现行政治制度的批判,追求他们所难以理解的民主和阶级解放,必然是有前提条件的,他们参与过程本质上是一种社会交换行为的反映。"[3] 我们在前一章已经指出,这种交换产生了权力关系。在这种权力关系中,精英获得了草根阶层行动的承诺,而草根阶层则获取了对于他们生活具有重要意义的资源。"不断扩大的市场参与、不完善的制度和组织领导能力的薄弱是农民参与政治运动的基本前提。没有这三个条件,农民哪怕再贫困,无论是绝对贫困还是相对贫困,都不会去造反,这就是社会交换行为的结果。社会交换是任何制度和组织得以建立的实质原因,不管农民加入什么类型的政治组织和政治运动,这种组织或运动都必须向农民个人提供物质利益以换取农民对运动的支持和参与。"[4] 这三个条件涉及的是权力的基本因素,权力的交易双方以及权力的交易成本。在不断扩大的市场参与中,农民被卷进了市场的游戏之中,然而不完善的制度——这种制度本身就是权力结构的一部分,使得农民被权力排除在游戏规则之外,而如果组织能力的薄弱使得农民与中产阶级的下层之间的交易成本较低,也就是现行的政治力量没有有效阻遏农民与中产阶级下层之间的结盟,进而形成对现行制度具有替代作用的制度选择,那么政治暴力的发生就会成为现实的可能。

1952年至1953年,白鲁恂受雇于美国政府在马来亚进行实地调查,他访谈了60名"叛乱分子"后,指出,人们之所以参加共产党,并不是因为

---

[1] [美] J. 米格代尔著,李玉琪、袁宁译. 农民、政治与革命 [M]. 北京:中央编译出版社, 1996, 197.

[2] [美] J. 米格代尔著,李玉琪、袁宁译. 农民、政治与革命 [M]. 北京:中央编译出版社, 1996, 203.

[3] 林红著. 民粹主义——概念、理论与实证 [M]. 北京:中央编译出版社, 2007, 54-55.

[4] 林红著. 民粹主义——概念、理论与实证 [M]. 北京:中央编译出版社, 2007, 54.

马克思主义学说的号召力,也不是因为他们从共产党那里得到了实际的物质利益。而是因为,共产党满足了他们这样一种需求:"在高度不稳定的社会环境中(找到)稳定的因素。""西方的影响反映在多方面,包括城市的兴起、新型市场经济的发展、农业的变迁、工业的兴起,而这些变化同时也动摇着古老的、'传统的'亚洲式生活方式,不断激发起人们的期望。在这样的过渡进程中,'大多数人正在一点点地放弃他们对于传统生活方式的认同,并在惶恐中追寻着现代的生活方式'。而就在此时,马来亚共产党出来提供了一种力量,使迷惘的人们得以'控制住他们的欲望'。白鲁恂宣称,科层结构、组织化、个人升迁的可能性、革命纪律的约束,这些都使得投向共产党的人相信'在党内系统中他们可以找到付出和回报之间的一种更紧密的关系,而这是他们在静止僵化的传统社会中找不到的,也是他们在变化无常、前途莫测的新社会中找不到的'。他断言,乡村地区的叛乱分子之所以卷入共产主义运动,不是出于对社会不公的不满、民族主义思想和种族观念,而是因为他们希望自己变得现代。"[5]

　　白鲁恂说明了意识形态与物质生活之间的差距,但是他似乎忽视了两者之间的有机联系。意识形态并不是无关紧要的,因为意识形态在绝大多数情况下只能由精英提供,而下层的民众只是这种观念的消费者。但是,底层的这种观念消费并不是没有选择的、胡乱进行的。而是这种意识形态及其所带来的行动或潜在的行动为消费者提供了某种资源。底层对于资源的需求,这在理解叛乱中有着重要意义。对于市场的参与,以及对于市场游戏规则的参与是与现代政治暴力发生有着重要的相关性的变量。我们可以看出,上述群体参与进了现代的市场活动,但是他们的地位又是不稳固的,随时可能被排除在市场的游戏规则之外。米格代尔指出的农民持久参与革命运动的三个先决条件是:"(1)被迫扩大对外参与的农民,(2)农民处于充满不公正和缺陷的经济网络中,(3)外来的领导人愿意而且有能力通过有组织的工作,

---

[5][美]雷迅马著,牛可译.作为意识形态的现代化[M].北京:中央编译出版社,2003,83-284.

建立一种能向旧的制度挑战的新的政治和经济制度。革命者的目标是通过动员农民（也包括以前其他游离性的社会群体）参与政治，建立新的社会制度，然后利用这些新制度去摧毁现存的政治制度。"[1]他们与那些经年累月沉浸在传统的生活方式中的人们不同，这些人较少受到市场的冲击与剥夺，也没有积极参与到市场活动中去，而处于半边缘的人们已经参与到这些游戏中去，并且受到现代的政治价值的洗礼，当他们的机会被严重挤压之时，他们的反应与传统的方式也有所不同。当然，他们的反应一方面由他们在全球分工中的地位决定，另一方面也植根于传统以及对于未来蓝图的描绘。

因而，斯塔夫里亚诺斯所指出的三种意识形态类型都可以看作是三种不同的社会交换过程。宗教复兴主义与马列主义都发生在边缘国家，对于宗教复兴主义，就其更为根本的方面而言是一种被现代化过程压制或者没落的宗教知识阶层与下层民众之间的交换；对于马列主义，哈罗德·D.拉斯韦尔认为："也许现代政治上的社会主义并不是体力劳动者夺权斗争的一个阶段，而是'知识分子'夺权斗争的一个阶段，他们在从贵族与富豪统治集团手中夺权时成功地与心怀不满的体力劳动者结为同盟。"[2]而改良主义则是中产阶级上层与底层之间的一种交易，通过满足下层的某些需求达成对现有政治制度的基本认可。当然，几乎每一种方案在每个国家中都有着潜在的萌芽，而最终方案的确定则取决于哪种方案对于这个国家中的底层有着现实的意义，亦即能解决现实的问题。因而，在全球产业分工的最边缘的国家通常选择了宗教复兴主义或者马列主义，而在半边缘国家则选择了改良主义或者在某些特殊的背景下选择了法西斯主义。斯塔夫里亚诺斯指出："布尔什维克革命没能够传播到德国，因为那里的农民比较富裕一些，所以他们支持的是改良主义的社会民主党而不是革命的斯巴达克派。"[3]这种选择与国家在世

---

[1] [美]J.米格代尔著，李玉琪、袁宇译.农民、政治与革命[M].北京：中央编译出版社，1996,202.

[2] [美]哈罗德·D.拉斯韦尔著，杨昌裕译.政治学——谁得到什么？何时和如何得到？[M].北京：商务印书馆，1992,100-101.

[3] [美]斯塔夫里亚诺斯著，迟越、王红生等译.全球分裂——第三世界的历史进程（下册）[M].北京，商务印书馆，1993,483.

界产业分工中的地位、国家在世界政治中所处的特定的权力结构以及国内的历史传统有着密切的关系。

然而，不管如何，这三种意识形态都或多或少地带有民粹主义的特点。民粹主义是一个难以定义的概念，其共同特点是以人民的名义推行一系列主张，保罗·塔格特归纳出民粹主义的六个核心主题，主要是："民粹主义者敌视代议制政治"，"把他们所偏爱的群体作为理想化的中心地区并以此作为辨识自身的依据。"[1]林红总结平民成为民粹主义的主要社会基础的原因指出：这是因为："民粹主义者相信，与底层人民的联系代表着一种高尚的有道德的生活方式，因为中下层人民所具有的创造力推动了社会的进步。"[2]"民粹主义者认为，中下层大众是社会主体，他们在数量上的力量是惊人的，他们的立场直接决定了任何一种统治的合法性。"[3]"民粹主义者认为，社会底层是历来受压迫、受剥削最深，因而最具反抗精神的阶层，是挑战现行的不公正和不平等的社会体制的最重要力量。"[4]我们结合上文可以看出，民粹主义是对现有的权力结构的一种反应，民粹主义之所以敌视代议制政治，是因为民粹主义者相信，现有的制度体系将他们排除在外，并且使得他们成为制度性以及结构性权力的牺牲者；而民粹主义相信人民掌握着真理，这是对现有的知识权力结构的反应，几乎所有的民粹主义主张中都含有反智主义以及对于知识分子的蔑视，因为他们相信，知识分子已经成为权贵的一部分。民粹主义还通常立足于特定的人群之中，俄国农民、阿根廷的城市工人都是民粹主义得以盛行的社会基础。正是因为上述特点，我们可以将民粹主义看成是一种权力交易的意识形态，它是中产阶级的中下层向蕴含着巨大潜在力量的社会底层发出的情书，同时也是中产阶级中下层的部分人宣称与自身所处阶层决裂的绝情书。其纲领中，对于知识分子的羞辱意味

---

[1] [英]保罗·塔格特著，袁明旭译.民粹主义[M].长春：吉林人民出版社，2005,3.

[2] 林红著.民粹主义——概念、理论与实证[M].北京：中央编译出版社，2007,47.

[3] 林红著.民粹主义——概念、理论与实证[M].北京：中央编译出版社，2007,48.

[4] 林红著.民粹主义——概念、理论与实证[M].北京：中央编译出版社，2007,49.

着民粹主义者与知识分子阶层的决裂，而站在社会底层一边；对于现有制度的反对，一方面意味着民粹主义者与现有制度的隔阂，另一方面也表明了民粹主义者并不愿意从属于现有的制度；对于权贵的批评，则意味着民粹主义者对于底层的公平与正义的承诺。正如古斯塔夫·勒庞所说的："尽管存在推理上的缺陷，自由、平等、博爱这一共和主义图景所发挥的作用还是不可忽视的。这一充满魔力的公式不但至今仍然装饰在许多墙壁上，而且还铭刻在我们的心中，它确实拥有某种神奇的力量，这种力量得归功于那些古老的巫师所使用的蛊惑性字眼。它的许诺所唤起的新希望给它带来了相当惊人的扩张力，成千上万的人为它舍弃了生命。甚至在我们这个时代，世界上任何一个地方爆发革命，都会援引同样的公式。"[1]

在现实中，民粹主义总是为各种诉求所包裹，以人民的名义对一些问题提出严厉的批判，并进而模糊了其民粹的本来的面目，形成了多种"靶子主义"，运用这种靶子，民粹主义找到一个或多个得以解释自己现有的无权的状况，并进而指出未来的方向。把这种靶子有的解释为资本主义，那么就产生社会主义；把这种靶子解释为现代文明，就产生原教旨主义；把靶子解释为某个国家、地区、文化、种族的剥夺，就产生泛地域主义与泛文化主义以及泛种族主义；把靶子解释为传统，就产生虚无主义；对靶子解释为现状就产生复古主义与无政府主义。然而，观念的产生必有其现实的需求甚至是现实的呼唤，正如马克思指出的："生产力和交往形式之间的这种矛盾（正如我们所见到的，它在以往的历史中曾多次发生过，然而并没有威胁这种形式的基础）每一次都不免要爆发为革命，同时也采取各种附带形式——表现为冲突的总和，表现为各个阶级之间的冲突，表现为意识的矛盾、思想斗争等等、政治斗争等等。根据狭隘的观点，可以从其中抽出一种附带形式，把它看作是这些革命的基础；要做到这一点更其容易的是，这些革命所由出发的各个个人本身，根据他们的文化水平和历史发展的阶段而对自己的活动作出

---

[1] [法] 古斯塔夫·勒庞著，佟德志译. 革命心理学 [M]. 吉林人民出版社，2004,133.

了种种幻想。"[1]

  内含着民粹主义的种种思想的实现与传播,通常有着重要的现实的原因,那就是大量的底层与中产阶级被排除在现有的权力交易之外,并为权力提供租金,并达致不可交易的地步。正如潘维所指出的:"小农和城市的小生产者行将被资本主义市场的进步所粉碎。可正是这些没落的社会阶层构成了近代以来大革命的主要社会基础,构成了形形色色的激进主义的社会基础。"[2] 在特定的权力结构下产生特定的制度结构。在游戏规则中,规则由权力较大的参与者制定,并对那些参与游戏,但是没有参与游戏规则的参与者发生作用。因而,在后发展国家中,底层对于政治暴力的参与是一种对于制度环境的适应,也是一种潜在的对规则的参与,亦即场外交易的表现。这种状况的出现不仅是国内权力结构的产物,也是世界权力结构的结果。

---

[1] 马克思、恩格斯著,中央编译局译. 马克思恩格斯全集第 3 卷 [M]. 北京:人民出版社,1960,83-84.

[2] 潘维著. 农民与市场 [M]. 北京:商务印书馆,2003,144.

第五章

国际体系与国内冲突

在现有的国际体系中蕴藏着国内动荡与革命的力量。伊曼纽尔·沃勒斯坦指出,变异的社会结构都是体系的产物,他用霍梅尼方式、萨达姆·侯赛因方式、船民方式来概括反体系的力量。[1]各个边缘、半边缘社会用脱离体系的、暴力反体系的、移民的方式来对付体系的权力结构。在危机之时,很多国家发展到这样的地步,仅仅靠经济的力量已经无法使得国内的产业升级,仅仅靠经济的力量已经无法获得销售市场以及原材料产地,无法获得社会稳定所必须的就业数量,那么通过暴力进行分工就是一种可能的选择。在权力体系之下,为了加强国家的竞争力通过强力整合社会资源则成为极端的国家主义的渊源,这就是阿诺德·汤因比所说的狂热主义和希洛德主义的社会与经济根源。[2]因而,世界市场的扩展造成了国家内部分裂的结构,这种结构所产生的一系列经济社会后果是暴力与激进主义的富矿,是政治暴力的充分必要条件。

---

[1] [美] 伊曼纽尔·沃勒斯坦著,路爱国等译. 历史资本主义 [M]. 北京,社会科学文献出版社,1999,107.

[2] [英] 阿诺德·汤因比著,曹未风等译. 历史研究 [M]. 上海:上海人民出版社,1997,280.

第一节　体系权力分配与国内冲突

　　国内的动荡发生在国际体系的大背景下，可以说，国内动荡是全球权力分配的一种结果。米格代尔在阐述农村革命时指出，农村的入不敷出、家庭经济陷入危机，其背后的力量中的"核心要素"是"世界范围的帝国主义"。"帝国主义带来了社会中心的重新组合，使它们从周边地区获得财富的效率达到了一个新的水平。直接的殖民统治或间接的帝国主义统治使得国家的行政技术更有效率，从而也强化了国家的权力。官僚制度变得更加复杂和严密，对农村的渗透范围比以往宽得多。政府和农村打交道的基本单位已经由村庄或地主转变为农民个人或家庭。"[1]"与行政调整相伴的是社会中心带来的其它变化。通讯和交通设施得到了巨大的改善，因而，社会中心的统治能力和榨取剩余产品的能力都得到了增强。"[2]我们从权力的角度审视上述结论，我们就会发现米格代尔所探讨的核心问题实际上是权力。在世界市场的整体权力结构中，农村处于权力的最边缘。如果没有国家权力的有效保护，那么世界市场就会成为一台极富效率的压榨机器，这台机器将最终会把边缘国家

---

[1]米格代尔指出："由内向型向外向型转化的过程最有可能发生在某些压力持续集中地向农民袭来的时刻，这时候绝大多数农民都无法保持他们账目的平衡，特别是在农户的消费和支出持续地超过收入、家庭经济条件陷入危机时，变动就更容易发生。这些给世界带来危机的力量，是理解发生在20世纪全世界农村社会中震撼人心的变革的关键因素。""这些力量中的核心要素是18世纪和19世纪世界范围内的帝国主义。在亚洲，帝国主义的渗透冲击了古老的高度复杂的农民社会。而拉丁美洲却面临着第二次帝国主义浪潮的冲击。第一次浪潮在印第安人中引起了巨大的反响。西班牙人和葡萄牙人对各种各样自治的印第安文化的渗透，已经导致农民脱离政府的日常控制，建立起定居的庄园和控制松散的农村，而第二次浪潮则是对这种相对自治状态的挑战。"参见：[美]J.米格代尔著，李玉琪、袁宇译.农民、政治与革命[M].北京：中央编译出版社，1996,76.

[2][美]J.米格代尔著，李玉琪、袁宇译.农民、政治与革命[M].北京：中央编译出版社，1996,76-77.

的边缘人群压榨干净，将这些人驱赶到不可交易的境地，并进而使之走向暴乱与革命。

列宁的帝国主义论至今仍是有启发的。罗伯特·吉尔平认为："列宁其实已从根本上将马克思主义从一种国内经济理论改变为一种阐释资本主义国家之间国际政治关系的理论。"[1]尽管在相当长的一段时间里，帝国主义论受到质疑，并且实践的发展也与其具体论述有着相当的距离。但是我们需要注意的是，《帝国主义是资本主义的最高阶段》一书的副标题是"通俗的论述"，所着重描述的是20世纪初全球范围内经济权力的集中，列宁自己也申明，由于"参考书有些不足"，以及"考虑到沙皇政府的书报检查"，他并没有对这种现象进行更进一步的理论分析。[2]但是，如果我们在全球政治经济体系的发展的视野下审视列宁的帝国主义论，我们会发现列宁所描述的是全球政治经济发展的一个重要阶段——全球经济权力的集中阶段——所发生的状况。吉尔平认为，列宁在马克思主义原有的关于资本主义发展的三条规律之外又加上了第四条规律。"这条规律就是，随着资本主义国家被迫要攫取殖民地，要发展相互依存的关系，以便将殖民地作为自己的市场、投资场所以及食品和原材料的来源。……简而言之，列宁解释了资本主义国际经济不可能持久稳定的原因，即资本主义的经济增长和资本积累的不相适应性。"[3]

当代很多学者都注意到了全球政治经济体系的这种周期性波动，伴随着周期性的波动，全球政治经济体系中权力发生周期性的分散与集中。吉尔平指出："在相互依存的世界经济的早期阶段，极化效应压倒扩散效应。但是，

---

[1] [美]罗伯特·吉尔平著，杨宇光等译. 国际关系政治经济学[M]. 北京：经济科学出版社，1989,48.

[2] 列宁著，中央编译局译. 帝国主义是资本主义的最高阶段——通俗的论述[M]. 北京：人民出版社，1992,1.

[3] [美]罗伯特·吉尔平著，杨宇光等译. 国际关系政治经济学[M]. 北京：经济科学出版社，1989,50. 罗伯特·吉尔平将马克思主义三条规律总结为："不平衡规律"、"资本集中（积累）规律"、"利润下降规律"。参见：[美]罗伯特·吉尔平著，杨宇光等译. 国际关系政治经济学[M]. 北京：经济科学出版社，1989,46-47.

随着时间的推移，由于外围经济效率的提高，中心地区经济成本的增加，扩散就会取代极化。若干外围国家的经济得到发展，并且比中心国家更迅速地实现工业化。这种情况出现之后，新兴的外围经济和衰落的中心经济之间竞争加剧，从而威胁到自由经济体系的稳定。"[1] 吉尔平还注意到了部门之间的发展不平衡，他指出："发展中部门和衰落中部门之间，通常在资源和市场方面发生激烈的冲突。衰落中部门的劳动力和资金拒绝被发展中部门的劳动力和资金取代，成为保护主义和民族主义政策的后盾。衰落中部门和发展中部门为控制经济政策，在政治上也发生冲突。当发展中部门设在一个国家，而衰落中部门设在另一个国家时，这种政治上的较量特别尖锐紧张。有民族国家和政治阵营存在的世界上，资金，特别是劳动力，不容易从衰落中部门转入发展中部门，找到新的用武之地。结果，当各国谋求促进发展中工业或保护衰落中工业时，国家之间的冲突不免发生。"[2]

吉尔平在拓展列宁不平衡发展规律的时候，已经将周期理论融入其中论述。这就增强了列宁帝国主义论的理论性，也扩大了其适用范围。但是，吉尔平将帝国主义论中很重要的一个层面忽略了，那就是社会的层面。列宁论述的层次中，社会是一个重要的中介变量，在全球经济权力集中过程中，形成社会问题，这种社会问题投射在国家政治以及国际政治层面上来，并产生严重的后果。列宁举英国的例子说明这一点："在1840-1860年英国自由竞争最兴盛的时期，英国居于领导地位的资产阶级政治家是反对殖民政策的，他们认为殖民地的解放和完全脱离英国，是一件不可避免而且有益的事情。……而到19世纪末，成为英国风云人物的，已经是公开鼓吹帝国主义、肆无忌惮地实行帝国主义政策的塞西尔·罗得斯和约瑟夫·张伯伦了！……值得注意的是，这些居于领导地位的英国资产阶级政治家当时就清楚地看到

---

[1] [美] 罗伯特·吉尔平著，杨宇光等译. 国际关系政治经济学[M]. 北京：经济科学出版社，1989,115.

[2] [美] 罗伯特·吉尔平著，杨宇光等译. 国际关系政治经济学[M]. 北京：经济科学出版社，1989,117.

现代帝国主义的所谓纯粹经济根源和社会政治根源之间的联系。"[1]列宁引证张伯伦与罗得斯的话，其中，张伯伦强调英国在世界市场上遇到的来自德国、美国、比利时的竞争，因而鼓吹帝国主义是"正确、明智和经济的政策"。[2]保罗·纳普伦德提到："（19世纪70年代）由于意识到在非洲和亚洲经济上的有利时机，加上因外国竞争者的出现而受到的刺激，英国的工商界竭力鼓吹坚决的帝国政策。"[3]这一点，金融大王罗得斯则表达得更加清晰与透彻，罗得斯说："我的一个宿愿就是解决社会问题，就是说，为了使联合王国4000万居民免遭流血的内战，我们这些殖民主义政治家应当占领新的土地，来安置过剩的人口，为工厂和矿山生产的商品找到新的销售地区。我常常说，帝国主义就是吃饭问题。要是你不希望发生内战，你就应当成为帝国主义者。"[4]

世界市场的极化时期，是世界市场的权力集中的时期。在这个时期经济中心集中在一个或数个国家之中，国际间垂直分工明显，发达国家在分工中占据着主要的高工资职位，冲突主要发生在资本主义的边缘地带。而在扩散化的时期，资本、技术扩散到体系内的更多国家与地区之中，这是一个权力流散或者转移的时期，这个时期国家间的竞争激烈，各国国内社会逐渐失衡。世界经济原先的主导国家逐渐失去竞争优势，各国展开激烈的经济竞赛，与此同时，各国的国内贫富分化加剧。因而，列宁所指的帝国主义就发生在这个阶段，也就是在国家权力弥散的同时，社会权力与经济权力日益集中到少数阶层的手中。社会问题转化为政治问题，各国为了解决严重的社会问题展开激烈的竞争。那些没有能力转嫁危机的国家将面临着发生国内暴力冲突的

---

[1]列宁著，中央编译局编.列宁选集第2卷[M].北京：人民出版社，1995,641-642.1895年，约瑟夫·张伯伦担任殖民大臣时，帝国政策开始逐渐代替自由放任政策。帝国化的努力就标志着衰落的开始。因为帝国化，通过政治权力来对世界市场进行分隔，即意味着"发动机"马力的衰减。

[2]列宁著，中央编译局编.列宁选集第2卷[M].北京：人民出版社，1995,642.

[3][英]F.H.欣斯利编，中国社会科学院世界历史研究所译.新编剑桥世界史第11卷[C].北京：中国社会科学出版社，1999,503.

[4]列宁著，中央编译局编.列宁选集第2卷[M].北京：人民出版社，1995,642.

巨大风险。世界市场的极化一般发生在康德拉季耶夫长周期的 A 段，表现为世界体系处于秩序期，霸权国家确立；分散通常发生在康德拉季耶夫长周期的 B 段。在康德拉季耶夫的 B 段，整个世界体系处于混沌期，表现为霸权国家衰落，体系内经济竞争激烈，军事、政治竞争加剧。

这是一个周期性的过程，我们可以看到这种周期在现代历史上一遍又一遍重演，尽管这不是历史的重复，而是历史在不同条件下、不同的载体之中的规律重现。伊曼纽尔·沃勒斯坦将这种规律概括为三个阶段，首先是上升的霸权获得了生产方面的决定性优势，其次是在商业方面，然后是在金融方面。但是只有通过战争的胜利，霸权才能得以稳固。在历史上三十年战争确立了联合省的霸权，拿破仑战争确立了英国的地位，而两次世界大战则确立了美国的地位。[5] 其次，在战后的处置过程中，形成了以自由主义为原则的国际体系。但是这个过程也内含了毁灭自己的力量，因为资本、技术的传播将不断侵蚀霸权国家的基础，最后国际体系将回到各国激烈竞争的阶段，直到另一个国家获得生产、商业与金融的三重竞争优势。[6] 在此基础上，乔万尼·阿瑞吉提炼出了自己的霸权循环模型，阿瑞吉模型的优点在于突出了社会力量在霸权转移中的作用。在阿瑞吉模型中，由于对霸权国家的仿效，霸权国家面对着越来越多的竞争对手，因而出现霸权危机。在危机阶段，国家之间争斗和企业间竞争加剧，社会冲突更加激烈，力量新格局出现。这些因素最终导致霸权崩溃，体系的能力集中到新的霸权国家。[7] 阿瑞吉尤其强调，国家间和企业间竞争激化、社会冲突加剧以及新霸权格局从裂缝中出现，这三个步骤都与全系统金融扩张相关。这种判断与鲁道夫·希法亭对于黄金与货币的比喻是很相似的，货币不断摆脱黄金的束缚，然而这种摆脱的结果是

---

[5][美]乔万尼·阿瑞吉等著，王宇洁译.现代世界体系的混沌与治理[C].北京：生活·读书·新知三联书店，2003,28.

[6][美]乔万尼·阿瑞吉等著，王宇洁译.现代世界体系的混沌与治理[C].北京：生活·读书·新知三联书店，2003,29.

[7][美]乔万尼·阿瑞吉等著，王宇洁译.现代世界体系的混沌与治理[C].北京：生活·读书·新知三联书店，2003,35.

灾难性的。[1]阿瑞吉指出："全系统金融扩张是两个相辅相成的趋势——资本的过度积累和各国对流动资本的激烈竞争——的结果。前一个趋势创造了我们所说的金融扩张的供应条件，而后一个则创造了需求条件。"[2]"这一趋势带来整个系统范围内大规模的再分配，收入和财富从各团体向控制流动资本的机构再分配，这样，金融交易很大程度上从商品贸易和商品生产中脱离，其收益性膨胀并维持下去。"[3]这种全球范围内的金融扩张，其政治社会后果是严重的。"一方面，金融扩张暂时使衰落中的霸权国权力膨胀，阻

---

[1] 鲁道夫·希法亭在《金融资本》一书中用比喻说明了信用扩张与货币的关系，他生动地指出："金光闪闪的货币是青年资本主义的狂热的初恋。重商主义理论就是它的情书。这是一种强烈而巨大的激情，焕发着浪漫主义的全部光彩。为了赢得所渴望的情人，资本主义建立了一切英雄业绩，发现新大陆，不断发动战争，建立现代国家以及出于浪漫主义的狂热而摧毁一切浪漫主义的根基即中世纪。它的年龄大了，也变得冷静了。古典理论告诫它鄙视浪漫主义的外观，在自己故乡即资本主义工厂建立稳固的家庭。它惊奇地回顾它青年时期那种充满牺牲的、使他无视家庭幸福的愚蠢行为。李嘉图向它指明它与金的代价昂贵的媚情所造成的损害。它同李嘉图一起抱怨'金银条块价格高昂'的非生产性。现在，它在证券、银行券和票据上，写下对情人的谢绝信。当然，它试图维护一定的要求；通货学派要求质朴的证券，这种证券应按金光闪闪的前情人的习惯行事。它的年龄越大，它的欲望越精。它在青春年华时曾大享其乐，奢侈的和冲动的热情已不再合它的口味。神秘的恐惧油然而生：只有信仰才带来宁静。约翰·罗宣告了新的福音：嗜欲过度而厌腻的人轻视肉欲，遁入精神的避难所。它再次经历极大的欢喜。这时昔日的渴望突然振荡了长期保持的禁欲。对仅仅通过信念求得满足的信赖，突然消失了。它渴望得到确证：自己的力量是否还存在。信用瓦解，突然被遗弃的人绝望地返向自己最初的情人黄金。由于危机发作的振荡，它为了达到情人身边，而不惜作出最大的牺牲。它曾自以为摆脱了情人魔力的支配，但这时却感到最可怕的失望，由于危机的振荡而惊魂不定，终于认清了自己受支配的地位。但是，这是具有医疗作用的危机。它逐渐理解了可怕情人的性情，但却不能摆脱对她的思恋。当然，它不再放弃这种徒劳的努力，而是比任何时候都醋意更浓地试图抓紧她，特别阻止她对外国游客的危险的爱慕。但是，它的统治越巩固，现在就越不能受黄金枷锁的束缚。以前曾是如此苛求的情人却学得谦逊起来，当新的失望是那些不能自拔的人寻求她的庇护时，她最终满足于留作准备金的角色。即使她的要求提高，有时拒绝委身于它，但这不会持续很久，于是又恢复故态。黄金最终失去了绝对的统治……"参见：[德]鲁道夫·希法亭著，福民等译.金融资本[M].北京：商务印书馆，1994,311.

[2] [美]乔万尼·阿瑞吉等著，王宇洁译.现代世界体系的混沌与治理[C].北京：生活·读书·新知三联书店，2003,36.

[3] [美]乔万尼·阿瑞吉等著，王宇洁译.现代世界体系的混沌与治理[C].北京：生活·读书·新知三联书店，2003,37.

止着体系的崩溃的趋势。"[1] "另一方面，金融扩张扩大和深化了国家间、企业间的竞争和社会冲突，它把资本重新分配给那些允诺有更大安全性和更高回报的新兴组织，因而加强了上述的力量。"[2] 列宁所描述的正是金融过度扩张导致的英国霸权的衰落期。在这个时期，全球经济以金融为纽带形成了规模超大的金融工业联合体，而这种联合的另一面是，全球大量的人口沦为赤贫，并被排斥在市场之外。在《帝国主义是资本主义的最高阶段》一书出版后不久，第一次世界大战爆发。经过二十年危机，最终在二战之后，英国霸权终结，取而代之的是美国霸权的新时期。[3]

在这个过程中，社会的反应是我们这里要关注的焦点。阿瑞吉指出："在体系扩张阶段，被排斥在既定霸权社会契约的好处之外的社会集团和阶级，它们的规模和破坏性力量都在增长。这些集团扩张自己权利的斗争既是国家间竞争和企业间竞争激化的原因，又是其结果。"[4] "精英集团内部冲突不断增长是霸权转移各阶段的典型特征，这一方面是对国家间、企业间竞争激化的回应，另一方面又从下面增加了社会动荡。"[5] 阿瑞吉这里所指出的实

---

[1] [美] 乔万尼·阿瑞吉等著，王宇洁译. 现代世界体系的混沌与治理 [C]. 北京：生活·读书·新知三联书店，2003,38.

[2] [美] 乔万尼·阿瑞吉等著，王宇洁译. 现代世界体系的混沌与治理 [C]. 北京：生活·读书·新知三联书店，2003,39.

[3] 关于这种霸权周期，国际政治中有多种表述方式。费尔南·布罗代尔说："接近1500年，风雨突然大变，（经济）中心从威尼斯乘风降至安特卫普……后来，风向转移到了阿姆斯特丹，欧洲区的经济中心在那里稳定了近两个世纪。在1780年至1815年间，中心移位于伦敦。1929年，中心横越了大西洋，定位于纽约。"参见：[法] 费尔南·布罗代尔著，杨起译. 资本主义的动力. 北京：三联书店，1997,57-58. 查尔斯·P. 金德尔伯格提出国家生命周期的理论以解释世界经济中心的不断转移。他针对这个难题指出："国家生命周期的概念可能提供一条线索。在这个周期中，国家的生命力先盛后衰，一国在经济霸权上接替另一国。而且，……几乎同时发展的两个国家可能相互影响，共同支持技术进步。" [美] 查尔斯·P. 金德尔伯格著，高祖贵译. 世界经济霸权 1500 — 1990[M]. 北京：商务印书馆，2003,37.

[4] [美] 乔万尼·阿瑞吉等著，王宇洁译. 现代世界体系的混沌与治理 [C]. 北京：生活·读书·新知三联书店，2003,164-165.

[5] [美] 乔万尼·阿瑞吉等著，王宇洁译. 现代世界体系的混沌与治理 [C]. 北京：生活·读书·新知三联书店，2003,165.

际上是权力交易关系的变化。随着世界市场的发展，市场各种主体之间的交易能力发生了变化，进而引起了权力关系的变化。在霸权的稳定期，霸权国家的资本、技术与市场对于其他国家有着巨大的吸引力，这形成了霸权国家权力的重要的交易物品，因而，霸权国对其他国家有着很大的权力。而在霸权的衰落期，竞争性国家也拥有了多种的可交换资源，这些资源的拥有对霸权国是一种挑战。各国之间、国内社会之间的竞争加剧，这使得全球以及国内的权力结构受到了破坏，为市场所抛弃的人们和处于竞争外缘的精英构成了场外交易，并由此可能引发权力关系逆转的可能。

我们可以将上述过程或者机制简略表述如下：在霸权确立之后，不断向体系内进行资本与技术的传播将使得体系的外围获得一个新的发展机遇，而随着外围的发展，体系内竞争加剧。这就会使得体系向更加激烈的竞争阶段转化，并迫使霸权国家产业空心化，并向体系内进行大规模的金融扩张，这会导致全体系内的贫富分化加剧以及国家间竞争、国内阶层之间的竞争更加激烈。

这就是政治暴力发生的宏观因素。这种因素对于政治暴力来说是充分条件，政治暴力发生的结构性原因通常一直存在着，但是，政治暴力成为一种现实还需要国际与国内的结构性条件，大规模的政治暴力通常发生在国际体系内竞争加剧的阶段。这个时期，整个体系的竞争加剧使得各个国家承受着巨大的内外压力。由于整个体系的压力加大，国家内部多种集团、多种意识形态的竞争更为激烈。此时，只要国家有一个缺口，发自社会底层的震动就会以排山倒海之力席卷社会的上层。这就是激进主义最终可能成为一种国家意识形态的时候。我们从以上已经可以看到国内结构与国际压力的关联性。我们同时也可以看到倾向于诉诸暴力的国家是国内结构变异的产物。这是一种激烈的社会意志的产物，包含着震世骇俗的力量。

当然，这并不是说，国内政治暴力仅仅发生在霸权的衰落阶段。整个体系的危机所带来的是整个体系的冲突，然而在体系的上升时期，体系内的危机通常以局部战争以及国内冲突的形式表现出来。金融危机与社会危机的契合不仅仅是因为金融危机加剧了对社会个体生活的冲击，而且这种危机本身就是不可交易困局的显现。

第二节　体系权力变化对国内的压力

在世界近代史上存在着三个霸权国家，联合省（荷兰）是一个不完整的霸权，因为尽管它有很强的经济社会力量，但是并没有获得与之相称的国家力量尤其是军事力量，而英国与美国都开创了一个新的时代，并在其衰落的时期造成了整个体系的金融扩张、社会冲突以及国家间争斗。[1] 按照特伦斯·霍普金斯、沃勒斯坦的说法，荷兰的霸权衰退阶段是1650年至1700年，而英国的霸权在1798年至1815年上升，这就是说在1700年至1815年有个霸权的空位期。英国霸权的衰退阶段是在1873年至1897年，而美国的霸权在1897年-1913/1920年为上升阶段，1967年进入衰退阶段。[2]

我们将这个霸权周期与罗荣渠总结的现代化浪潮两相对照会获得一些更加清晰的认识。罗荣渠总结了世界近代史上的三次发展浪潮。"第一次现代化大浪潮由第一次工业革命推动的，时间是从十八世纪后期到十九世纪中叶（大约1780-1860年）。这是由英国开端然后向西欧扩散的工业化进程。"[3] "十九世纪下半叶至二十世纪初，工业化和现代化在欧洲核心地区取得巨大成就，并向周围地区扩散，越出欧洲向异质文化地区传播，于是形

---

[1] Xuan Xingzhang: Spatial Economic Hubs and State Power, Contemporary International Relation(Sept./Oct. 2008), p.62. 乔治·莫德尔斯基等人认为，葡萄牙与西班牙也有一个霸权周期，这是不准确的。See: George Mdodelski: Long Cycles in World Poltics(London:Input Typesetting Ltd,1987),p.40.S.T. 宾多夫指出："从11世纪到17世纪，尼德兰是包括由莱茵河、马斯河与斯海尔德河冲积而成的巨大三角洲在内的低洼地区，当时是欧洲贸易的集散地之一。"参见[英]G.R. 埃尔顿编，中国社会科学院世界历史研究所译. 新编剑桥世界史第2卷[C]. 北京：中国社会科学出版社，2003,64. 葡萄牙与哈布斯堡王室是欧洲近代殖民事业的开拓者，但是由于在经济上依附于这个地区，他们对殖民地缺乏深度开掘的能力，他们的事业只能是转瞬即逝，并为荷兰、法国、英国所取代。

[2] Terence K. Hopkins and Immanuel Wallerstein, World-System Analysis: Theory and Methodology, p.118. 转引自王正毅. 世界体系论与中国[M]. 北京：商务印书馆，2000,137.

[3] 罗荣渠著. 现代化新论[M]. 北京：北京大学出版社，1993,131.

成了推动现代化的第二次大浪潮。"[1] 第三次浪潮发生在第二次世界大战之后，"1953-1973年长达二十年的持久的繁荣，使那些在二十世纪前期实现工业化的国家（西欧、北美、日本等）相继进入现代化的高级阶段"[2]。这三次浪潮与霸权转移时期相应。

我们对照可以发现，在1780年-1860年前后的第一次现代化浪潮发生的时候，正是英国霸权的上升与成熟期，工业化在西欧与北美扩散；而第二次现代化浪潮发生在十九世纪下半叶至二十世纪初，此时正是英国霸权的衰落期，美国霸权的上升阶段。在这个时期，工业越过欧洲，向其他地区扩散。第三次浪潮使得亚洲以及拉美地区获得了发展，也同时是美国霸权的黄金时代。在这个过程中，我们可以看到三重权力的重新配置。其一是，国际间的权力重新配置。在发展过程中，各国实力对比发生变化。其二是，全球社会的权力的重新配置。其三是，国内社会权力的重新配置。在第一个层面上，国家间的实力随着现代化的展开而发生变化，因而国际间的原先权力格局发生变化。按照新的社会交换将发生权力的重组；在第二个层面上，世界市场带来各国企业竞争力的变化以及各国收取租能力的变化，某些获得竞争优势的企业将不断扩大规模，形成全球性的扩张。在第三个层面上，国内各阶层之间的关系发生变化。在新兴的工业国家，权力由过去的地主以及种植业向工业转变，在老的工业国，权力会从工业向金融业转变，而在出口初级产品为主的边缘国家，某些初级产品集团将因为世界市场的大量需求而拓展势力，而另一些将衰落。罗伯特·吉尔平认为："群体和国家渴望增加自己在经济剩余中的份额，而收益递减律却使这种剩余出现下降的趋势，这两个因素构成了扩张和国际政治变革的强大动力。"[3]

---

[1] 罗荣渠著. 现代化新论 [M]. 北京：北京大学出版社，1993,135.
[2] 罗荣渠著. 现代化新论 [M]. 北京：北京大学出版社，1993,139.
[3] [美] 罗伯特·吉尔平著，武军等译. 世界政治中的战争与变革 [M]. 北京：中国人民大学出版社，1994,83.

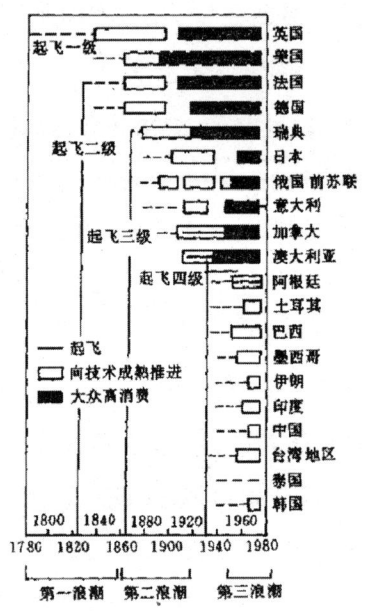

图3：世界现代化的三次浪潮[1]

在原有权力格局逐渐消解的过程中，新的权力格局的形成将导致激烈的政治与社会冲突。在第一次现代化浪潮中，1776年北美发生独立革命，1789年发生法国大革命，然后是1848年欧洲革命、宪章运动以及十九世纪席卷拉丁美洲的殖民地革命运动。

英国霸权的社会基础是跨大西洋殖民贸易体系，这个体系在18世纪的扩张导致了一个"巨大中产阶级社会"的出现。种植园将工业与服务业都整合进来，进一步孤立了社会的底层。它的不断扩大有赖于美洲的领土扩张以及非洲黑奴的不断输入，然而在这种扩张走向尽头的时候，在国际关系层面，英国与北美殖民地之间的关系就遇到了问题。七年战争之后，美国独立战争爆发，美国独立也并没有伤害英国的中心地位，而恰恰是加强了这种地位。[2]

---

[1] 罗荣渠著. 现代化新论 [M]. 北京：北京大学出版社，1993,141.

[2] 独立战争的确造成了英帝国贸易对美的短暂下降，但是18世纪最后几十年，对美贸易又获得了巨大增长，H.J.哈巴卡克指出："具有特别重要的意义的是英国的出口货在北美找到了有重大价值的市场。"参见 [英]A.温古德编，中国社会科学院世界历史研究所译. 新编剑桥世界史（第8卷）[C]. 北京：中国社会科学出版社，2003,53.

美国的独立发展很快提升了大西洋的贸易。

伦敦成为中心必然使得体系的这种整合力量与政治、军事、文化的力量共同作用，推动整个欧洲乃至整个世界发生举世无匹的震动。正是体系的这种组织化压力，推动了美国革命以及随后的法国大革命的爆发，这是美国与法国适应性的自我保护的反应。沃勒斯坦说："就资本主义世界经济体而言，法国大革命是一个使上层建筑最终与经济基础相适应的时期。它是这种转变的结果，而不是转变的原因或者是转变发生的时刻。"[1]的确，即便是拿破仑也无法使法国摆脱体系的压力，法国最终接受了体系的分工，法国形成了与世界体系分工相适应的政府结构与经济安排。托克维尔对于法国在1800年恢复君主制感到惊讶，[2]但是理解了体系的变迁过程就不必感到惊讶。法国只不过是从不屈服的君主制变成了屈服的君主制。由此，巴黎开始完全服务于世界经济而不是本土，直到二战以后，法国的农村才开始现代化。

在这个时期，棉纺织业是英国崛起的支柱产业，因为棉纺织业促进了机械、化工以及照明、运输方面的变革，棉纺织业在英国对外贸易中所占的比重如此之大，"以致它支配了整个英国经济的运行"[3]。棉纺织业的兴盛带来了一个高速增长的时期，然而，到19世纪30和40年代初，英国国民所得增长速度放慢，出现了资本主义第一次普遍危机。霍布斯鲍姆指出："城市贫民和穷苦工人自发兴起的社会革命爆发了，它在欧洲大陆上产生了1848年革命，在英国产生了宪章主义运动。群众的不满并不限于劳动贫民，不能适应新情况的小商人、小资产阶级，某些特定经济部门也是工业革命及其发展所造成的牺牲品。头脑简单的工人认为，他们的悲惨遭遇都是机器造成的，所以，他们捣毁机器以反抗这个新制度。但是，出人意料的是，竟有一大批地方上的商人和农场主人也深深同情他们劳工所搞的勒德派（Luddites）运动，因为他们把自己看成是一小批心狠手辣、自私自利革新

---

[1] [美] 伊曼纽尔·沃勒斯坦著，孙立田等译. 现代世界体系第3卷[M]. 边码52.
[2] [法] 托克维尔著，冯棠译. 旧制度与大革命[M]. 北京：商务印书馆，1992,99.
[3] [英] 艾瑞克·霍布斯鲍姆著，王章辉等译. 革命的年代[M]. 南京：江苏人民出版社，1999,48.

家的牺牲品。对工人进行剥削,把他们的收入维持在糊口的边缘,使得富人能够累积利润,为工业化(以及他们自己过奢侈享乐的生活)提供资金,这种剥削引起了无产者的反抗。但是,在另一方面,国民所得从穷人流向富人、从消费流向投资的转移,也引起了小企业家的对抗。"[1]

他们都承受着大银行家以及工业巨头的剥夺,这种剥夺是国际性的,那些远在天边的资本家运用看不见的手就能将身处最底层的人们洗劫一空,这在经济放缓之时激起了严重的社会反应。霍布斯鲍姆指出:"工人和那些行将沦为一无所有、心有怨气的小资产阶级,他们都有共同的不满。这些不满使得他们逐渐在'激进主义'、'民主主义'或'共和主义'的群众运动中团结起来,从1815年-1848年,英国的激进派(Radicals)、法国的共和派(Republicans)和美国的杰克逊民主派(Jacksonian Demcrats)是其中最为棘手的运动。"[2]塔罗将1848年欧洲革命称为第一个现代斗争周期——1848年冬季和春季,整个欧洲都爆发了起义。"这场革命主要针对的是政治权利,但是随着这场新革命积聚起巨大的力量,社会问题开始和政治代表权交织在一起。"[3]游行示威这一现代表现压力的行动方式正是这一年才产生的。

在资本主义历史上,1857年金融危机是第一次具有世界性特点的"生产过剩"危机。1848-1858年,美国开始铁路建设的热潮,期间建成的铁路约33000公里,超过了当时其他国家所建铁路的总和。但是,这种建设造成了美国国内经济的严重失衡,因为铁路建设所需要的材料主要来自对英国的进口,在受到英国产品压制的情况下,美国国内冶铁等行业长期停滞不前。长期的经济失衡进而导致经济危机的爆发,美国的银行、金融公司和工业企业大量倒闭。对于导致危机的这种结构,何维保等将此种背景下的南部种植园经济称之为"悖论","种植园将劳动力紧紧束缚在土地上,并且削弱了

---

[1] [英]艾瑞克·霍布斯鲍姆著,王章辉等译.革命的年代[M].南京:江苏人民出版社,1999,49.

[2] [英]艾瑞克·霍布斯鲍姆著,王章辉等译.革命的年代[M].南京:江苏人民出版社,1999,50.

[3] [美]西德尼·塔罗著,吴庆宏译.运动中的力量——社会运动与政治斗争[M].南京:凤凰出版传媒集团、译林出版社,2005,202.

他们的购买力,压缩了国内市场;大量的北部资本流向南方,用于这种与'资本的增殖'(扩大再生产)相违背的种植园生产,结果是影响了北部正常工厂经营所需要的资本投入;生产的棉花多销往英国,同时大量购买英国廉价的工业品,这实际是对刚刚有所发展的美国民族工业的重大打击。"[1]

这场危机的发生与世界经济中的不可交易困局的出现有着很大的关系。美国的工业受到英国的压制,相应的购买力也受到压制。因而,由此发生的关税保护在南北之间打下了楔子。这是美国爆发南北战争的一个重要原因。美国南北战争的历史和经济背景是:"当年美国南方的奴隶制种植园经济,是与自由贸易、自由市场、私有产权神圣等资本主义金科玉律紧密相联的一种特殊形态的资本主义商品经济。在英国工业革命蓬勃兴起的背景下,美国南方形成了一种主要依靠向英国和北方州大规模出口棉花、烟草等农产品'创汇致富'的出口导向型农业经济。据统计,在 1860 年,英国棉纺工业所需要的 80% 的原棉系由美国南方进口。由于国内外市场对棉花需求量急剧增长,南方奴隶制种植园经济一直保持高速发展势头。南北战争前,在对黑奴残酷剥削的基础上,南方州的平均经济增长率和人均年收入增长率均高于北方州。"[2] "1850 年,棉花出口占全国出口总值的 2/3,全国有 60% 的奴隶种植棉花。1860 年,在美国出口商品总额为 3.33 亿美元的情况下,棉花就占到了 1.91 亿多美元。"[3]

为了保护尚在起步阶段的北方州的工业,联邦政府以当时世界各国中最高的关税税率筑起了保护性贸易壁垒,1861 年制定的《莫里尔关税法》是美国百年来第一个保护性关税法。保护性关税对北方有利,却严重伤害了南方向英国的棉花出口。高关税使南方州受到欧洲国家的关税报复,不得不付高价购买工业品,由此每年遭受高达数亿美元的巨额经济损失。这种政策是美国新开发的西部与北方联合力量超过南方的表现,预示着美国国内斗争

---

[1] 何维保等著. 美国的非常年代 [M]. 郑州:河南人民出版社,2002,123.

[2] 陈伟. 引发美国内战的司法判决 [EB/OL]. http://www.civilwind.com/chenwei/cw020728.htm.

[3] 何维保等著. 美国的非常年代 [M]. 郑州:河南人民出版社,2002,109.

的升级,最终触发了美国南北战争。美国内战实际上是国际经济结构与国家发展目标的冲突在国内政治上的反应。工业集团需要民族主义以及重商主义的政策,而农业集团由于已经嵌入在世界棉花贸易的权力结构之中,因而对于这种政策是反对的,两者之间的冲突发生在关税问题的争论上,由此开端,进而发展到南方退出联邦的程度,激发了惨烈的内战。内战爆发后,美国沿着保护主义的道路,关税越来越高,进口关税税率从内战爆发之初的18.8%,上升到内战结束时的47%。内战后制定的关税法案中规定的税率更是一个高过一个。[1]

罗荣渠指出:"在第二次大浪之后,世界经济出现了三十年的停滞与徘徊,这是第一次世界规模的发展性危机。这次危机是资本主义发展全面失控引起的内部矛盾的大爆发。"[2]这次危机不仅引发了世界各国的国内动荡与革命,而且最终引发了两次世界大战的发生。在全球的金融危机、经济危机之中,日本、德国等无法应对国内的危机,纷纷走上战争的道路。为什么同样在危机的打击下,有些国家普遍激进化,而有些国家维持了国内基本的政治制度,这根植于权力在体系与国内的分配之中。

日本在明治维新之后,的确有着强烈的扩张动机,但是最终使得日本疯狂投入世界大战的却是日本失衡的国内权力结构。日本的现代化是上层推动的,主导日本企业的是日本的旧武士阶层。但是,武士阶层的繁荣同时造就了被现代化遗忘的农民阶层。安·格拉德指出,明治维新之后,日本的土地耕种面积与产量都增加了,而农民更加贫困了。"现代国家机器代替了以'大名'统治为基础的中世纪制度以后,农民的实际收入反而大大地减少了。大米的市场价格的波动,更使新制度下农民的收入大为减少,因为他们不能预测,也不能控制这些波动。米价的波动是使成千上万农户破产的一个原因。"[3]在没有进行土地改革的农村,政府的变革措施导致了土地的集中,这使得农民生活更加悲惨。井上清描写了1926年之后,昭和初期日本农村的悲惨景象:

---

[1] 杨生茂编.美国南北战争资料选辑[M].上海:上海人民出版社,1978,172.
[2] 罗荣渠著.现代化新论[M].北京:北京大学出版社,1993,136.
[3] [英]安·格拉德著.日本的土地与农民[M].北京:世界知识出版社,1957,39.

"被卖掉的女孩挟着冷落的衣包,跟在人贩子身后,被带走了。母亲哭肿了眼睛,穿着磨穿了的草鞋,伫立在寒风里眼睁睁地望着。东北地方各个火车站,每天都成为这类悲剧的剧场。同时,每逢火车经过,望眼欲穿地希望旅客把剩饭扔出来的孩子们的姿影,使人看了,悲哀无已。"[1]

农村深陷入苦难之中,这种苦难不免传入城市之中,"农民大众的困难,甚至常常是毫无希望的命运,在全国的范围内使社会受到有害的影响。破产的、失去了土地的农民,背离乡村,加入到城市无产阶级的队伍中来,因而引起城市中生活条件的恶化。年轻军官们大多数都和在乡村中的亲戚保持着密切关系,他们对于所发生的情况感到不安,打算从独裁政治方面来寻求治疗社会病的办法。"[2] 因而,日本推动法西斯主义政变的是下级军官,他们一方面同情强烈要求土地与垦殖的农民,另一方面又要恢复国家与社会秩序,实现工业化,同时又不愿意损害上层的利益,因而他们只能通过建立的军政府,通过对外扩张实现这样的目的。吉田茂指出:"他们(军部)在满洲看到了日本人在日俄战争以后苦心建设起来的满蒙的权益已经濒临危机,从而对币原外交心怀不满。他们看到,在一九二九年世界经济危机的影响下,日本农村的贫困日趋严重,因此认为必须不择手段地摆脱这一窘境。"[3] 这种社会结构产生的强烈的扩张动机与国际结构的结合最终摧毁了日本自身。

德国也是如此。促使德国走向扩张道路的不仅仅是国家之间的关系,更主要的是全球权力结构与国内权力结构之间的契合。李普赛特在分析德国法西斯主义时指出:"法西斯主义基本上是一种既反对资本主义,又反对社会主义,既反对大企业,又反对大工会的中产阶级运动。"[4] 法西斯运动的主要支持者是中产阶级下层,一方面这个阶层在危机中受到社会最下层的革命以及平分财产诉求的压力,另一方面,他们受到上层对他们的经济上的危机

---

[1] [日] 井上清著. 日本农民运动史 [M].1957,123. 昭和御世起于1926年。

[2] [英] 安·格拉德著. 日本的土地与农民 [M]. 北京:世界知识出版社,1957,.42.

[3] [日] 吉田茂著. 激荡的百年史——我们的果断措施和奇迹般的转变 [M]. 北京:世界知识出版社,1980,37.

[4] [美] 西摩·马丁·李普赛特著,张绍宗译. 政治人——政治的社会基础 [M]. 上海:上海人民出版社.1997,115.

转嫁。在土地等自然资源分配高度不均的国家中，他们受到两方面的压力更大。因而，法西斯主要出现在农业寡头与工业寡头并存的国家，在这些阶层与中产阶级以及农民之间出现不可交易困局的时候，为了缓解这种不可交易性，中产阶级的下层承诺用法西斯主义的暴力方式制止下层的暴动，保障上层的利益。[1]那么如何找到一种不减损国内各阶层利益的解决方案呢？在国内各阶层之间政治经济上不可交易的状态下，解决方案更多的只能在外部。因而，在这样的社会结构，并达致不可交易困局的国家里，对外扩张，向外借贷或者像拉美一些民粹主义政权那样，没收外国资产都是解决菜单中的选项。

德国最终走上了扩张之路，李工真在评价这一点时指出："打破世界格局、重分世界殖民体系的战争努力，恰恰预示着对帝国传统权力精英们学习机能衰退的真正判决。因为它表明这些权力精英已经既无意愿、也无能力及时引导一场向现代政治和社会关系的过渡了。"[2]但是，客观地说，这种情境并不是完全能由精英们自己能够选择的，这是一种结构的产物，人们只能在这种权力结构下活动并作出选择。国家在全球的权力体系下生存，这种内外相连的整体权力配置决定了国家所获得机遇以及所处的境遇。这种权力分配的基础是安全格局以及国际生产格局。国家在国际安全中的地位、国际分工中的地位以及国内阶层结构决定了国家的选择范围，也决定了国家内部的冲突方式。

---

[1]沃尔夫冈·维佩曼指出，法西斯主义出现在国内难以达成妥协的国家。"对保持民主制和防御法西斯主义来说特别重要的首先是在资产阶级党、农民党和社会民主党之间达成妥协的意愿。在瑞典和挪威，正是得到保守党和自由党默认的社会民主党和农民党之间的联盟大大使得瑞典和挪威的法西斯党始终是没有影响的派别。荷兰的例子表明，一个牢固结合的天主教、社会民主党和新教的环境或'阵营'的存在也导致法西斯主义的兴起受到阻挠。魏玛共和国的天主教选民以及社会民主党选民也表明是有类似的抵抗力的，只是后者不如前者。相反，少数民族和信仰宗教的少数派的存在大多导致民主制的分化，从而导致法西斯主义的兴起。" [德] 沃尔夫冈·维佩曼著. 欧洲法西斯主义比较 [M]. 北京：东方出版社，1992,205-206.

[2]李工真著. 德意志道路——现代化进程研究 [M]. 武汉：武汉大学出版社，1997,224.

第六章

案例研究一：韩国与菲律宾

查摩斯·约翰逊最早提出了"发展型国家"这一概念，他将东亚国家的成功归结为"发展型国家"体制的建立。[1]潘佩尔（T. J. Pempel）将其特征总结为如下几点："政府控制了各种各样的被认为是对经济发展非常关键的东西，它们可以吸引资本；制定和实施国民经济计划；操纵稀缺资源的私人进入；调整个体商业的成就；确定特殊工业企业的目标；顶住源自大众力量如消费者和组织起来的劳工的政治压力；把它们国内经济与大量的外国资本渗透相隔绝；以及最为特别的是，执行一个长久提高生产率、促进技术成熟和增加世界市场份额的稳定计划。"[2]

菲律宾、韩国、墨西哥、巴西这四个国家发展历程各有不同，在菲律宾现代化过程中，其南部出现了分裂主义，这种分裂势力至今还在抵抗，而墨西哥在革命过程中建立了威权主义的政党体系，但是这种政党体系在发展过程中逐渐衰落，这几个国家只有韩国在经过短暂的社会动荡之后走向了更加繁荣的道路。这种不同的道路是由国家内外部权力结构互动形成的。发展型国家犹如坚硬的外壳，调节国内的气候，以利于国内市场的发育与生长，但

---

[1] Chalmers Johnson, MITI and Japanese Miracle: The Growth of Industrial Policy, 1925-1975, Stanford: Stanford University Press, 1982.

[2] [美]禹贞恩编，曹海军译.发展型国家[M].长春：吉林出版集团，2008,160.

是这层外壳的硬度取决于外部、内部的权力结构，也就是外部力量对这层外壳的容忍以及内部对这层外壳的支持。当这两个条件组合成的具体情境不容许这种国家结构出现的时候，发展型国家的衰落不可避免。

我们前面已经提到过，在发展过程中，作为发展成果之一的大众社会崛起以及与外部交流的加强会同时削弱这种结构。菲律宾是一个典型的国内支持不足的案例，韩国是一个内部与外部支持都足够的案例，而墨西哥是一个外部支持不足的案例，巴西则是一个外部与内部都支持不足的案例。在这四个案例中，权力结构的变化导致了国家发展的顺利与否以及国家发展的道路选择。这种不同之处是国际权力与国内权力所形成的整体结构的产物，这种结构也就是一种权力交易过程所形成的结果。

解释20世纪70年代东亚的飞速发展的核心命题在于，为什么那个时期其他地区没有获得发展而东亚获得了发展？世界体系论者将其归结于冷战，1968年被定为一个历史的转折，因为这是康德拉季耶夫长周期的B段的开端。"这为某些地区寻求发展提供了机会，对于这些地区B段也许是一个好时段，东亚地区正是利用了世界经济重组这一机会；另一个事实就是冷战的地缘政治结构。"[1]，东亚成功地利用了冷战的国际结构。何芳川也认为："从'东亚新工业带'的地域划分不难看出，基本是沿着冷战时代美国西太平洋'新月形防御地带'和苏联的势力扩展'前哨线'的交汇地区为基本走向的，在太平洋贸易网内则是冷战时代两个并行存在的内向制度性贸易权的结合部地区。东亚的工业化从某种意义上讲是东亚地区在冷战格局环境下从'地缘政治'中得到的'回报'，东亚发展中民族主义国家利用冷战对峙中自己所处的特殊位置在特定条件下获得发展的机会。"[2]

而此时，拉美并没有获得这样的机遇，冯毅等统计了1960年至1990年期间东亚与拉美的经济发展数据，数据表明1975-1990年间，8个东亚国家和地区（泰国、新加坡、菲律宾、马来西亚、韩国、印度尼西亚、香港、台湾）

---

[1] 王正毅著. 世界体系论与中国 [M]. 北京：商务印书馆，2000,313.
[2] 何芳川主编. 太平洋贸易网500年 [M]. 北京：北京大学出版社，1998,360.

实际人均GDP以每年5.10%的速度递增,而同期8个拉美国家(阿根廷、巴西、智利、哥伦比亚、牙买加、墨西哥、秘鲁、委内瑞拉)的增速仅为0.04%,并且除古巴之外,19个拉美国家还出现了0.03%的负增长。[1]同时,亚太国家的政治要较拉美稳定,"七国集团和亚太国家(地区)发生不规则政权更迭的几率都是很低的——分别为2%和0.5%。拉丁美洲国家的情况是最严重的,几率是6.7%"[2]。1975年–1990年间(1980年除外),菲律宾每年至少发生一次革命。相比较而言,泰国发生了5次革命,韩国发生了4次,印度尼西亚发生了3次,而新加坡和台湾则从未发生过革命。如果不考虑菲律宾,亚太国家(地区)的年均革命次数由0.33下降到0.135。而拉美革命的平均次数是0.297。[3]发展型国家的目的是为了发展,但是其表现出来的现象可能会被在通俗意义上说也是一种造富运动,它不仅对国家外部设置壁垒,也对国家内部设置壁垒,并使得一部分企业具有国际竞争力。在这种意义上,发展型国家受到内部与外部的双重挑战,因而,在其外部需要政治以及经济的容忍,在其内部则在市场所带来的观念变化速度与社会发展速度之间有着紧张的张力。受到国内民粹主义挑战的时候,发展型国家如果没有适时进行调整,就可能加重对外部的依附。世界市场与国内冲突之间的考量,对每个发展型国家的领导人都是一道难题。

冯毅等认为其原因在于:"亚太国家(地区)之所以能够推进经济增长,一个特别之处就在于通过'分享增长'来减少政治不稳定和政治分化。"[4]而拉美国家则是以社会更加不公平作为发展的代价的。世界银行的报告中指出,在拉美国家中,"最富裕的五分之一人口占有的国民收入比最贫困的五

---

[1] [美]布鲁斯·布恩诺·德·梅斯奎塔、希尔顿·L·鲁特主编,叶娟丽等译. 繁荣的治理之道 [C]. 北京:中国人民大学出版社,2007,187.

[2] [美]布鲁斯·布恩诺·德·梅斯奎塔、希尔顿·L·鲁特主编,叶娟丽等译. 繁荣的治理之道 [C]. 北京:中国人民大学出版社,2007,197.

[3] [美]布鲁斯·布恩诺·德·梅斯奎塔、希尔顿·L·鲁特主编,叶娟丽等译. 繁荣的治理之道 [C]. 北京:中国人民大学出版社,2007,198.

[4] [美]布鲁斯·布恩诺·德·梅斯奎塔、希尔顿·L·鲁特主编,叶娟丽等译. 繁荣的治理之道 [C]. 北京:中国人民大学出版社,2007,198.

分之一人口多出三十多倍"[1]。"将这些比率与高收入国家的大约 6∶1 的平均值作一比较。在发展中世界，以同样衡量方法衡量的收入不平等情况依地区不同而变化：在南亚为 4∶1，在东亚，中东和北非为 6∶1，在撒哈拉以南非洲为 10∶1，在拉丁美洲为 12∶1。"[2] 这种不公平根植于拉美与东亚的权力结构之中。自然资源的产权是国内权力配置的重要方面，而土地改革的状况是国家内部的权力结构与世界权力结构交互的结果。

第一节　菲律宾与韩国所处的权力结构

　　战后初期菲律宾发展水平在亚太国家中较高，国民生产总值仅次于日本。据沈红芳的研究，"1960 年各国的工业产值在 GDP 中所占的比重，日本为 45%，菲律宾为 28%，新加坡为 18%，韩国为 20%，马来西亚为 18%，泰国为 19%，印尼为 14%。作为新兴工业部门的制造业一直被认为是发展中国家经济增长的基础，其产值在 GDP 中的比重，日本为 34%，菲律宾次之，为 20%，高于新加坡 12%，泰国 13% 和印尼 8% 的水平"[3]。但是，在后来的发展绩效上，菲律宾远远落后于其他亚太国家，同时国内冲突不断，几十年后，不但与日本相去甚远，而且与战后较之落后的韩国相比也落后甚多。菲律宾 1960 年至 1992 年，该国的实际人均 GDP 年均增长速度为 1.3%，"曾经一度落后于菲律宾的韩国，1990 年人均收入已是菲律宾的 4 倍。台湾的人均 GDP 在 1960 年与菲律宾几乎相同，但是 30 年后却超过了菲律宾的 4 倍以上"[4]。这种现象的出现，不仅与各国国内权力结构相关，而且与国际

---

　　[1] 世界银行. 收入不平等 [EB/OL].http://www.worldbank.org/depweb/chinese/beyond/pdf/beg_05.pdf.

　　[2] 同上.

　　[3] 沈红芳著. 东亚经济发展模式比较研究 [M]. 厦门：厦门大学出版社，2002,287-288.

　　[4] [美] 布鲁斯·布恩诺·德·梅斯奎塔、希尔顿·L·鲁特主编，叶娟丽等译. 繁荣的治理之道 [C]. 北京：中国人民大学出版社，2007,190.

权力结构有关。可以说,现象背后的原因在于国内与国际权力交易所形成的权力结构。选取发展绩效相差较大的菲律宾与韩国进行比较,可以发现,两国处于不同的权力结构之下,因而国内冲突的强度与烈度以及国家的发展道路也迥然不同。

在战后两大阵营的国际权力结构之下,菲律宾与韩国所处的权力位置是不同的。韩国、日本与中国台湾都处于冷战的最前沿,处于美苏直接冲突的阵地之上,而菲律宾虽然也有"赤化"的危险,但是并不处于最直接的压力之下。因而,在与美国形成的权力交易关系中,其战略地位以及美国对其的战略期望也大不相同,由此带来美国对其行为方式上的差别以及国内阶层结构上的不同。韩国与美国的权力交易主要是安全上的,武装韩国,顶住朝鲜的压力,同时维护韩国资本主义的繁荣与稳定是美国的基本目标。因而,美国对韩国的期望主要是政治上的。董向荣指出:"韩国发展的特色在于,美国全面地介入了韩国的政治、经济、军事、社会、文化等领域,而且介入的核心内容不是以中心-边缘模式组成的国际不平等交换关系,而是基于冷战背景下的政治关系。……在韩国的依附发展中,'中心'即美国的作用十分突出,形成中心国家(美国)-边缘国家(韩国)-民族资本(以财阀企业为主的经济主体)之间一层控制和指导一层的垂直关系,而不是拉美国家中存在的三联盟关系。"[1]美国对韩国的支配,"并不是表现为通过不平等交换来实现国际经济剥削,而是从政治、经济、文化、价值取向等各个方面规定与约束韩国现代化的道路和发展方向"[2]。而美国与菲律宾的关系则不同于此,菲律宾也处于第一岛链之上,但其受到社会主义阵营的压力相对较小。因而,美国与菲律宾关系中的政治意图虽然重要,但是对于维护菲律宾国内的稳定与繁荣,美国的意志并非像对韩国那样清晰和一以贯之。

我们可以从战后初期美国对韩国以及菲律宾土地改革的态度上看出这种差别。战后初期,韩国与菲律宾都是农业封建生产关系占主导的国家,由于

---

[1] 董向荣著. 韩国起飞的外部动力 [M]. 北京:社会科学文献出版社,2005,7.
[2] 董向荣著. 韩国起飞的外部动力 [M]. 北京:社会科学文献出版社,2005,71.

受到社会主义思想的激荡以及农民要求拥有土地的压力，两国都实行了土地改革。但是，在既有的阶层结构之下，韩国与菲律宾都是地主阶层控制的政权。我们前文已经引证托克维尔的话指明，大地产所产生的是能够世代相传的特定人群，这些人群能结成一个国内的长期控制政治的集团。这是因为，大地产是不易流失的，并非像工业生产那样依托于人的智力与技能，也不会像工业生产那样易于模仿并不断引进新的竞争者，因而地产集团由于土地等自然资源在权力博弈中对劳动者拥有绝对权力。在政治上，大地产所产生的是寡头政治，并形成一个固定的家族圈子控制政治的现象。马克思也指出："（自耕农的）土地的所有权是个人独立性发展的基础。它也是农业本身发展的一个必要过渡点。"[1]

在韩国与菲律宾这种国内权力结构之下，依靠地主自己对自己的权力进行稀释的可能性是很小的，因而，无论在韩国还是在菲律宾土地改革都受到政权的强大阻碍。1947年韩国土地改革法起草委员会将法案提交立法议院讨论，但是立法议院对此不冷不热，拖延了事。1948年，韩国大邱、庆尚北道地区发生农民的"十月民众抗争"，在此情况下，李承晚政权仍然阻止土改，迫于形势，美军政厅自行成立中央土地行政处，先处理日本人战时掠夺的韩国土地。[2] 而菲律宾的土地改革受到的阻力更大，1955年，菲律宾麦克塞塞政府颁布的《土地改革法》中规定，由政府征购超过300公顷的私人土地和超过600公顷的公司土地，将之卖给佃农。我们可以看出，这个法案中规定的私人和公司可拥有的土地面积过大，不仅如此，在实际中地主通过向亲属转出土地等方法瞒天过海，多方阻挠土地征购，政府执行部门也经常

---

[1] 马克思、恩格斯著，中央编译局编译. 马克思恩格斯文集第7卷 [M]. 北京：人民出版社，2009,912.

[2] 董向荣指出："美国积极设计和推动土地改革的立场很明确，包括在日本、台湾地区和韩国。……美国迫切希望通过地主改革稳定农村，对抗左翼力量以及农民运动。""以韩国民主党为代表的地主阶级由于右翼、反共的特点得到美军政厅的倚重和支持，成为土地改革最强大的阻碍力量。在这种背景下，如果没有美军政厅的推动，韩国是很难进行彻底的土地改革的。"参见：董向荣著. 韩国起飞的外部动力 [M]. 北京：社会科学文献出版社，2005,71.

以各种原因阻止法案落实,因而这个法案几成空文。美国施加压力,使韩国进行了较为彻底的土地改革,尽管专家团认识到这个问题的重要性,但对菲律宾并没这样做,反而与之签订了带有掠夺性质的贸易法案,这固化了菲律宾国内的阶层结构。

表 2:美国政府对外援助与贷款(1945-1975)[1]

单位:百万美元

国家与地区	二战后期	1945.7-1955.12	1956-1965	1966-1970	1971	1972	1973	1974
中国台湾	2634	1257	862	126	14	26	39	119
日本	2077	2302	238	-119	-66	-60	-230	2
韩国	5891	1358	2517	1011	194	221	214	63
菲律宾	1627	833	297	182	55	70	71	43
越南	6684	245	2088	2204	427	539	438	585

资料来源:Statistical Abstract of the United States, 1976.pp.832-834.

1946年美菲签订的《贝尔贸易法》规定,美国公司在菲律宾可享受同等待遇,菲律宾的7种传统农作物及农产品加工产品输往美国,在1946-1954年这8年免征关税,此后至1974年的20年中,对此每年仅征5%的关税。这种农产品优惠政策,对于菲律宾来说造成了灾难性的后果。沈红芳指出:"这为菲律宾的大地主阶级和从事农产品加工的新兴买办官僚资产阶级提供了稳定的高额利润和广阔的美国市场,以致缺乏开拓国外市场的积极性。为了维护他们的既得利益,他们利用国家机器,极力保存、维护旧的产业结构,反对对外开放和发展面向出口工业的努力,排斥除美国以外的其他外国资本。"[2] 英国学者黛安·K·莫齐也指出,规定菲律宾向美国出口享受优惠,但却阻碍了菲律宾的发展。"例如,因为有可靠的美国市场,糖业从未使它的种植实现现代化,也从未改进生产技能使之流水作业。结果,在1974年

---

[1] 我们从上表对各国的援助与软贷款可以看出冷战的展开边界,以及各国对美国的战略意义。对韩国、越南、日本以及中国台湾的援助要远多于菲律宾。黄枝连著. 美国203年. 香港:中流出版社,1981,635.

[2] 沈红芳著. 东亚经济发展模式比较研究 [M]. 厦门:厦门大学出版社,2002,299.

7月4日劳雷尔-兰利协定期满后,菲律宾进入国际市场竞争时,其糖业已落后于其他产糖国了。1954年以前与美国的贸易享有优惠待遇以及美国对菲产品免征关税。此后,制订了每年逐步递增关税征收的计划也妨碍了农业的多样化。结果,即便那些勉强种植糖和椰子的土地也都用来种这些换汇作物了。"[1]因此,沈红芳将1946年至1974年这段时间称为美国对菲律宾的新殖民主义统治。"仅关税一项,菲律宾在'互惠'贸易中平均每年损失达3亿比索。菲币对美元汇率的定死与长期高估,有利于美国工业品对菲律宾的输入,造成菲律宾的进口替代工业长期处于低档产品的生产,无力与之竞争。同时,还大大降低了菲律宾农产品出口的换汇率,使大量的自然资源被廉价地转移到美国。"[2]在这种情况下,菲律宾的工业化受到阻碍,工业利润被美国企业赚取。上述期间,"美国在菲律宾的投资利润平均为19.9%,高于美国境外投资平均利润的15%。从1954年到1962年期间,美国资本从菲律宾汇回的利润超过同期他们在菲律宾投资的14倍。"[3]菲律宾因此在国际与国内土地阶层的权力交易中被锁定在农业国的地位上,进口替代所造成的工业化成就是微不足道的,任何一位执政者或者执政团体都难以冲破这种权力结构。

在这种结构之下,社会底层与上层之间的不可交易性持久存在。霍克组织的早期领导人路易斯·塔鲁克在其著作《源于人民》中说:"菲律宾人不论走到哪里都是在一个美国制造的世界上;我们穿的衣服,我们吸的香烟,我们吃的罐头,我们听的音乐,我们读的国际新闻,无一不是美国货。……美国人通过菲律宾人替他们进行统治来解决他们的问题……地主-精英阶级、拥有土地的绅士……这些人都是美国新统治机构的组成部分。"[4]因而,同样处于边缘地带,菲律宾对中心地区的依附是不同于韩国的,甚至从某种

---

[1] [英]黛安·K·莫齐.东盟国家政治[M].北京:中国社会科学出版社,1990,122.

[2] 沈红芳著.东亚经济发展模式比较研究[M].厦门:厦门大学出版社,2002,298.

[3] 沈红芳著.东亚经济发展模式比较研究[M].厦门:厦门大学出版社,2002,298.

[4] 转引自[美]罗兹·墨菲著,黄磷译.亚洲史[M].海口:海南出版社、三环出版社,2005,645.原文: L. Taruc, Borno of People(Manila: International Publishers, 1953), P.p274-275.

意义上说，菲律宾是定位为边缘的，而韩国虽然位于边缘，但是由于冷战的前沿窗口作用，因而是被预约的中心地区。这种不同的整体权力交易结构，决定了两国国内的冲突方式。

土地改革在国家内部阶层的权力塑造中至关重要，可以说，这种初始条件的不同，在很大程度上决定了两国的发展路径。土地改革为韩国的经济发展铺平了地基，菲律宾后来在农民运动的压力之下不断进行土地改革，但是都没有真正达到目的，而且还在大地产的基础上形成了拉美式的寡头资本主义。1945年，韩国的耕地面积63%都是佃耕地，租种土地的农民，每年负担的地租要超过收成的50%。1945年底，约200万农户中自耕农仅占13.8%，自耕农兼佃农占34.6%，佃农占48.9%。[1] 战后的土改将日本在韩国占有的土地进行拍卖，大部分拍卖给原来的佃户，惠及330万人口，有28.5%的农民家庭从中得到好处。[2] 在朝鲜战争之后，土改进程加速，到1964年时，自耕农数量已经占到农户的71.6%，佃农只占到5.2%，可以说，土地改革消除了农村政治暴力的社会基础，稳定了农村社会，以后韩国的政治暴力事件尽管一再发生，但是都局限于城市之中，并以包括学生在内的中产阶级下层为主力，因而，这种运动的范围以及对社会的冲击力都是相当有限的。董正华在总结小农制的政治后果时指出："其一是获得土地的农民政治意识由激进转为保守，成为社会和政局稳定的重要因素。……其二是政权对社会控制的强化。比较平均的地产分配和由此带来的农村收入分配、农民社会地位相对平等，扩大了政权的社会基础，提高了权威合法性的程度。"[3] 不仅如此，土地改革的直接后果就是地主阶级的政治影响力降低了，经济民族主义得以汇聚并以各阶层的共识出现。这是更为重要的一点，董正华也指出了小农制对于工业化的贡献："小农制的结构使工业化所需资源从农业部

---

[1] 董向荣著. 韩国起飞的外部动力 [M]. 北京：社会科学文献出版社，2005, 70-71.
[2] 董向荣著. 韩国起飞的外部动力 [M]. 北京：社会科学文献出版社，2005, 79.
[3] 罗荣渠、董正华编. 东亚现代化：新模式与新经验 [C]. 北京：北京大学出版社，1997, 123.

门流出畅通无阻。"[1]在以后的发展过程中，财富以流动资本的形式集中到工业部门，这是韩国以财阀为特征的经济模式的初始因素。

菲律宾的地主阶级没有受到很大的冲击，他们享受着美国优待的同时与美国资本勾结为一体，成为土地改革的拦路虎——菲律宾进行的四次土地改革都并没有真正解决土地问题，并成为民族主义经济政策制定的障碍。沈红芳认为："菲律宾的工业和市场保护程度很高，进口替代工业持续时间很长，是与美国资本在菲律宾经济利益有着密切关系的。"[2]而美国资本在菲律宾的这种利益，不仅与美国的国家权力有关，与菲律宾国内的地主阶层与美国资本形成的共同利益也有很大的关系。

独立后的菲律宾仍然是被商业和土地寡头控制，这些家族与国际资本之间形成固定的联系，并投射到政治上，中下阶级在选择候选人或制定政策上不起什么作用。因而，在菲律宾独立初期，土地寡头所起的作用像美国南北战争时期南方的奴隶主一样，是工业化的障碍。因为他们与发达经济体之间形成了一种经济上的分工关系以及政治上的交易结构。菲律宾报纸《宿务日报》的一次宗谱政治研究发现，菲律宾14名总统中至少12人沾亲带故。迄今为止，菲律宾国会大部分代表来自134个家族，阿基诺、加西亚、拉莫斯、洛佩兹等名字在国会成员名单上反复出现，很多家族都是在西班牙殖民期间形成的大土地所有者，控制着菲律宾的国家命脉。[3]源于大地产以及由此生发的金融、产业、媒体等形成了一个世代相传的垄断性权力，左右着国家经济与政治中的重大决策。

马科斯上台以后，试图适度改变菲律宾的社会权力结构，建立一个由掌握专业技能的中产阶级所组成的菲律宾，但是这一点并没有达到目标。在菲律宾，像阿亚拉家族和洛佩兹家族这样的西班牙家族掌控着经济力量。马科

---

[1] 罗荣渠、董正华编. 东亚现代化：新模式与新经验 [C], 北京：北京大学出版社, 1997, 126.

[2] 沈红芳著. 东亚经济发展模式比较研究 [M]. 厦门：厦门大学出版社, 2002, 298.

[3] 王秋彬. 家族政治的困境 [EB/OL]. http://ccszx.changchun.gov.cn/Detail16.jsp?id=2865&catalogID=447.

斯自身也出身权贵,其父亲曾经是国会议员,而且马科斯也是靠着洛佩兹家族的支持而上台。洛佩兹家族的费尔南多·洛佩兹一世还曾担任马科斯的副总统,但是由于马科斯意图扶植新兴中产阶级,扩大小企业的生存空间,并打击寡头,因而洛佩兹家族转而支持阿基诺。因而,马科斯下台不仅是由于自身的贪腐,也是因为其改革触动了寡头的利益。[1]菲律宾前任总统格洛丽亚·马卡帕加尔·阿罗约也是显贵家族出身,其父亲迪奥斯达多·马卡帕加尔1961年至1965年任菲总统,而夫家阿罗约家族自西班牙殖民时期就是政治经济势力雄厚的豪门望族。

第二节　菲律宾与韩国的国内冲突

菲律宾在西班牙殖民时期以及美国殖民期间形成了大地产土地所有制形式。这种土地所有关系,在二十世纪20年代和30年代就在人多地少的吕宋岛中部激起了农民的反抗。日本侵略菲律宾期间,农民运动演变为人民抗日

---

[1] "马科斯本人1965年和1969年总统竞选时也在很大程度上依赖了洛佩斯家族的财力。但1970年以后,洛佩斯和马科斯两家关系逐渐恶化。""1972年马科斯总统下令实行军事管制,洛佩斯家族成了马科斯封杀的目标。家族名下的ABS-CBN电视网络和报纸被同时关闭,家族族长欧亨尼奥一世的儿子坚尼(欧亨尼奥二世)还被马科斯以企图暗杀总统的罪名投入监狱。1975年,身在旧金山的欧亨尼奥一世因癌症不治含恨而终。"1986年马科斯政权被推翻,洛佩兹家族重新取得了ABS-CBN的所有权。洛佩兹家族此后还进入了城市供水、电信、公路、土地开发以及发电等领域。这个家族扶植代理人实现自己的经济利益,"早在埃斯特拉达当参议员的时候,洛佩斯家族就看中了这匹政坛黑马,不遗余力地利用自己的广播电视媒体为他拉选票。1998年,埃斯特拉达以绝对优势当选总统。作为回报,洛佩斯家族轻松地延续了水电、公路和广播等产业的政府特许专营权。无奈好景不长,埃斯特拉达的总统任期还没有过半,就被副总统阿罗约拉下马。阿罗约总统当政,作为被废黜总统的密友,洛佩斯一家的日子自然也不好过。处于逆境中的洛佩斯家族并不示弱,在菲律宾最大的电视新闻网ANC(ABS-CBN新闻频道)专辟了两个给现政府揭短的节目:'直言不讳'和'在线'。一旦政府部门出现纰漏,他们总会不遗余力地口诛笔伐"。引文参见:艾宇欣.菲律宾的几大家族叱咤商界[EB/OL].http://news.eastday.com/epublish/gb/paper148/20030911/class014800004/hwz1010270.htm.

军（Hukbalahap）简称霍克（Huk），战后初期发展到一万人。"战后农业情况每况愈下，佃农增加，地主设法取得利润的较大部分。地主和高利贷者贷款索取的利息高达50%至200%。抗议高利贷或实物分成协议的农民面临被驱逐的威胁。塞吉奥·奥斯梅纳总统的政府强使地主协商,最后双方同意六、四分成，但这项协议未曾实施。地主雇佣卫兵威胁要求权利的佃农，而农会会员则成为打击的目标。"[1] 由于政府军的围剿以及对农村实施的改革措施，1954年，霍克运动的领袖塔鲁克投降，另一位领袖巴尔戈斯战死，霍克运动受到重创。当时的国防部长麦格塞塞因镇压霍克运动有功，得到了菲律宾大地主、大资产阶级以及美国政府的认可，成为菲律宾第三任总统。麦格塞塞深知菲社会矛盾之所在，于1954年实施《农业租佃法》，1955年颁布土地改革法，但是如前文所指，这两部法案并没有得到实际的执行。同时麦格塞塞还将解散的霍克战士"安置"到菲南部棉兰老岛、巴拉望岛等地。这虽然使得上千户北部农民在南部获得了土地，但是随着移民的增多，却激化了本来就存在的摩洛问题。

菲律宾南部的摩洛人信奉伊斯兰教，早在反对西班牙殖民的战争中就形成了不同于北方天主教徒的文化群体。在新的条件下，也就是外国资本与北方移民对利益的侵蚀以及政府政策不当等条件下，摩洛运动开始走向激进。1957年，麦格塞塞总统死于飞机失事后，"以后几位旧保守政权的高层成员恢复了过去那种依靠家族纽带、腐败甚至暴力的寡头政治；广大群众的经济状况恶化，少数上层人士则获得新财富。麦格塞塞早年土地改革的努力付诸东流，富裕的土地所有者成为政治上支持掌权人物的特别重要的力量。跨国公司被鼓励在菲律宾投资，经济有所增长，但经济利益并未为广大民众所分享"[2]。腐败、家族政治乃至暴力的根源都在于政权的性质之中，建立在大地产制以及大地产与外国资本结合的勾结型资本主

---

[1] [美] 科米萨著，吴壬林等译. 女总统——科拉松·阿基诺 [M]. 哈尔滨：黑龙江人民出版社，1988,27.

[2] [美] 罗兹·墨菲著，黄磷译. 亚洲史 [M]. 海口：海南出版社、三环出版社，2005,644.

义之上的政权，新生的民族资本只能依附于这种权力结构，并通过腐败等方式获取经济资源。1965年上台的斐迪南·马科斯政权是上述地主阶级与美国势力以及国内民族资本交易的产物。马科斯政权如同前几任一样想在不触动或者少触动地主阶层利益的前提下进行土地改革，向南部移民，同时鼓励地主用人口稠密地区的土地换取棉兰老岛的"公有地"。"马科斯此举实际上是以人口的转移换取北部阶级矛盾的缓解，不料却使南北矛盾加剧……与此同时，南部正迅速卷入全球经济体系，以美国为首的外国公司对棉兰老土地资源的掠夺和霸占加速进行，政府也颁布'渔业令'，准许外国资本投资渔业。那些本来为摩洛人视为公共资源和生存依托的大片土地、森林和湖泊均被圈占，招致了他们对政府更大的仇恨和愤懑，双方矛盾进一步加深。"[1]1968年3月，一批穆斯林士兵被屠杀的事件激起了大规模的社会冲突，摩洛人与南下的移民之间的冲突升级，5月，棉兰老岛成立了穆斯林独立运动组织，后来其激进派发展出摩洛民族解放阵线（MNLF）。1968年12月底，以何塞·玛丽亚·西松（José María Sison）为首的新领导机构重整霍克，成立新人民军，"1969年起，新人民军的反政府活动显然增多。在首都马尼拉等地也连续爆发了工人罢工和学生罢课的斗争"[2]。在后来的发展过程中，新人民军与摩洛民族解放阵线合作，以民族主义为立场，反对外国势力，以经济为由排斥华裔菲律宾人。菲律宾动乱的基础在于市场进程中被排除在外的底层人民，这源于这个国家在现代化进程中所形成的权力结构。各种社会运动的领导层与底层群众参加的目的是不同的。底层参加各种激进运动，"他们拿起武器是为了个人和家庭的生存与发展"，"领导层在其鼓吹的意识形态的掩盖下，也往往有着不便明言的个人动机"[3]。而意识形态只是为不同身份、不同阶层的人的捏合与共同战斗提供了认同的基础。

---

[1] 陈衍德等著. 全球化进程中的东南亚民族问题研究[M]. 厦门：厦门大学出版社, 2008,221.

[2] 梁英明等著. 近现代东南亚[M]. 北京：北京大学出版社, 1994,426.

[3] 陈衍德等著. 全球化进程中的东南亚民族问题研究[M]. 厦门：厦门大学出版社, 2008,237.

在这种权力结构之下，很难形成一套有效的改革措施，因为所有正确的改革措施都被利益集团所改造。沈红芳指出："造成菲律宾经济发展模式偏离东盟三国轨道的主要原因是政府的性质。美国在菲律宾独立后实行的长达28年的新殖民主义的统治，造就了一大批亲美的政治与技术官僚。以大地主为代表的菲律宾政府与美国垄断资本代表勾结在一起，支配着菲律宾的政治与经济。为了维护大地主和帝国主义的利益，从20世纪50年代至今，菲政府一再出现经济和货币政策失误。无论政府采取何种改革措施和政策，如进口替代工业化政策、出口导向工业化政策或土地改革，最后都因维护权贵们的既得利益而被篡改或抛弃。"[1]而韩国由于地主阶级已经在外力作用下商业化，因而兴趣转到工业领域，形成了财阀政治。

土地改革以及对日本在韩资产的处理改变了韩国的阶级结构以及国内的权力结构。韩国进行土地改革主要通过给付地主有价证券，而农民上缴实物偿还低价。有价证券不能转让，但是可以交税以及购买归属财产，因而，"少数财力雄厚的地主（多数是不在地主）、许多新兴商人、商业资本家或企业的少数股东、租赁人、管理者，利用许多中小地主财政上的困难，大量地以低廉的价格收购传统地主手中的低价证券，用它们来购买归属企业。……成功地得到了归属企业这批人，依靠与政府之间密切的关系，大大加速了资本积累，不少受惠于此的企业后来成长为垄断企业。除了少数有实力、有经营才能的大地主通过收购廉价的地价证券并用其购买归属产业而转变为大资产者外，绝大多数中小地主并没有成功地向产业资本家转化，韩国出现了大范围的地主阶级的没落"[2]。因而，土地改革将韩国的地主阶级改变为以获取流动财富为主的工商阶层。阿图尔·科利指出："他们将财富和精力投入了工业和教育领域，后来的'教育爆炸（education explosion）'主要是由这些失去地产的地主阶级发起的。"[3]由此，韩国的国内权力结构改变了，由一

---

[1]沈红芳著.东亚经济发展模式比较研究[M].厦门：厦门大学出版社，200241-42.
[2]董向荣著.韩国起飞的外部动力[M].北京：社会科学文献出版社，2005,86.
[3][美]阿图尔·科利著，朱天飚等译.国家引导的发展——全球边缘地区的政治权力与工业化[M].长春：吉林出版集团，2007,58.

个地主阶级与资产阶级混合的权力结构转变为资产阶级主导的权力结构。也就是通过外力强制实现了农业的商业化，这种权力结构是韩国得以建立发展型体制的权力依托，而菲律宾由于内部土地阶层的制约，无法形成一个强有力的致力于工业化的政府。

在发展型体制下，韩国尽管有着外部安全之虞，但是获得了良好的内外部发展条件。韩国在土地改革之后基本稳定了农村，社会动荡主要发生在城市之中，由于在韩国土改以及没收日本在韩资产过程中所形成的垄断资本，社会矛盾主要在垄断资本与中产阶级之间，这种矛盾尽管激烈，并引起上层的不断变革，但是资本与农业之间形成了较为稳固的交易结构，政治上的动荡主要是权利运动，而不是权力改造，由此韩国的政治运动以改良为主。这里尤其以学生运动以及劳工运动为主。1960年4月19日，因李承晚选举作弊，韩国爆发了大规模的学生运动。这次学运导致李承晚下台，张勉政权扩大了国民的民主权利，但是这给韩国政治带来了前所未有的混乱。"到1961年5月，各种报纸杂志由1959年的615种增加到1573种、记者16万人。舆论媒介不负责任地攻击政府，把社会情绪导向了反政府方向。对结社、集会自由的限制取消后，在所有领域，掀起了极端民主化、自由化的浪潮，国民的政治参与主要以示威、游行的方式进行，从'4·19'到1961年5月期间共发生示威1836次，有96万多人参加，甚至发生了大学生冲进国会并占领国会的事件。"[1]在这种情况下，1961年韩国发生了"5·16"军人政变，政变成功的朴正熙建立了威权主义统治，并将韩国经济体制改造成政府主导型市场经济体制，这极大地推动了韩国的经济发展。1963年到1971年，韩国经济平均增长率为8.7%，人均收入从1964年的91美元增加到1971年的278美元，失业率从1960年的23.7%降到1972年的4.5%。[2]但是这种经济的发展也带来了贫富分化的加大、地区发展不平衡以及垄断财团的形成，引发了政治上的危机。朴正熙执政后期，经过三个5年计划，韩国已经进入重化工业

---

[1] 赵伟著.韩国现代政治论[M].北京：东方出版社，1995,12.
[2] 赵伟著.韩国现代政治论[M].北京：东方出版社，1995,17.

发展的深化阶段。但是，由于依赖于外部融资以及石油危机带来的国际贸易条件的恶化，1979年开始韩国的经济遇到了严重的问题。1979-1982年的全球经济危机起于英国，源于尼克松冲击之后宽松的货币政策以及流入第三世界的石油美元，危机波及整个世界经济。韩国在四五计划期间（1977年-1981年），重化工业投资失控，激发巨大的通货膨胀以及增加工资的压力，1979年消费者价格指数（CPI）增加到18.3%，1980年增加到30%，经常账户逆差也在1978-1980年间出现大幅增长，1980年经常账户逆差占GDP的11%。[1]这种内部脆弱性在金融危机的冲击下很快发展成为政治危机。

1979年8月韩国就发生纺织女工占领国家民主党党部引发的冲突，因为贸易公司在内的很多企业都因劳动力成本增加和信贷紧缩而面临危机。随后就发生了釜山以及马山的学生与工人示威。1979年10月26日执政近20年的朴正熙被韩国情报部长金载圭刺杀，全斗焕上台。朴正熙的被刺或与政府内部处理此事的不同态度有关。1980年的前5个月，韩国发生了900多次罢工。1980年5月发生光州事件。光州事件起于4月中旬韩国爆发的工人及学生示威。全斗焕政府实行戒严，但更激发了示威浪潮的扩大。5月15日，约10万名大学生在汉城集会，向军政府示威。5月16日光州也有3万名学生与市民示威。1980年5月18日，全斗焕调集数万军队包围全罗南道首府光州市，军队与示威者之间发生严重冲突，造成191人死亡，122名重伤，730名轻伤。

但是学生运动并没有造成军人政权的下台，美国是其中的重要原因。"鉴于韩国在安全上高度依赖美国，美国如果对宣布戒严的决定采取强硬立场，那可能会为当时的民主化转型开辟道路。部分出于默认，部分出于有意识的考量，美国认可了宣布戒严的命令，认可了军队镇压光州起义，以及认可了全斗焕从戒严指挥迅速变成总统。"[2]但是也许更重要的原因是，学生

---

[1][美]斯蒂芬·海哥德、罗伯特·R.考夫曼著，张大军译.民主化转型的政治经济学[M].北京：社会科学文献出版社，2008,87-88.

[2][美]斯蒂芬·海哥德、罗伯特·R.考夫曼著，张大军译.民主化转型的政治经济学[M].北京：社会科学文献出版社，2008,93-94.

与工人的运动并没有在中产阶级中引起广泛的共识,"学生暴力抗议的升级、1980年4月矿工和钢厂工人的大规模骚乱及光州起义疏远了中产阶级中的保守成员"[1]。因为,韩国正在进入重化工深化阶段,国内市场的狭小使之高度依赖于国际市场消化过剩产能。这种产业结构导致的政治约束是:"民主的胜利将不可避免要求劳工关系的根本性变化。在经济战略严重依赖出口和保持国际竞争力的国家,这一危险尤其具有威吓效果。"[2]但是,当韩国的产业结构超越了这一阶段之后,其结果就并非如此了。光州起义具有在野运动与民主运动的双重性质,此后具有政治斗争性质的民主运动成为抗议的主线。但是1987年6月的民主抗争以后,政治变动发生。温和的、议题性质的市民运动逐渐成为主流。这意味着韩国在政治上已经逐渐走向良性的轨道。

菲律宾没有韩国这样的幸运,菲律宾独立初期至20世纪60年代基本实行西方议会民主的政治模式,60年代以后逐步转向"威权政治",80年代以来,开始回复到议会政治。但是,由于没有经历经济内涵的实质性转变,因而政治上的变革并没有带来像韩国一样的变革,反而陷入到民粹主义加寡头政治的"政变怪圈"中去。前文已经指出,寡头政治必与民粹政治相伴而行,而且也必与贪腐结伴而行。贪腐本身并不是影响政治人物命运的关键变量。[3]由于寡头与民粹之间产生不了稳固的交易结构,以民粹主义上台的领导人,必然要在寡头与民粹之间摇摆,或者在寡头之间摇摆。这种摇摆是政局动荡的根源。政变是军队各派的夺权行为以及寡头之间的斗争,但是没有任何一派会改变现有的权力结构,这种权力结构是国际力量与国内力量之间交易形成的稳固产物,尽管在国内层面上表现为暴力对政治的介入,但是这种暴力

---

[1] [美]斯蒂芬·海哥德、罗伯特·R.考夫曼著,张大军译.民主化转型的政治经济学[M].北京:社会科学文献出版社,2008,94.

[2] [美]斯蒂芬·海哥德、罗伯特·R.考夫曼著,张大军译.民主化转型的政治经济学[M].北京:社会科学文献出版社,2008,94.

[3] 虽然马科斯被赶下台,而且极度贪腐与奢侈。但是并没有影响其家族的政治活动。马科斯儿子小费迪南德于1992年成为国会议员,6年后当选北伊罗戈省省长。See: Alan Sipress.In 20 Years Since Marcos, Little Stability for Philippines[EB/OL].http://www.washingtonpost.com/wp-dyn/content/article/2006/02/24/AR2006022400184_2.html.

一定局限于上层的零星的暴力斗争以及底层的持续的暴力反抗。这种反抗尽管被包装成各种各样的意识形态，但是内核还是为在市场中形成交易能力而斗争。正如陈衍德等人指出的那样，很多暴力反抗团体的参加者仅仅为了获得生计，"对他们来说，参加一个组织就像获得一份暂时的工作一样"[1]。还有一些是为了掠夺财富。20世纪70年代出现的菲律宾阿布萨耶夫武装，是菲南部分离主义势力中最激进的武装组织之一。阿布萨耶夫武装在1995年对一个小镇的袭击中，恐怖分子公然进行抢劫。"由于绑架人质索取赎金已成为反叛者牟取暴利的重要来源，此举便成为这个组织惯用的手法，一些人加入该组织也是想从绑架人质中获利。2000年阿布萨耶夫从利比亚获得了约2500万美元的赎金，其成员也猛增到了约1200人，这些人主要是'被极具吸引力的薪水和武器打动了。'"[2]因而，菲律宾的底层的暴力反抗因着经济与社会政策的变动而波动。

阿布萨耶夫武装（ASG）规模较小，1991年起开始进行恐怖活动，目前，美国与菲律宾对连续的清剿已经对该组织造成重创。菲律宾现在较大的反政府武装是摩洛伊斯兰解放阵线（MILF）。上文中，我们已经提到过摩洛国家解放阵线（MNLF），而摩洛伊斯兰解放阵线（MILF）是摩洛国家解放阵线分裂的产物。在20世纪90年代，摩洛国家解放阵线中的部分领导人与政府和谈加入政府，而不愿意妥协的就分离出来组成摩洛伊斯兰解放阵线。这是目前菲律宾南部最大的恐怖组织，现有成员约1.18万人。[3]近年来，较大规模的战斗一般发生在政府军与摩洛伊斯兰解放阵线（MILF）之间。2006年菲律宾政府军与其再次发生激战，造成近2万村民流离失所。2008年的军事行动长达数月，至少造成60名平民和35名政府军士兵死亡，另有127名士兵受伤，持续不断的战斗造成几十万棉兰老岛难民，他们被迫逃离

---

[1] 陈衍德等著.全球化进程中的东南亚民族问题研究[M].厦门：厦门大学出版社，2008,237.

[2] 陈衍德等著.全球化进程中的东南亚民族问题研究[M].厦门：厦门大学出版社，2008,237.

[3] 刘华.菲律宾南部武装冲突导致13人死亡[EB/OL].http://news.xinhuanet.com/world/2009-05/28/content_11448177.htm.

家园，面临着饿死的危险。[1] 零星的战斗持续到 2009 年，至今还没有结束。

美国国务院发布的《2008 恐怖主义国家报告》中将菲律宾南部称为恐怖主义的安全港。[2] 在这个地区活动恐怖组织有近十个，仅就 2004 年以来，这些恐怖组织已经对菲律宾人实施了一百多次袭击。[3] 虽然在"9·11事件"之后，美国和菲律宾联合对菲南部的恐怖势力进行打击，并取得了很大的成果，恐怖组织近乎崩溃。但是，恐怖主义的社会基础仍然存在。棉兰老等地方的贫困、失业等问题并没有得到有效解决，反而因为长期的冲突更加严重。因而，菲律宾不仅战后重建之路相当漫长，而且能否在现有的社会结构之下，维持长期的国内和平还是未定之数。

---

[1] Santosh Digal. 五十万棉兰老岛人因战争面临饿死的危险 [EB/OL]. http://www.asianews.it/index.php?l=zh&art=13293.

[2] U.S. Department of State.Country Reports on Terrorism 2008[EB/OL]. http://www.state.gov/s/ct/rls/crt/2008/122438.htm.

[3] 菲南恐怖组织主要有：the Abu Sayyaf Group, New Peoples Army, Jemaah Islamiyah, the Alex Boncayao Brigade, the Pentagon Gang, the Moro National Liberation Front (MNLF), and the Moro Islamic Liberation Front (MILF). See:Preeti Bhattacharji.Terrorism Havens: Philippines[EB/OL]. http://www.cfr.org/publication/9365/.

第七章

案例研究二：墨西哥与巴西

拉美与菲律宾有着相似之处，都属于"被邀请的依附"[1]。除了少数国家，如哥斯达黎加、墨西哥、古巴以外，拉美国家大多没有很好解决国内的土地问题。[2] 由于土地制度作为权力资源的性质，大农场制度，"随着每一次新一轮亲市场、亲全球化的改革而稳步繁荣"[3]。在这种起点上实行现代化，拉美国家形成了自己的特点。拉美早期都是以出口初级产品参与世界经济的，后来逐步发展进口替代性模式，并向出口导向型转型。在拉美国家所处的独特国际、国内权力结构下，拉美的经济社会发展虽然取得了一些成功，但不

---

[1] [美] 阿图尔·科利著，朱天飚等译. 国家引导的发展——全球边缘地区的政治权力与工业化 [M]. 长春：吉林出版集团，2007,123.

[2] 哥斯达黎加没有形成大地产制，主要因为这里在殖民时代没有发现丰富的金银矿，其社会主体是小农经济与个体劳动者，因为这一点，同时也因为国内军队力量较弱，所以在拉美地区中政治一直是较为稳定的。

[3] 蔡爱眉指出："面积超过 1000 公顷的出口型种植园只占拉丁美洲全部农场总数的 1.5%，却占了该地区农田总面积的 65%。拉丁美洲主要城市的高级社交俱乐部，那是个数百万美元的交易在不经意间谈成、外国投资者们杯盏交错的地方，普遍地仍由那些祖上靠种植园业发家的人控制着。毫不奇怪的是，20 世纪 90 年代市场导向的改革，使拉美的西班牙裔大农场主们获得了极不成比例的丰厚收益，由于他们的资本、教育、海外关系及保守的社会原则，历史上这些人一向与倡导经济自由化的政治领袖们关系甚笃，即使并非沾亲带故。"参见：[美] 蔡爱眉著，刘怀昭译. 起火的世界——输出自由市场民主酿成种族仇恨和全球动荡 [M]. 北京：中国大百科全书出版社，2005,57-58.

如东亚。而且在发展过程中，政治动荡、经济停滞与经济危机不断发生。我们这里选取了两个较有代表性的国家，一个是墨西哥，墨西哥紧靠美国，处于独特的国际权力结构之下，同时，墨西哥是拉美地区最早进行土地改革，并且也实行了较为彻底的土地改革的国家，而且，墨西哥经济发展较快，政局长期保持稳定，但是到20世纪60年代之后开始逐渐走向动荡。巴西土地改革进行的较晚，而且很不彻底，巴西政局长期处于文人政权与军人政权的交替之中，尽管经济上略有发展，但是国内贫富分化极大，而且冲突相当严重。我们在权力交易结构中审视这两个国家，会获得新的启迪。

第一节　墨西哥稳定之谜

上面的论述似乎是过多地强调了土地，对于土地所有权结构的研究似乎并不在国际政治的范畴内，但是，我们是在全球的权力结构视野下进行考量的，我们强调的是国内与国际的权力交易结构。在上述案例中，韩国实际上以独特的安全地位换取了对国内权力的重新塑造，而菲律宾在安全上地位不同，农业寡头与美国形成权力交易结构，并使这种权力交易结构固化下来。因此，我们的视野不同于比较政治学——其中最大的不同是，我们这里认为各个国家虽然内部情况千差万别，但是同处于超越于国家之外的权力结构之下，这个权力结构可能是世界市场、也可能是国际安全结构，这个结构的形成基于国家内部与外部形成的权力交易结构。这里我们将要举的一个例子是墨西哥，这个国家与韩国、菲律宾不同，尽管墨西哥国内土地问题解决得比较彻底，但是在特定的国际权力结构之下国内政治仍然动荡多发。

在1911年至1917年墨西哥革命之前，墨西哥曾有过一段长期的增长。但是，这种增长是以外国资本与大庄园相勾结并损害农民和土著利益为代价的，进而引起了革命。由于在革命之中，农民等力量广泛参与到运动中来，因而在1917年宪法中写入了有关土地改革的内容。革命前的1910年，1%

的土地所有者拥有97%的土地，而96%的农户却只有1%的土地。[1]"从1917年至1934年，土地改革的进展比较缓慢，其间共分配土地1100万公顷，受益农户92万。"[2] 在1929年至1933年世界经济危机的大背景下，墨西哥工农运动高涨，因而"1934年至1940年执政的拉萨罗·卡德纳斯总统，在全国范围内掀起了一个土改的高潮，6年时间共把2000万公顷的土地分给了77.4万农户，从而动摇了大地产的基础"[3]。长期进行土地改革使得国内的大地产受到抑制，"1940年，村社成员已占农村土地所有者的50.2%，拥有22.5%的土地，47.4%的可耕地"[4]。

我们从上述数字可以看出，墨西哥的土地改革虽然并不彻底，但是相较于其他拉美国家来说已经相当不错。经过土改之后的墨西哥考迪罗主义渐渐衰落，"'考迪罗'制是拉美特有的独裁制度，其特点是军阀、地主和教会相结合的'三元寡头'统治"[5]。土改使其逐渐失去了基础。新生的资产阶级与国家中大地产阶层势力相对均衡，工农力量也成为重要的制约因素。因而，在此基础上有了对国内政治力量进行制度化的可能。也就是说，由于力量的均衡，因而有了交易的空间，并产生权力分配与共容利益，这就是1938年在国民革命党基础上建立墨西哥革命党的背景。这个党"主张用国家的权威去调解和仲裁阶级之间的矛盾"[6]。区别于国民革命党，墨西哥革命党"已不再是地方考迪罗和地方党派的联合机构，而是按工人、农民、民众和军人4个非地域性职业社团划分的原则组织起来，将党分成4个职业部门——农民部、工人部、人民部和军人部，形成一个广泛的、中央集权的执政党。官方党的这种职团结构，对于宪政制度的确立有两个具有决定性意义

---

[1] 邹东涛．拉丁美洲市场经济体制 [M]．兰州：兰州大学出版社，1994，66．

[2] 同上．

[3] 同上．

[4] 邹东涛．拉丁美洲市场经济体制 [M]．兰州：兰州大学出版社，1994，66-67．

[5] 徐世澄著．拉丁美洲政治 [M]．北京：中国社会科学出版社，2006，14．

[6] 曾昭耀著．政治稳定与现代化——墨西哥政治模式的历史考察 [M]．北京：东方出版社，1996，36．

的作用"[1]。在官方党的系统设置中，除了军队以外，都设有垂直的结构，如农民部，在基层有农民协会或地方农民联合会，在此基础上组成州一级的农民联合会，各州的农民协会联合会再组成全国农民联合会，由全国农民联合会的成员组成墨西哥革命党农民部。这种组织方式保证了党对基层的控制，"因此，党的职团结构就最后敲响了地方考迪罗政治机器的丧钟，使其丧失了社会基础，毫无存在的余地"[2]。军人部后来取消，军人以个人身份加入农民部、工人部或者人民部。这样武装力量分散，对政治的威胁大大降低。所以，曾昭耀评价说："随着这一秩序的确立，墨西哥进入了一个革命以来从未有过的经济增长时代，这种增长很快使墨西哥从一个落后的农业国变成了一个工业农业国。"[3]

我们从上文中可以看出这种制度的特点，这就是将大资产阶级排除在政权之外，而将国内大多数人组织在一个政治构架之中，这也是亨廷顿将制度化与政治参与作为变量考察政治稳定的一个最好的例证。在墨西哥革命制度党执政期间，企业主集团是一个独立于政府权威之外的独立的权力中心，"企业主集团尽管是一个独立的，可以影响政府决策的权力中心，但它对墨西哥的政治制度化是起强化作用的，而不是起弱化作用的，因为他们希望稳定，他们支持政府以稳定和经济增长为基础的基本发展模式。所以，他们尽管为自己集团的利益同革命制度党进行斗争，甚至同政府进行斗争，但对总统的裁决，他们最终总是服从的"[4]。这种政治构架缓解了国内各个阶层之间的不可交易困局，在市场中的弱势群体与强势群体之间人为设置了一层保护膜，通过政治权利的授予将大多数人提升到可以与企业主集团讨价还价，也就是可以交易的地位，平衡了市场主体之间的利益。"在墨西哥的政治模式中，

---

[1] 曾昭耀著.政治稳定与现代化——墨西哥政治模式的历史考察[M].北京：东方出版社，1996,36.

[2] 同上.

[3] 曾昭耀著.政治稳定与现代化——墨西哥政治模式的历史考察[M].北京：东方出版社，1996,38.

[4] 曾昭耀著.政治稳定与现代化——墨西哥政治模式的历史考察[M].北京：东方出版社，1996,125-126.

经过强大国家机器的政治调整,大资产阶级的经济利益,即资本增长的利益,是得到保护的,但为了保护民众的正当权益,不致使它遭到资本的过分掠夺,从而维持政治稳定,这个阶级的政治统治权则受到了限制,始终没有让这个阶级作为一个职业社团进入官方党,因而也就始终没有让这个阶级登上政治统治的中心舞台。"[1]

随着国内市场化进程的加深,这种制度的有效性,需要取决于在整个市场中的权力地位。在革命制度党执政的早期,由于偏左的革命民族主义的意识形态,国家对于外部资本是持怀疑、利用态度的。但是,随着国家对世界市场的参与程度的加深,以及国内企业主集团与外部资本之间的共容利益的增多。维持这种体制,需要国内更加强固的力量的制约。这一点,革命制度党没有做到。而且,由于革命制度党1946年党内改组之后,职团主义功能弱化,党内权力趋于集中,更加弱化了应对变革的力量。[2]

我们前文已经深入讨论过经济增长对于国内阶层的改变,经济增长将增大国内中产阶级的力量。这种改变了的政治版图一定会体现在政治架构的变化之中。这首先表现在墨西哥与美国的关系中,美墨关系在墨西哥革命之后直到二战之前一直不好,墨西哥国内的革命意识仍然存在,欧洲资本在二战前仍能支持墨西哥的发展。二战的开始使得这种支持大大下降,墨西哥只有求助于美国筹集发展的资本与技术,另一方面,发展导致了资产阶级力量的大大加强。

在战后初期,墨西哥的发展经历了一个黄金时期,这个时期是以进口替代为特征的。我们需要理解进口替代战略的重要的国际背景是美苏集团对抗,

---

[1] 曾昭耀著.政治稳定与现代化——墨西哥政治模式的历史考察[M].北京:东方出版社,1996,187.

[2] 李国伟指出:"1946年革命制度党第二次改组,通过改革候选人提名制度,完全剥夺了三个职团部门的政治职能。过去,联邦和各州参议院、众议院、各州州长以及市政府的候选人,都是由各职团部门任命的;现在,则要在各选区的基础上,由党内会议提名任命。而且,党的全国会议,不按部门标准组织,而以地区标准设置。这样一来,党的金字塔权力结构就决定性地取代了过去作为最高决策机构的各部代表大会,代表大会被降低为一部认可党的执行委员会所作决定的机器。"参见:李国伟.墨西哥革命制度党失去政权的原因.当代世界与社会主义[J].2005,3,40.

在冷战的背景下，美国对拉美国家的主要关注点在于国内的稳固，因而一贯反对拉美土地改革的美国在 20 世纪 60 年代积极推动拉美国家土改也就不足为奇了。在美国政治优先的考量之下，拉美国家普遍进行了进口替代战略发展国民经济。墨西哥从 1940 年到 1970 年，进口替代工业化获得了稳定发展，保持了 30 多年的每年平均增长 6% 的高速度，人均 GNP 超过 500 美元。孙若彦指出："自 1940 年以来到 70 年代的 30 多年中，墨西哥社会、经济经历了结构性变化，基本实现了由农业国向工业国或农业、工业混合结构的转变。1940 年，墨西哥 68% 的劳动力集中在农业部门，30 年后只有 41%。在'经济奇迹'的同时，墨西哥实现了连续 30 多年的政治稳定。1938 年，墨西哥发生了最后一次军事叛乱，很快被平息了，此后尽管仍有罢工、示威、骚乱，但总体上是在墨西哥革命制度党一党统治的体制的合法范围内进行。"[1] 但是，需要注意的是这种发展是在国家主导下强力推进的结果，发展是不均衡的。"内向型的进口替代体制具有对工业保护和歧视农业的严重倾向，以及对资本密集型工业的鼓励等，这些都损害了收入的公平分配，对工业的保护使工业进口替代品的价格高于农业进口替代品和出口品的价格，提高了生产农业投入物的工业品价格，这些都在暗中对农业征了很高的税。"[2] "1950 年到 1969 年的 20 年间，占墨西哥人口 10% 的最贫困阶层所得国民收入的份额从 2.4% 下降到 2.0%。"[3] "而占人口 10% 的最富裕阶层所占份额则由 49% 上升为 51%。"[4] 通过对农业收取租，并将这种租转移到工业领域，墨西哥获得了几十年的发展。但是，这种发展是不可持续的。对农业的剥夺造成了农村的贫困，这使得大批农民向城市迁移，造成了城市的诸多问题。同时，具有外在以及内在排斥性的发展型体制，将工人与农民等排斥

---

[1] 孙若彦著.经济全球化与墨西哥对外战略的转变 [M].北京：中国社会科学出版社，2004,61.

[2] 邹东涛著.拉丁美洲市场经济体制 [M].兰州：兰州大学出版社，1994,242.

[3] 孙若彦著.经济全球化与墨西哥对外战略的转变 [M].北京：中国社会科学出版社，2004,62.

[4] 孙若彦著.经济全球化与墨西哥对外战略的转变 [M].北京：中国社会科学出版社，2004,63.

在发展之外，约束了国内的购买力，并使得工会以及农民的利益表达方式趋于激进，而且国内无法从进口替代性发展模式快速转向出口导向型模式。为什么包括墨西哥在内的拉美国家不能像东亚国家那样快速从进口替代型转向出口导向型呢？这是由在进口替代阶段形成的国内权力分配结构造成的。拉美国家在初级产品出口、企业力量以及工会力量等方面都与东亚不同。[1] 在进口替代阶段，"跨国公司乘机利用了进口替代工业化战略，并加强了与当地上层分子的新殖民主义联盟"[2]。费尔南多·恩里克·卡多佐等人将此解释为外围资本主义的形态，"生产体系无法实现自我改良，这使民族企业与外国垄断集团的协作关系加强了。同时，还应该看到，来自处于这一新的框架之外的社会阶层的压力不断加强；被边缘化的替代阶段初期的工业部门表示抗议；社会民众阶层反对大型私人生产企业关于'提高生产力，减少劳动力'的方针，要求回到国家发展主义政策上来。这样旧的发展主义联盟宣告彻底破产"[3]。正是这一联盟的破产导致了严重的政治冲突以及模式转换的巨大障碍。在作为权力结构结果的多种因素作用下，拉美国家无法顺利从进口替代转向出口导向，反而在这一转折过程中出现了整体性的政治动荡。从1968年10月2日的特拉特洛尔科广场事件开始，墨西哥革命制度党走向衰落，最终在2001年失去政权，败于代表大资产阶级利益的国家行动党之手。国家行动党执政至今，墨西哥国内的社会冲突严重、毒品泛滥、政治腐败加深，政治上充满着不确定性。

---

[1] 参见：江时学等著. 拉美与东亚发展模式比较研究 [M]. 北京：世界知识出版社，2001, 第2章拉美和东亚的工业化道路比较.

[2] 孙若彦著. 经济全球化与墨西哥对外战略的转变 [M]. 北京：中国社会科学出版社，2004, 68.

[3] [巴西] 费尔南多·恩里克·卡多佐、恩佐·法勒托著，单楚译. 拉美的依附性及发展 [M]. 2002, 149.

第七章 案例研究二：墨西哥与巴西

第二节 墨西哥国内冲突的发展

阿瑞吉针对20世纪70年代以来的金融扩张指出："我们身处全系统的金融扩张之中，它使财富不断两极分化，使一些原来包含在美国霸权集团之中的'中间'阶层被挤压出去。特别是核心国家中从事大量生产的工人阶级，随着资本的不断'金融化'和流动性，失去了力量和特权。"[1]阿瑞吉的判断是得到数据支持的，1950年至1972年前后，发达国家之间收入水平差距明显缩小，一些发展中国家的收入水平也有大幅度的提高。但1972年至今，世界范围内收入差距开始逐步扩大，无论是各国内部，还是国家之间的收入差距问题都日趋严重。[2]宿景祥指出，从1946年到20世纪60年代后半期，美国家庭收入水平差距曾一度明显缩小，但此后差距逐渐扩大。欧洲国家、加拿大、日本、印度等国也是战后初期收入差距减小，而在20世纪70年代前后扩大。韩国是在1953-1969年间收入差距缩小，1969年后扩大。巴西和墨西哥分别是在1960-1970年间和1950-1975年间的收入差距缩小。[3]萨米尔·阿明也认为："世界经济自1970年初，进入到一个相对萧条的漫长时期（与战后快速增长时期相比而言）。"[4]按照世界体系论的说法，20世纪70年代前后是一个霸权衰落期的开始，也是一个全体系金融扩张的新阶段。这个阶段也是康德拉季耶夫长周期的B段，长达50年的B段的特点是在这个阶段"高工资商品生产的下降幅度远高于低工资商品生产的下

---

[1] [美] 乔万尼·阿瑞吉等著，王宇洁译.现代世界体系的混沌与治理 [C]. 北京：生活·读书·新知三联书店，2003,166.

[2] 宿景祥.贫富差距加深南北对立 [EB/OL].http://www.cpirc.org.cn/yjwx/yjwx_detail.asp?id=3530.

[3] 同上.

[4] [埃及] 萨米尔·阿明著，任友谅等译.世界一体化的挑战 [M]. 北京：社会科学文献出版社，2003,118.

降",于是在这个周期结束之后,经济又回到 A 阶段,"高工资商品和低工资商品的生产急剧增长"[1]。"与康德拉季耶夫周期的 A 段相比,处于 B 段的资本主义世界经济的特征主要表现为:利润下降,大批资本家将寻求的活动转向金融领域,工资下降。产品利润的下降导致生产力重组,即降低工资,提高效率。就业的压力导致核心国家之间剧烈的竞争,进而使汇率起伏不定。"[2]

我们可以在这种背景之下审视拉美国家发展"奇迹"的终结。1970 年前后是拉美国家由进口替代向出口导向转轨的阶段,也是走向大规模的政治冲突的阶段。20 世纪 60 年代,在巴西、秘鲁、委内瑞拉、哥伦比亚、乌拉圭与危地马拉等国相继出现了游击队的活动。"60 年代前半期拉美地区有近 20 个国家先后出现了上百个游击队组织,形成了一股强大的、有组织的反政府武装力量。这些组织少则几十人,多则数千人。"[3]这些游击队组织的成员大部分为激进的青年学生、工矿业工人和贫苦农民,其主要的指导思想就是切·格瓦拉提出的"游击中心主义",即格瓦拉主义。游击队在城市中进行绑架、暗杀等恐怖活动,向政府示威,号召人民响应,试图建立取代资本主义的发展模式。袁东振认为拉美历史上有四次冲突的高峰,其中第一次高峰是 20 世纪 20 年代前后。第二次发生在 20 世纪六七十年代,"由于国内冲突加剧,政府逐渐失去对形势的控制,于是军队纷纷发动政变,实行军事独裁统治。从 60 年代到 70 年代中期,只有墨西哥、哥斯达黎加、哥伦比亚和委内瑞拉等少数国家还维持着文人政府统治"[4]。第三次高峰出现在上世纪 80 年代,"在 1979 年尼加拉瓜革命胜利的鼓舞下,中美洲地区的游击队活动又出现大发展局面,如萨尔瓦多游击队法拉本多·马蒂民族解放阵线一度控制了全国 1/4 的土地,危地马拉游击队的活动遍及全国 2/3 地区,洪都拉斯的游击队也有所发展。一些南美国家的游击队活动(如哥伦比亚和

---

[1] 王正毅著.世界体系论与中国 [M].北京:商务印书馆,2000,133.
[2] 王正毅著.世界体系论与中国 [M].北京:商务印书馆,2000,313.
[3] 袁东振.对拉美国家社会冲突的初步分析.拉丁美洲研究 [J].2005,12,6.
[4] 同上。

秘鲁）又开始活跃"[1]。第四次高峰发生在20世纪90年代，"90年代中期以来，在民众的抗议浪潮中，拉美地区至少已经有7位总统在没有完成任期的情况下被迫下台"[2]。这四次高峰与世界经济的形势是密切相关的。20世纪20年代是世界经济普遍陷入危机的年代，70年代是一个新阶段的开始，而随后的两次危机与70年代以来全球信用膨胀进而引起的债务危机有直接的关系。

在全球与国内的权力结构的视野下，我们可以看出进口替代工业化模式既是破解这种既定权力结构，又是深化了另一种权力结构的产物。我们上文中已经分析，进口替代模式既是全球体系的中心地区容忍的结果，又是全球体系的中心地带发展的需要。战后全球体系的中心地区已经进入新的发展阶段，出口主要以资本品为主，边缘地带的国家发展进口替代有利于中心地区的出口。因为，此时的进口替代主要以日常用品为主，为此要大量进口发达国家的资本与技术密集型产品。发展中国家之所以选择这种模式，是为了摆脱对发达国家的依附，也就是去权力中心。然而，选择了这种模式不但没有去权力中心，反而加深了对发达国家的依附。孙若彦指出："进口替代工业化并没有减轻墨西哥对外部世界的依赖，它只是以对资本货和中间产品进口的依赖代替了以前对消费者进口的依赖，在出口得不到增长的情况下，进口的扩大无疑扩大了收支的逆差。"[3]

然而，为什么东亚国家能够摆脱这种命运，并进而走向出口导向型呢？这是因为拉美国家国内与全球体系形成的权力结构的不同。在国际层面，东

---

[1] 袁东振.对拉美国家社会冲突的初步分析.拉丁美洲研究[J].2005,12,6.

[2] 同上.

[3] 孙若彦指出："1960年，墨西哥国际收支中的经常项目赤字为3.4亿美元，1970年增加到近11亿美元。而为了填补庞大的财政赤字，政府只有靠借债，致使国家债务负担愈加沉重。国家财政日益以来外资和外债，其中尤以美国资本为最多。总之，这种内向型的经济发展模式，在增长与分配、工业化效益与就业、增长与国际收支之间存在着难以克服的矛盾。60年代后期，围绕着经济发展战略墨西哥自由派和激进派发生了激烈的争执，自由派主张扩大私人企业部门，提高生产效率，扩大出口，激进派则主张更有效地控制跨国公司，将进口替代工业化继续推行下去。"参见：孙若彦著.经济全球化与墨西哥对外战略的转变[M].北京：中国社会科学出版社，2004,63.

亚国家在冷战期间所面临的安全形势，使得美国容忍了它们的发展，并对其贸易持开放态度。另一方面，较为彻底的土地改革使得东亚国家没有遇到农业资本家的障碍，在此基础上建立起来的权威体制或者准权威体制，能够有效压制劳工的诉求。这两个条件拉美国家均不具备。

进口替代工业化模式维持了战后墨西哥的增长，但是也是导致墨西哥国内冲突的重要原因。进口替代工业化是在"发展主义"的指导思想下进行的，国家致力于工业发展，而忽视了农业。之所以能够在墨西哥的体制下进行这种发展模式，一方面因为精英认为工业有必要优先发展，另一方面，农民，尤其是墨西哥南部的小农经济汇集政治意志的能力有限。在进口替代阶段，墨西哥工业获得了进步，但是农业却乏善可陈。而且，随着工业发展的深化，进行到资本密集型阶段的时候，农业的凋敝削弱了工业进步的基础。[1] 国有企业由于缺乏竞争，效率低下。工人与农民运动加剧。在外部，国际贸易条件恶化。[2] 也就是说，通过这种模式的发展，使得国家更加依附于国际权力结构，并在国内造成了不可交易困局。通过对外部的融资是缓解

---

[1] 张凡指出："在拉美，50年代和60年代，由于工业生产越来越向资本密集型发展和国内市场狭小，农村大地产的储蓄更多地应用于投机性领域而非生产性领域，农业向工业转移剩余的负担实际上是由农民来承担的。加之农村大量剩余劳动力的存在，农村现代化进程处于停滞状态。农业生产力和收入水平持续低下，对于总需求和日常消费品的供给产生了消极的影响。"参见：张凡.拉美、东亚工业化进程中的政府（当局）干预.拉丁美洲研究 [J].1998,6,35.

[2] 孙若彦指出，1970年，墨西哥60%的商品出口到美国，64%的进口来自美国，在22亿美元的外国投资中，美国占了17亿美元，而且，这些投资集中在墨西哥最有活力、最有利可图的资本货生产部门。国家年均支付各种外债款项达3亿美元。"而对60年代末以来美国日益严重的贸易保护主义，墨西哥从进口替代战略向面向出口战略的转变面临极其不利的外部条件。在美元危机接连爆发的情况下，1971年8月，尼克松政府开始实行'新经济政策'，其中包括对大多数进口商品征收10%的附加税以缓解收支不平衡，这引起墨西哥政府极大震惊。因为这意味着墨西哥50%以上的对美贸易将受到损失。虽然美国于这年12月取消了这一决定，但各种名目的贸易保护主义，主要是非关税壁垒有增无减。1969年9月21日，尼克松政府在没有预先通知墨西哥政府的情况下，单方面开始了为期3周的旨在打击墨、美边界毒品走私的所谓'拦截行动计划'，3周内共有450万墨西哥人遭到拦截，墨西哥边境城镇商品销售减少了一半。"参见：孙若彦著.经济全球化与墨西哥对外战略的转变[M].北京：中国社会科学出版社，2004,71-72.

国内冲突的唯一办法。借债，从解决冲突的角度来说，与法西斯国家通过战争拓展市场或者获得赔款的效果是一样的，都是通过对外部资源的获取来缓解国内的不可交易困局。20世纪六七十年代的全球信用扩张，为这种方式提供了可能，而之后的国际金融市场的波动，又造成了拉美国家的债务危机。

1968年10月2日，墨西哥发生了血腥的特拉特洛尔科广场事件，这标志着墨西哥"战后经济增长奇迹的结束以及社会公正和政治民主运动的开始"[1]。由此开始的社会运动最终使得墨西哥革命制度党失去了执政地位。2000年，执政71年的革命制度党被国家行动党取而代之。墨西哥从一党独大演变为三党（革命制度党、民主革命党、国家行动党）鼎立，起于1968年的这种巨大变化逐渐改变了执政党的执政理念，并使之最终失去政权。

我们上面已经介绍过墨西哥在革命制度党执政期间的政治构建，这种政治制度保持了墨西哥政治的长期稳定，但是这种制度的缺陷也是明显的，尤其在发展经济的过程中更是如此。其缺陷在于，资本家集团并不能正式地、顺畅参与政治过程，而是通过自行组织团体，并组织国家行动党参与议会。也就是说，在正式的制度设计中，资本家难以有效参与政治。这在经济高速发展的过程中，必然迫使非正式交易的发生，也就是腐败在这种制度设计中是难以避免的。我们在第四章的理论分析中也已经提到，发展型的体制必然导致机会与资源的集中，这种集中是排他性的。从某种意义上说，发展体制的建立就是为了将资源集中到一部人手中，使之能对抗世界市场的权力结构。在使之获得对抗世界市场权力的同时，必然导致机会的不平均以及结果的不平等，这进而引起大众社会的抗争。这种结果的不平等以及制度性的排斥性体制，也并不能达到预定的目标，因为保护的结果在初始阶段通常会使得国内企业获得更加充分的发展机会，但是随着时间的推移，保护使得企业避免了竞争，最终使得企业失去竞争力。因而，在长期的进口替代模式下，腐败、

---

[1] 孙若彦著. 经济全球化与墨西哥对外战略的转变 [M]. 北京：中国社会科学出版社，2004, 61.

排他性的制度设计、低效率的企业以及大众社会的普遍愤怒情绪都是这种模式产生的另一种结果。

墨西哥在1968年、1971年以及1988年三次大规模的学生运动是这种愤怒情绪的一种反映，而政府的镇压更加刺激了这种悲愤的情绪。社会运动迫使政府扩大政治的参与以及推行新的执政理念。从20世纪80年代开始，墨西哥开始实行新自由主义政治经济政策，扩大反对党的活动范围。[1]这种措施最终摧毁了墨西哥的政治经济体系，最终政权为代表大资产阶级的国家行动党获得。

在这个过程中，加入北美自由贸易区是新自由主义政策的结果之一，这个政策导致了学生、工人运动之外的农民运动的激化。客观地评价，新自由主义经济政策以及加入北美自由贸易协定增强了墨西哥国内经济的活力，墨西哥在2006年一举取代巴西，成为拉美国家最大的经济实体。但是这种对于世界经济的深度参与是以更大的不平等为代价的。作为对北美自由贸易协定的一种反应，1994年1月1日，协定生效之日，墨西哥东南部的恰帕斯州印第安农民发动了暴动。他们组成萨帕塔民族解放军，占领了包括圣克里斯托瓦尔、阿尔塔米兰诺在内的七座城镇，控制了市政厅、警察局、监狱和媒体等要害部门，并封锁这些地区与外界的交通。恰帕斯人口中30%是印第安人，是墨西哥最贫穷的地区。

萨帕塔农民暴动的根本原因是贫困线与种族线的重叠。当贫困问题转化为种族问题的时候，问题会更加严重，因为种族作为一种认同降低了暴

---

[1]加里·杰里菲概括了墨西哥新自由主义改革的三个阶段："第一阶段从1982年持续到1985年，与墨西哥在债务危机之后同各种国际货币机构的谈判直接相关，并且对货币和财政政策进行了新的控制，包括大大降低政府的支出。第二阶段始于1985年，实施了更急剧的改革，包括广泛的私有化、降低贸易壁垒和放宽对外国投资的限制。第三阶段始于1994年，通过了《北美自由贸易协定》，并且导致了更深刻的结构改革与贸易和投资壁垒的持续降低。"新自由主义政策的主要内容是以下七个方面："（1）开放对外贸易；（2）国有企业的私有化；（3）取消对产品、服务和劳动市场的管制；（4）资本市场的自由化，包括养老金的私有化；（5）实施以大幅削减公共开支为基础的财政政策；（6）终止和减少政府支持的社会项目；（7）结束工业化政策。"参见：[美]加里·杰里菲著，吕增奎译.中国与墨西哥发展模式比较.国外理论动态[J].2006,6,44.

动者内部的交易成本,增加了集体行动的可能性。在墨西哥,北部与东南部的农业属于不同类型,与美国毗邻的北部和西北部地区是较为发达的现代化商品性农业。"大部分为实行大面积耕作,机械化程度较高,灌溉系统和基础设施较好的大农场;大农场主与银行界、商业界联系密切,主要从事商品粮和水果、蔬菜和花卉等出口农产品生产。这类大农场约占全国农业生产单位的3%,其种植面积约占全国耕地面积的20%,而产值占农业总产值的50%。"[1]位于中部和南部地区的是传统的小农经济。"其经营规模很小,平均每个农户占有耕地不到4公顷,耕作方式落后。主要种植玉米、菜豆等农作物,单位面积产量很低。这些农户约占全国农业生产单位的75%,其耕地面积只占全国耕地面积的28%,产值只占农业总产值的20%。"[2]中部与东南部的小农经济在进口替代发展模式中处于不利的地位,后来进行的一系列新自由主义发展战略使之更加困难。因为,墨西哥的农业结构是面向世界市场的单一商业作物为主。李普赛特的研究表明:"对世界其他地区单一作物商业性农民的研究显示,他们也倾向于支持性质上常常是集权主义的间发性抗议运动。相反,种植多种作物的农民,与其说他们依靠世界市场,不如说依靠地方市场,这样的农民往往支持保守政党,甚至收入水平稳定、可靠、属于最贫困阶层的自给自足农民,也倾向于支持保守政党。"[3]因为,前者直接面对着世界市场初级产品的波动,而后者的产品波动较小,生活较为稳定。

进入21世纪以来,虽然墨西哥农民中贫困人口占总贫困人口的比重呈下降趋势,但农民中贫困人口占总贫苦人口的比重仍比较大。墨西哥贫困人口约占总人口的40%左右,农民中贫困人口所占比重2000年为54.7%,2002年为51.2%,2004年为44.1%。[4]而且在贫困人口中,印第安人所占

---

[1] 徐世澄. 墨西哥农业发展的经验与教训. 中国改革报 [J].2007,4,19.

[2] 徐世澄. 墨西哥农业发展的经验与教训. 中国改革报 [J].2007,4,19.

[3] [美] 西摩·马丁·李普赛特著,张绍宗译. 政治人——政治的社会基础 [M]. 上海:上海世纪出版集团,2011,215.

[4] 徐世澄. 墨西哥农业发展的经验与教训. 中国改革报 [J].2007,4,19.

比例过大,据墨西哥官方统计:"全国印第安人约有 1150 万–1200 万,但 80% 以上的印第安人处于贫困状态,享受不到社会福利和医疗服务。印第安人大部分居住在农村,他们中贫苦人口占 60% 以上。"[1]

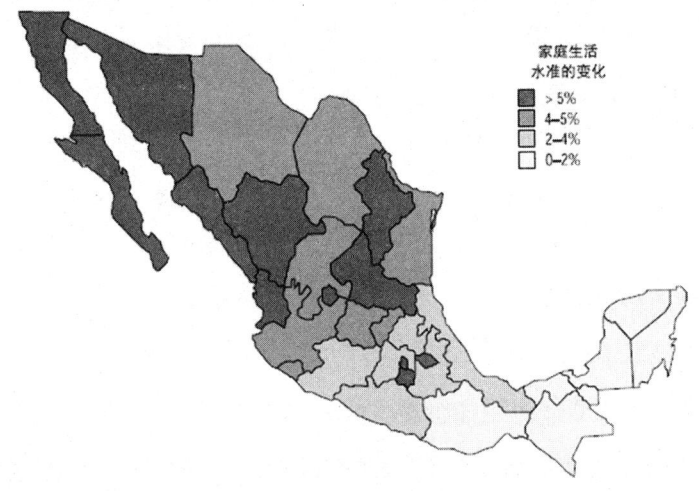

图 4:贸易自由化后墨西哥家庭生活水准的变化 [2]

可以说,墨西哥加入北美自由贸易区之后,尽管经济获得了发展,但是这种发展是很不均衡的。联合国经济与社会发展署在其编写的《2005 年人类发展报告》中指出:"过去的十年中,墨西哥的产成品出口增长率一直保持在 26% 左右。现在,其产成品出口量占拉美国家总出口量的一半。而且,墨西哥的出口增长还集中在高增长率、高产品附加值的技术行业,如汽车和电器。与在出口方面取得的成功相反,1990 年至 2003 年的人均经济增长率只有 1%,工资增长停滞,失业率比九十年代初还高。极度贫困的现象只得到微小改善,而不均衡程度提高了。"[3]

经济绩效与社会层面的成果形成鲜明的对比,这种反差的原因何在?报

---

[1] 徐世澄. 墨西哥农业发展的经验与教训. 中国改革报 [J].2007,4,19.
[2] 世界银行.2006 年世界发展报告.15.
[3] 联合国经济与社会发展署.2005 年人类发展报告摘要 [EB/OL]. http://www.un.org/chinese/esa/hdr2005/box6.htm.

告认为这是因为墨西哥原有的严重贫富差距。[1]但是实际上，这种差距的形成是特定权力结构下经济发展的结果，前文已经指出，这种差距与墨西哥所处的国际、国内权力结构密切相关。引用《报告》中的数据，可以发现加入北美自由贸易区，使得墨西哥深嵌世界政治经济的权力结构之中无法摆脱，这加深了墨西哥的依附地位，尤其将墨西哥农民直接暴露在世界市场的波动之中。

在北美自由贸易协定之下，墨西哥迅速实现经济自由化，成为经济自由化速度最快的发展中国家之一。这种突然"跳进"世界市场的行动，使得一些行业突然失去国家的保护，缺乏调整的时间，而迅速衰落。《报告》指出："1994年开始实行贸易自由化以来，墨西哥从美国进口的补贴玉米增加了六倍，而墨西哥的几百万玉米农民的收益却减少了70%。农业出口增长主要集中在大规模灌溉的商业农业，而小农生产者不得不为了适应日益激烈的进口竞争而做出调整。软弱的工业政策出口数据显示的高技术产业的繁荣景象是一种误导。一半的墨西哥出口来自其出口加工区，在这里主要进行进口零部件的简单组装，以便之后再出口。这种出口方式的附加值、技术含量和技术转移的程度较低。同时，这种依赖于低工资、低技术含量的出口使墨西哥成为像中国一样的低工资国家的竞争对手。仅2001年一年就有18万人失业。"[2]我们可以看出，墨西哥在自由化过程中，成为全球产业链中的一环。这个环节基本缺乏交易能力，对产业链中的利润瓜分能力很弱，因而所带来的绝大多数都是低工资的职位。

从增加就业机会方面来说，北美自由贸易区总体上并没有给墨西哥增加工作职位。2006年9月，卡内基国际和平基金会高级研究员桑德拉·波拉斯基（Sandra Polaski）在美国参议院听证会发言中指出："对于增加墨西哥的就业机会，NAFTA产生的效果令人失望。……总体而论，制造业所创造

---

[1]报告指出："墨西哥是世界上基尼系数最高的国家之一，而且在过去的十年中其基尼系数仍有微小提高。……受低收入的限制，政府不能有效地进行社会和经济的基础设施建设，从而无法实现利及所有人民的增长。"同上．

[2]同上．

的新的就业机会无法弥补农业部门流失的就业机会。自NAFTA于1994年生效以来，墨西哥自己投资的制造业行业出现了滑坡。1994年1月，墨西哥制造业所雇佣的劳动力人数约为140万，这一数字在比索危机期间急剧下降，随后在短暂的上扬之后，在过去6年中再度降低。截止2006年6月，相较于NAFTA生效之时，制造业的就业机会减少了13万个。"[1]如果将在美墨边境的出口制造业等都加上，"在1994年1月至2006年6月之间，墨西哥的制造业就业机会增加了大约57万个"[2]。但是这无法弥补农业上的损失，墨西哥农业部门的就业率与出口率双双下降，因而，自由贸易增加的就业机会不但无法弥补本国工业失去就业机会的损失，更无法弥补农业部门的损失。

这种经济状况产生了深远的社会、政治后果。一个较为直接的后果是农村为毒品所渗透，"墨西哥全国可耕地的30%被各个贩毒集团完全操控"[3]。毒品严重腐蚀、侵扰了墨西哥的政治系统。"本届墨西哥政府自2006年年底上台以来，共有3845人死于与贩毒有关的有组织犯罪。2007年比2006年有组织犯罪死亡人数上升了18.2%，全年共死亡2275人。"[4]2008年，墨西哥大约有6000多人死于与毒品相关的暴力冲突。[5]很多警察、军人或检察官死于毒贩之手，甚至警界高层也不能幸免，墨西哥联邦警队代理总长就为毒贩杀害。毒品深深渗入政治之中，墨西哥经济部长马特奥斯（Gerardo Ruiz Mateos）甚至指出，如果毒品战争打不赢，那么下一任墨国总统将会是毒枭。此言并非完全危言耸听，2005年底，墨西哥发现总统随从中竟有一名是毒枭的卧底。[6]大量的政府官员参与到多种非法交易之中，2005年墨西哥最高法院院长指出，墨西哥每年因贪污腐败造成的直接经济损失高达

---

[1] 桑德拉·波拉斯基. 北美自由贸易协定（NAFTA）12年回顾[EB/OL].http://www.carnegieendowment.org/programs/china/chinese/Research/InternationalEconomy/nafta.cfm.

[2] 同上.

[3] 贾泽驰. "毒品战争"在墨西哥全国蔓延. 文汇报[N].2008-05-14.

[4] 贾泽驰. "毒品战争"在墨西哥全国蔓延. 文汇报[N].2008-05-14.

[5] 新华社. 墨西哥再现黑帮血腥仇杀[EB/OL]. http://news.xinhuanet.com/newscenter/2008-05/24/content_8241187.htm

[6] 张经义. 墨西哥总统随从，竟是毒枭卧底[EB/OL].http://mag.udn.com/mag/world/storypage.jsp?f_ART_ID=184699.

300亿美元，相当于墨西哥国内生产总值的9.5%、国内年税收总额的15%。[1]腐败已经深入墨西哥的高层之中，包括主要党派的领导人以及总统等卷入贪腐漩涡，这不能不说是墨西哥遇到的极大的问题。

国家有效利用外部资源本身没有错，如果将外部资源吸纳进国民经济之中，并成为解决就业、增加税收的手段，那么会对国家有所助益。但是，如果这些产业的发展不在国家的整体构架之中，没有国家对公民的有效保护以及对社会权力的平衡，那么资本求利的性质就会对社会构成很大的伤害。墨西哥政治制度的衰落也与国内集团在世界市场的地位变动有关，经济发展逐渐改变了国内的阶层结构，也改变了国内阶层与世界市场的权力关系，中产阶级下层与大资产阶级之间的矛盾加深，加入美洲自由贸易区之后，国内的农业与工业之间的冲突更加激化。这种激烈的国内冲突导致了革命制度党的衰落以及政治秩序的无效化。

第三节 巴西的国内冲突

与墨西哥不同，巴西的土地没有进行较为彻底的改革，大地产制仍然在政治与经济生活中发挥着重要的影响。尽管由于工业经济的发展，新兴的资产阶级已经在政治上发挥着很大的作用，但是寡头的阴影仍存在于巴西的政治中。巴西前文化部长切尔索·福尔塔多指出："根据1975年的普查，平均占地面积3.45公顷的小农户约占农户总数的52%，但是他们拥有的土地仅为全国耕地面积的2.7%。大中型农庄的种植面积仅为所占土地面积的一部分，而绝大多数乡村居民却处于无地或者少地的状态。从1950年普查到1975年普查，人们注意到，小农户的平均耕地面积减少了25%，而小农户在农户总数中的比例则由34%上升到52%。由此可见，大部分乡村居民的

---

[1] 叶书宏.墨西哥因贪污腐败年损失300亿美元相当15%税收[EB/OL].http://news.xinhuanet.com/fortune/2003-03/11/content_771923.htm.

生活水平没有改善，因而纷纷涌入城市另谋生路。"[1]这一趋势不但没有遏制，反而不断恶化。巴西地理统计局1995年-1996年的农牧业普查显示，仅占全国农业生产单位1%的大地产，占全国农牧业面积的45.1%。而在1970年，这一数据为39.5%。[2]非但如此，在巴西中西部与北部地区，土地集中程度更高。"在中西部占农业生产单位总数的6.7%占地1000和1000公顷以上的大地产，共占土地的比重达到69%。"[3]大地产所产生的结果是一方面有几十万农民无地可种，另一方面是土地的大量闲置，1992年的数据表明，巴西有1.5亿公顷土地没有产出，这比三个法国还大。[4]这种权力对比的格局之下，在1996年时估计，全巴西大概有10万人从事奴隶劳动。[5]

巴西的大地产制不仅与葡萄牙殖民时期留下的政治经济遗产有关，而且与独立之后，巴西参与世界经济的方式有关。"在20世纪30年代的大萧条以前，拉美奉行的是初级产品出口型发展模式。为了提高初级产品生产的规模效应，大庄园主竞相扩大自己的土地拥有量，其结果是，土地作为财富的主要来源，越来越为少数人控制。……就整个拉美地区而言，在第一次世界大战前后，约占农户1.5%的大地主所拥有的耕地面积超过全地区耕地总面积的一半以上。"[6]初级产品出口模式在20世纪30年代被进口替代模式所取代。经过长期的农业积累，以及大萧条对于既定权力结构——国内初级产品与国际工业品之间交易——的打击，巴西的国内阶层结构发生了重要的变化。

作为殖民地一部分的巴西经历了蔗糖周期（1550-1700年）、矿业周期（1700-1775年）以及咖啡周期（1830-1930年）。在咖啡周期期间，伴随

---

[1] [法] 费尔南·布罗代尔著，顾良等译. 资本主义论丛 [M]. 北京：中央编译出版社，1997,29.

[2] 张宝宇. 巴西现代化研究 [M]. 北京：世界知识出版社，2002,262.

[3] 同上.

[4] 张宝宇. 巴西现代化研究 [M]. 北京：世界知识出版社，2002,265.

[5] 张宝宇. 巴西现代化研究 [M]. 北京：世界知识出版社，2002,310.

[6] 江时学等著. 拉美与东亚发展模式比较研究 [M]. 北京：世界知识出版社，2001,226.

着咖啡生产、加工不仅形成了咖啡农业集团，而且形成了早期的资产阶级。因为这种国内阶层力量的改变，1822年巴西独立，1930年热图利奥·瓦加斯领导了资产阶级革命，建立了资产阶级政权。20世纪30年代，在世界经济危机的大背景下，巴西的农产品出口受到打击，危机冲击了原先的权力结构，资金大量流向工业领域，巴西的工业化获得了一个良好的机遇，带动了农业资本家向工业资本家的转化以及中产阶级的扩大。权力结构的变化，带来了国内工业的发展，"第二次大战期间，是巴西大地主和大商人的'繁荣'时期。他们把粮食和原料以非常高的价格卖给交战国，因而获得了暴利。由于战争关系，欧洲工业产品输入中止了，美国垄断组织由于大力从事军火生产，也放松了对巴西工业生产的压力，这样，巴西的民族工业便获得了有利的发展条件"[1]。

这段经历使得巴西认为，实行进口替代是摆脱依附的重要途径。但是二战前后的繁荣有两个基础，其一是世界市场对国内农业品的大量需求，其二是，中心地带缓解了与巴西国内的权力联系。这两个条件变化的时候，发展主义的基础就失去了。巴西的进口替代之路大概始于20世纪30年代，截止于70年代，期间发展速度很快。但是，巴西的问题与墨西哥很相似，从进口替代一直没有转向出口导向，进口替代不但没有摆脱对中心的依赖，反而加深了依附，因为国内工业化所需要的很多重要的设备还是依赖于发达国家。而且，巴西国内缺乏所需要的资本，很多外国直接投资进入巴西，其中主要是美国。"1939年，美国在巴西的直接投资只有二亿四千万美元，英国有十一亿五千八百万美元；但至1955年，美国直接投资就增加到十一亿零七百万美元，占美国在拉丁美洲国家直接投资的第二位，不仅超过了英国的直接投资，而且在巴西的全部外资中几乎占百分之六十。"[2] 大量投资直接进入了巴西的战略产业，并取得了主导地位。"分别属于美国十大托拉斯的三百六十七家公司，已控制着巴西的屠宰冷藏工业、面粉工业、电力工业、电

---

[1] 李春辉等著. 拉丁美洲史稿 [M]. 北京：商务印书馆，1983,638.

[2] 李春辉等著. 拉丁美洲史稿 [M]. 北京：商务印书馆，1983,640.

机工业、汽车工业、制铝工业、橡胶工业、玻璃工业、化学工业以及棉花和咖啡的出口贸易，石油及石油制成品的批发贸易等。在对外贸易方面，美国 1938 年只占巴西出口的百分之三十，1956 年则增至百分之五十；在巴西的进口方面，美国在 1939 年只占百分之十六，1956 年则增至百分之二十九。"[1] 我们这里要再次指出的是，外资在一个国家中的发展本身并不是问题，主要是这个国家的内部结构能否善用外资。如果国家内部的权力对比失衡，进而引起政府公共政策的偏向，那么以追逐利润为主的外资则可能加剧这种趋势，如果一个国家形成了自我发展的主轴，那么将外资作为国民经济有益的补充，那么外资所带来的管理、技术以及全球产业链整合的经验，则是一个国家发展所必需的。在巴西，由于国内权力分配过于集中于大地产所有者以及与之相联系的资本家阶层，因而外资与这些阶层形成了勾结关系，并将社会下层，主要是农民排斥在发展之外。而巴西的资本家本身则成为全球产业链的一部分，在权力结构上附属于世界政治与经济的中心地区。因而，巴西进口替代模式，并没有加强对产业的控制力，反而逐渐消解了这种控制力。

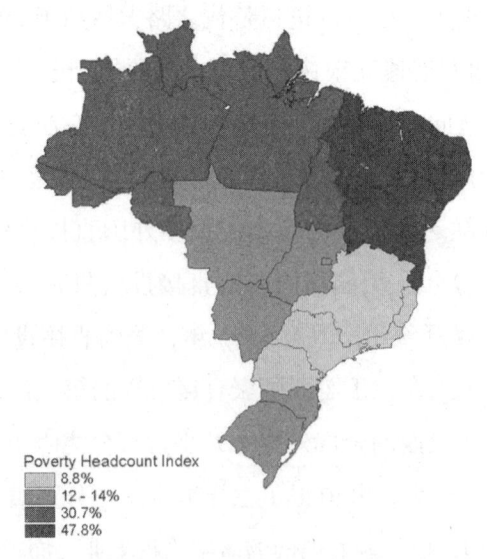

图 5：巴西 1996 年贫困人口指数 [2]

---

[1] 李春辉等著. 拉丁美洲史稿 [M]. 北京：商务印书馆，1983, 640.
[2] Attacking Brazil's Poverty, World Bank Report, 2001.

而且由于国内推动发展的初始权力结构，发展造成了严重的社会不公平。在1960年，巴西20%的最富者占有国民收入的54%，50%的穷人占有18%；到了1970年，最富者占有62%，最穷者占有15%；1990年，最富者占有国民收入的64%，穷者占有12%。[1]而且，农村的土地更加集中，"据统计，巴西目前约有400万户家庭没有土地，即2000余万人被称之为"无地农民"。这部分人或依附于庄园主、农场主作雇工而生活，或作为季节工而只能在耕种和收获季节找到工作，或流入城市谋生，住在贫民窟而被严重边缘化。"[2]这种发展带来的社会阶层力量的变化以及政治分化引发了强烈的社会反应。"社会基础的大变动造成了传统的统治阶级与成分不一的城市大众的对抗，这不能不导致巴西政局的动荡，并为1964年3月的军事政变提供温床。军政府既没有触动土地结构，又没有改变政体框架，收入和财富分配的不平等也始终原封未动。'奇迹'时期的经济增长，加上外债的激增和收入的两极分化，使巴西在朝稳定的社会形态方向前进的道路上更加步履维艰。"[3]

对于巴西的社会痼疾，巴西的精英并非不知。1930-1945年，1951-1954年，瓦加斯两次执政期间均有反对寡头，争取中下层群众的政策，并且意欲通过国有化逐渐消除寡头的影响。但是，瓦加斯两次执政都被军事政变推下台，最后，瓦加斯自杀。在其遗言中称自己是因为帝国主义和国内寡头集团的阴谋活动而被迫辞职和自杀的。[4]1961年，瓦加斯的门生，古拉特任巴西总统之后，推动了一系列激进的改革措施，其中包括限制外资、国家垄断石油以及石油产品进出口，提高工人工资，对农业工人实施社会保障以及进行农村土地改革等。但是，古拉特的改革理想成分过多，在实际操作中，并没给下层人民带来太多的实惠，而且也没有改善巴西的经济状况。在美

---

[1]张宝宇著.巴西现代化研究[M].北京：世界知识出版社，2002,243.

[2]周志伟著.巴西如何解决社会公正问题.科学决策[J].2005,12,31.

[3][法]费尔南·布罗代尔著，顾良等译.资本主义论丛[M].北京：中央编译出版社，1997,29.

[4]李春辉等主编.拉丁美洲史稿（第3卷）[M]，北京：商务印书馆，1993,418.

国的策划与支持下,1964年军人集团发动政变,开始了军政府时期。军政府的出现,本身就是巴西各个阶层之间以及国内诉求与国际力量之间不可交易困局出现的结果。军政府通过军事权威以及对社会各阶层的发展承诺,冻结了政治交易。这一方面可以将社会力量配置到经济发展中来,另一方面由于军政府是维护垄断资本的政权,因而,发展的不平等必然引起下层人民的反抗。20世纪60年代,巴西的游击队活动有着较为广泛的社会基础,一度波及巴西的12个州。游击队的基础是城市的中产阶级下层以及无地的农民。但是,在巴西由于农村受到庄园制的持续的控制,因而,无法汇集大规模的革命。

科利指出:"巴西的政治制定者大可把底层的利益弃之不顾。这是由于底层的民众大部分还没有选举权,大部分生活在农村。他们生活在具有强制性质的庇护人网络之中。"[1] 这种庇护人网络根植于巴西的土地所有制,大庄园制使得巴西的农村呈现出双重的性质,一方面,农民受到持续的剥夺,另一方面农村很难组织大规模的抗争乃至于革命。但是这种结构蕴含着巨大的不稳定因素,因为一旦这种铁的控制体系受到削弱,那么底层的力量就会爆发出来。因此,巴西以及大部分拉美国家的依附性,不仅是由于国际体系赋予的,而且是巴西精英主动或被动选择的,这是整体的权力结构的一种结果。因而,巴西的农民运动主要不是表现为暴力的游击战,而是较为温和的无地农民运动。无地农民运动创始于1985年,在该组织登记的农民在1996年已经达到17万户,大约有65万人。该组织在22个州拥有分支机构。无地农民运动的最初目标是占领废耕地,之后不仅占领庄园的废耕地,而且还占领庄园。近年来,无地农民运动的目标扩大,该运动已经放弃农村,而将小城镇作为斗争重点,"组织无地农民抢劫商店,占领警察所,要求释放被关押的同伴;占据银行要求降低利率;占领地方机构乃至联邦中央国家机关"[2]。

---

[1] [美]阿图尔·科利著,朱天飚等译. 国家引导的发展——全球边缘地区的政治权力与工业化 [M]. 长春:吉林出版社,2007,192.

[2] 张宝宇著. 巴西现代化研究 [M]. 北京:世界知识出版社,2002,271.

农民运动受到庄园主的多方的阻碍，取得成绩有限。巴西的土改至今尚未完成，这与大庄园主至今一直参与掌握国家政权密切相关。"在农村，庄园主有自己的组织——农村民主联盟（UDR），它针对无地农民运动而进行斗争。在议会中，有庄园主利益集团。据说在总共15个利益集团中，它的实力最强大，拥有138名众议员，掌握26.9%的票数。这个利益集团以庄园主的利益为准则，左右政府的土改与农村政策。"[1]在这种权力结构之下，农民以及社会下层通过正常的政治制度无法表达诉求，因而反抗具有暴力的特征。

目前，巴西的经济失衡有加强的趋势，农民的处境趋于恶化。"1985年至1996年，全国有410万农村人口失去了土地，离开了农田。贫困人口在农村中的比重从1981年的56.7%上升到了1990年的70%，农村人口在全国总人口中的比重从上世纪60年代的55%下降到目前的24%。"[2]根据2006年的数据统计，目前散布全国各地的等候安置的无地农民23万户，接近100万人。这一数据已经比上面的数据大大增加了。"无地农民数量增多的原因则是多方面的，如天灾，种地收益小，农民入不敷出等。"[3]但其根本原因是在市场竞争之中，小农户受到大资本的压制与盘剥，失去了土地成为无地农户。失去土地之后，大量无地农户向城市转移，这使得城市充满了无法就业或者处于半就业状态的贫民。生活在城市边缘的人口，是贩毒、偷盗抢劫等犯罪活动社会基础。

另一方面，无地农户不断展开占地运动，这使得农民与庄园主之间的直接对抗加剧，农民与政府之间的对抗加剧。2004年，巴西庄园主对无地农民发动了一场屠杀，无地农民正在做饭时，庄园主组织的蒙面枪手闯入营地，向人群开火，造成5名无地农民运动成员死亡，14人受伤。[4]2005年

---

[1] 张宝宇著.巴西现代化研究 [M].北京：世界知识出版社，2002,278.

[2] 吴志华.巴西：让无地农民有"根据地".人民日报 [N].2006,5,19.

[3] 中国驻圣保罗总领事馆经济商务室.巴西无地农民增多 [EB/OL].http://stpaul.mofcom.gov.cn/aarticle/jmxw/200606/20060602348889.html.

[4] 管彦忠.巴西无地农民运动5名成员被枪手杀害 [EB/OL].http://www.people.com.cn/GB/guoji/1029/3002323.html.

5月，12000名无地农民到首都巴西利亚抗议，与警方发生冲突，造成50人受伤。[1]2008年3月，巴西南里奥格兰德州的妇女占领了2100公顷的图鲁马庄园，破坏了斯托拉恩索纸张跨国公司播种的桉树，并种上本地的树种。在警察镇压中，50个妇女被塑料子弹打伤，500个农民被逮捕。此事引发了大规模的示威，3000多名示威者封锁了该州的8条公路。[2]这一冲突在结构性权力的制约之下，并没有缓解的迹象，反而有加剧的迹象，这是巴西进一步发展的严重阻碍。

1997年李普赛特指出："现今，较富裕的拉美国家类似于19世纪的欧洲；它们正处于工业发展时期，工人阶级相对来说尚未组织成工会和政党，传统保守主义在乡村居民中仍然有大有市场。这些国家中的中产阶级正在成长中，类似于欧洲19世纪的相同阶级，他们试图通过削弱反资本主义传统势力和军事独裁权力来支持民主社会。在这个经济发展阶段支持极端主义政治行为的社会基础，不在于中产阶级，而在于正在崛起而又尚未组织起来的工人阶级；这个阶级正在遭受迅速工业化固有的张力。处在这种状态的工人为支持拉丁美洲特有的'法西斯'运动——在阿根廷是庇隆领导的运动，在巴西是瓦尔加斯领导的运动——提供了主要基础。"[3]这在那时符合实际情况，但是随着巴西社会力量的变迁，我们可以看出，随着资本对巴西农村的扩张，农村的保守性逐渐向斗争性转化。无地农民运动本身就是与工人运动区分的产物，因为参加农民运动的很多人并不是农民，而是城市贫民。这种运动目前还主要控制在社会经济诉求之上，对于政府的改良政策还抱有很大的期望。但是，如果这种期望长久不能兑现，如果资本对农村的扩张进一步加深，那么这种运动走向激进也不是不可能的。

综上所述，巴西没有墨西哥那样的完整政治构架。巴西也没有实行墨西

---

[1] 郑洁. 巴西一万农民徒步两周到首都要土地在暴力中结束[EB/OL]. http://news.memail.net/050519/120,1,1398276,00.shtml.

[2] 人民网. 巴西南里奥格兰德州因逮捕500农民发生大规模抗议活动[EB/OL]. http://world.people.com.cn/GB/1029/42358/6967270.html.

[3] [美]西摩·马丁·李普赛特著，张绍宗译. 政治人——政治的社会基础[M]. 上海：上海世纪出版集团，2011,119.

哥那样的土地改革，仍然是大地产制，由此生发出来的新资产阶级从某种程度上依附于寡头阶层。在这种既定的政治结构之下，巴西的发展是高度集中的，不仅是财富集中于少数人之手，而且发展的成果高度集中少数的地区。这两个方面是相互促进的。这种发展模式蕴含着极大的风险。巴西虽然发展成绩还不错，但是其发展的潜力有限。

第八章

中国的道路

近代中国一个最大的世界历史特征就是,首先从朝贡体系的中心国家逐渐成为大西洋时代的边缘国家,在20世纪中叶成为社会主义阵营的组成部分,又在20世纪70-80年代加入世界市场,成为新兴工业国家。

贡德·弗兰克强调了中国在欧洲近代发展过程中的首要地位。他认为,在1400-1800年期间,"整个世界经济秩序当时名副其实地是以中国为中心的"[1]。也许他过于强调了中国地位的决定性,以及当时全球的经济一体化程度。虽然1500年左右,中国在世界经济中举足轻重的地位是毫无疑问的——如果那时有一个世界经济的话,但是在更充分有力的数据到来之前,相信滨下武志的结论也许要审慎一些。滨下在对亚洲贸易进行诠释时,指出:"这是一种以中国和印度为两个轴心,以东南亚为媒介的亚洲区域市场分布图。特别是15、16世纪以来,随着中国的朝贡贸易及互市贸易等官营贸易的经营发展,民间的贸易也在扩大。以华侨、印侨为中心的帆船贸易和官营贸易一起,形成了亚洲区域内的多边贸易网。"[2]这个贸易网络与欧洲贸易网络是并行的。

滨下将这种多边贸易网称为"地域经济圈",毫无疑问,太平洋西岸的这种贸易体系对于欧洲来说极为重要。弗兰克综合了巴雷特与阿特曼的

---

[1][德]贡德·弗兰克著,刘北成译.白银资本——重视全球化中的东方[M].北京:中央编译出版社,2001,169.

[2][日]滨下武志著,朱荫贵等译.近代中国的国际契机——朝贡贸易体系与近代亚洲经济圈[M].北京:中国社会科学出版社,1999,11.

估算指出："美洲在 16 世纪生产了 17000 吨白银，几乎都运到欧洲。……美洲在 17 世纪和 18 世纪分别生产了 37000 吨和 75000 吨，各有 27000 吨和 54000 吨运到欧洲，两个世纪合计 81000 吨。在欧洲获得的白银中，大约一半（39000 吨）又转手到亚洲，其中 17 世纪为 13000 吨，18 世纪为 26000 吨。这些白银最终主要流入中国。另外，有 3000 吨到 10000 吨，甚至可能高达 25000 吨白银是从美洲直接通过太平洋运到亚洲；而这些白银的绝大多数也最终流入中国。此外，日本至少生产了 9000 吨白银，也被中国吸收。因此，在 1800 年以前的两个半世纪里，中国最终从欧洲和日本获得了将近 48000 吨白银，可能还通过马尼拉获得了 10000 吨甚至更多的白银，另外还从亚洲大陆上的东南亚和中亚地区以及中国自身获得一些白银。这些加起来，中国获得了大约 60000 吨白银，大概占世界有记录的白银产量的一半。"[1] 虽然滨下也同意这个数字，但是两者的解释不同。弗兰克的诠释是存在着银本位的世界经济，而滨下则认为，亚洲的银本位是与欧洲的金本位互为表里的，白银市场成为国际金融的一部分。[2] 不管如何，我们可以看到在大西洋时代的早期，中国的经济具有极大的优势，中国的茶、丝织品所向披靡。而且无论是生产能力上，还是在企业家的竞争精神上都是如此，开关后的日本也无法望其项背，中国对所有国家都是顺差。这种顺差在亚洲内部是通过朝贡体系的厚往薄来弥补的，而在与欧洲、美洲贸易上则是通过美洲白银来弥补。在当时，存在着如下几个三角贸易，美洲向英国出口白银、棉花，而从中国购买茶叶和生丝；英国生产棉布，从中国购买茶叶和生丝；印度购买英国的棉布，经营一些香料等的转口贸易。我们看到白银在其中起着至关重要的作用，白银是东西方贸易，甚至是整个世界贸易的桥梁。如果白银的开采出现波动，那么世界贸易就会受到极大的影响。而不出现波动是不可能的，这种波动的最终结果就是鸦片战争。滨下指出："西方方面，靠着从美洲新大陆输入的白银支撑着对亚洲贸易的结算，同时还依靠其稳定西方的白银价格。

---

[1] [德] 贡德·弗兰克著，刘北成译. 白银资本——重视全球化中的东方 [M]. 北京：中央编译出版社，2001,208.

[2] [日] 滨下武志著，朱荫贵等译. 近代中国的国际契机——朝贡贸易体系与近代亚洲经济圈 [M]. 北京：中国社会科学出版社，1999,15.

但是，从18世纪末开始到19世纪初，从美洲新大陆输入的白银已无法增加，但欧洲的货币需求却在增长，如此一来使得长期维持的东西方白银结算关系出现了崩溃，其结果，是导致英国东印度公司将贸易的重点从过去的东西直接贸易转为亚洲内部的地区贸易，结算的关系也调整为在殖民地印度和英国之间进行。在此之后出现的东印度公司对亚洲贸易垄断权的废止，也正起源于东印度公司侵害了亚洲地方贸易商人的利益的缘故，鸦片战争的爆发，也可以说是这种地区贸易利害关系冲突表面化的结果。"[1]

鸦片战争的世界意义至今没有获得充分的研究，坚实的数据表明，鸦片战争之后，中国的白银开始外流，东西方贸易开始逆转，这种趋势一直到我们今天的时候才开始改变。鸦片贸易作为白银的一种补充，维持了整个世界贸易的关键一环。印度鸦片的种植，不仅仅导致中国国内政治与外贸上出现了重大的问题，而且削弱了中国的竞争力。19世纪50年代以后，中国的茶叶遇到了印度与日本的激烈竞争。而更为重要的一个后果是，茶叶的结算开始集中到伦敦。"由于进口中国茶叶的缘故，通过以伦敦为中心的国际结算机构，各国的负债都集中到了英国，美国和澳大利亚通过付出棉花和黄金而得以对自己进口的茶叶进行结算。而英国则因为掌握中国贸易结算机构权利的缘故，通过中国对外出口贸易的结算，不仅确保了本国棉纺织工业的原料，而且为着更加容易贩卖棉织品扩大信用的缘故集中了金银。在这个意义上可以说，假如中国茶叶的出口越来越广且出口量逐渐加大，不仅是中国，整个世界都将被开拓成英国棉纺织品的市场。"[2] 英国通过集中双边与多边贸易结算已经奠定了世界工厂与世界银行的坚强基础。从另一面来讲，中国作为世界体系边缘地位已经开始确立。而对这一点，当时的清朝是浑然不觉的。也就是说，中国在1840年之前就已经深深裹挟进入体系，1840年鸦片战争后，在英国霸权体系之下，中国的边缘地位确定了。这一点，直到中华人民共和国建立以后才得以改观。

---

[1][日] 滨下武志著，朱荫贵等译. 近代中国的国际契机——朝贡贸易体系与近代亚洲经济圈 [M]. 北京：中国社会科学出版社，1999,61.

[2][日] 滨下武志著，朱荫贵等译. 近代中国的国际契机——朝贡贸易体系与近代亚洲经济圈 [M]. 北京：中国社会科学出版社，1999,173.

第一节　主体性发展的基础

我们在前文中已经讨论过，英美、日德与中俄的道路，这里我们将详细讨论世界市场在中国扩张过程中所引起的国内冲突。我们前文中是按照国家在世界政治经济体系中的权力地位来理解国内冲突的，而根据国内冲突的类型的不同，区分了国家的现代化道路，这里我们将按照这一框架对中国进行较为细致的分析。

中国近代在世界体系中处于权力的边缘，这一边缘地位是在英国霸权时期最终形成的，直到二战以后才终止。这一边缘地位不仅是由世界市场的实际分工而确立的，而且由不平等的条约体系所确认。这一体系的形成对中国的社会造成了巨大的影响。殖民主义势力的侵入，使得中国的农村处于饥饿的边缘。因为在传统中国的农村中，人均占有土地极少。"仅占世界可耕地中极小一部分的中国土地资源，竟然向世界 1/3 的人口提供了似乎基本上还算令人满意的食物。"[1]农民仅仅靠种地无法维持生计，手工业品是弥补亏空的重要手段。当1827–1849年间，大量白银外流之后，白银的短缺以及由此产生的通货紧缩，摧毁了农村社会，而且工业国家的产品进入之后，中国农村的手工业被挤占了空间。[2]"一旦农民被迫放弃了家庭手工业，变成了

---

[1] [美]吉尔伯特·罗兹曼主编. 中国的现代化[M]. 南京：江苏人民出版社，1995,191.

[2] 鸦片战争前后，"银子的短缺，为什么会给经济带来如此严重的通货紧缩的冲击呢？许多城市商人向他们的经纪人预付银两，以从集镇上购买原料和半成品，而农村的丝、茶、甘蔗、槟榔等物的供应者，在很大程度上依靠这些预付的白银来雇佣劳动力，并作发货准备。因此，从集镇到农村的白银流量一旦减少，农村销往城市的产品剩余就跟着减少，城乡之间的商品交换自然也就要紧缩了。地主和富户所雇佣的半工削减，佃农的数量也减少了。现金工资流动量由是下降，家庭必须控制开支，导致当地市场内部及远距离市场之间的交换量变小。各家在奢侈品上的花费在减低，盛典的举行不多了，去庙堂、商店和饭馆的人也少了。整个1830年代，通货紧缩一直存在，只是偶尔有所缓解。失业的人数在上升。许多家庭不得不背井离乡，去别处谋生，以致无业浮动人口变得愈发显眼"。[美]吉尔伯特·罗兹曼主编. 中国的现代化[M]. 南京：江苏人民出版社，1995,149.

一名世界市场的消费者后,为了获取货币收入,只好在农业上扩大商品生产的比重,而且必然会去迎合外国侵略者的需要,扩大他们所需的原料的生产。这样,中国农民又不自觉地成为世界市场的原料供给者,他们的生产和消费都直接或间接与世界市场联系起来,并受其控制。"[1]菲利普·A.库恩在解释1851年至1864年的太平天国运动时指出:"十九世纪四十年代充斥于广西省的社会混乱,部分地肇端于与外国接触所产生的破坏性后果,部分地为该地区独有的社会复杂性所使然。"[2]在广西、广东等地,大量的海盗迫于英国海军力量而退入河网之中,新的通商口岸的开发使得很多人失去了工作,同时,秘密结社与民族矛盾结合在一起,这些在1849年饥荒的激发之下,演变为巨大的毁灭性的力量。太平天国运动是世界市场对中国社会内部的压力的一种反应,随后的白莲教以及捻军、穆斯林起义席卷了中国东部、中部、南部以及西部。我们可以把这种社会底层的运动看成是被纳入世界市场,并被边缘化之后的中国社会对于世界体系中心地带由半边缘的英印所传导的压力的结果。而随后开始的洋务运动则是清朝上层对这种危机的一种反应。

在镇压农民起义过程中崛起的"经世派"认识到现代工业的战争潜力。因而洋务运动是以军事工业为主导,并以国家安全为内涵的。但是这种工业化运动的局限性是明显的。洋务运动难以完成中国现代化的使命,是因为,在那样的国际与国内权力结构之下,中国国家权力被大大削弱的同时,国内市场也被大大压缩。国际资本与国内地主阶层的结合使得社会权力中这两个阶层获得的租过大,从而导致了下层社会与精英阶层之间的不可交易困局。洋务运动结束之时,就是维新运动开始之时,变革从经济领域转移到政治领域,维新派认识到国家机器的重要作用,但是,在当时的世界政治经济权力结构之下,中国无法建立强固的国家机器。国内的军阀割据,从某种意义上说,是地域性的自我保护,联省自治的努力的根源即在于此。

中华民国的建立,并没有缓解这种状况。沿海的新兴的资本家团体与地

---

[1]宋子良等编.通向工业化之路[M].北京:中国经济出版社,1993,244-245.
[2][美]费正清编,中国社会科学院历史所编译室译.剑桥中国晚清史(上卷)[C].北京:中国社会科学出版社,1983,292.

主阶层勾结在一起形成的民国政权，在当时的国际权力结构之下，难以完成对中国进行社会革命的历史使命。期间，新崛起的国际势力取代了传统的国际势力在中国的存在，中国处于殖民地经济的阴影之下，亦即没有发展的自主性，也没有发展的社会权力的规划。直到两次世界大战，中心区的权力受到了巨大的挑战，世界政治经济体系的权力中心从英国转移到美国，世界从列强争霸变为两极格局。在体系调整的间隙中，中国获得了建立强势国家机器的机遇。[1] 国共战争在当时的世界格局下，可以看做世界权力结构在中国国内的一种表现，在国内层面来说，也是赤贫的中国腹地与沿海之间的斗争。直到这个政权被推翻之后，中国才开始了自主发展的历史进程。

苏联式的社会主义，而不是马克思著作中的社会主义是在农民为主体的社会中建立起来的，它主要解决的问题在于市场造成的工人、农民与地主、

---

[1] 在一战之后的一段时间，中国如拉美国家一样，在中心区斗争加剧，对外围的控制力暂时削弱，同时对外围的产品产生大量需求的时候，获得了发展机遇。黄逸平指出："第一次世界大战期间，西方列强对华输出的商品有明显减少。即使不考虑西方工业品价格上涨的因素，1914-1918年我国进口货值始终维持在5亿两左右，低于战前1913年5.7亿两的水平，如果考虑战时物价上涨，以1913年进口货物量为100%计算，则进口商品下降趋势更为明显，1915年仅为1913年的70%，直到1920年也只回升到75%，仍低于战前水平。反之，出口货值总额持续增长，1913年为4亿两，1919年已达6.3亿两，较1913年增长了56%，若按货物量计算，也增长了40%。这说明在战争困扰下，列强已无力向中国倾销大量机制品，如棉纱、棉布、面粉、化学品、染料、钢铁等产品，在我国进口额中反映了明显的减退；同时，交战各国因战争需要反要增加民用工业品与军需物资的进口，中国的面粉、蛋粉、籽仁、油、锡、锑、钨的出口，随之急剧增长，甚至向无出口记录的中国棉纱和棉织品，亦开始逐年递增它的出口额。市场上外货短缺，国货销场扩大，这给中国企业家带来了意外的好机会。"黄逸平等著. 北洋政府时期经济[M].上海：上海社会科学院出版社,1995,24-25. 黄还指出："第一次世界大战期间，近代工业、传统手工业生产的迅猛发展，以及农产品的进一步商品化，也增加了城乡间的商品交换和出口贸易。作为各地之间、城乡之间商品联系必不可少的交通运输设施这时亦有了相当的扩展。铁路里程从1911年的9292公里，增为1920年的10954公里，1923年达11800公里。1913年，中国实际上几无公路可言，到1921年，公路通车里程约736英里，即1200公里。本期内各口进出的轮船吨位也大为增加，仅以华资轮船企业言，1911年拥有船只1092只，147087吨，而到1921年便增至2332只，489100吨。其时，银行业有了较大发展，电讯亦较前便利。"参见：黄逸平等著. 北洋政府时期经济[M],上海：上海社会科学院出版社，1995,171.

资本家集团之间的不可交易困局。在这样的国家中，工人较少，而农民众多，民族资本家处于国际资本与垄断资本的夹缝之中，地主与国际资本、垄断资本控制着政治权力，亦即在政治经济体系中处于边缘的地位。[1]因而，在这样的国家，主要的任务是建立一个消除封建土地所有制，并且隔绝于世界资本主义体系的政治经济系统。一方面通过计划生产、分配的方式组织经济，另一方面通过国家对政治团体的控制缓解在市场条件下集团之间的利益分化。只有如此，才能建立国家发展的基础，实现国家的主体性发展，也就是独立自主的发展。

依附论对于国际资本在后发展国家的作用并没有完全错，但是依附论大多数没有深刻分析国内的权力结构。没有独特的国内权力结构，国际性的依附很难产生。依附的产生深深根植于农业资本家、新工业资本家之间的交易结构之中，这种交易结构所产生的两个阶层之间的共容利益是与国际资本相勾结，并且实行一种对社会下层掠夺或者排斥的现代化。如同在巴西与菲律宾等国已经出现的那样。在这种权力结构之下，资本没有一个好的容器，因而跨国公司通过内部贸易等手段将利润转移到其他地区则完全符合其经营的逻辑，而为国内权力结构理顺关系，为深度发展做好准备，则一方面是外资公司所不能为，另一方面也并非外资公司的义务范畴。资本的逻辑是寻找相对于较小风险的较大的利润，在一个国家内部如果持续地获得这种机会的话，那么就会在一个国家内部持续投资，而如果国内市场收缩，利润率降低或者获利风险较大，那么资本会以各种方式流出。

因而，国家所需提供的是一个资本吸纳的容器，这个容器就是特定的权力结构。在一个权力分配高度不平等的社会中，租的量是很大的，这种权力结构之下，企业会获得更高的超额利润，但是这种利润的获取将逐渐扩大国内的不可交易困局，收缩市场的规模，使得进一步发展的基础受到破坏。因为国内没有容纳进一步发展的基础。外资在一个国家中的发展可能是问题，

---

[1] 据巫宝三估计，1933年中国的农业创造的国民收入占当年整个国民收入的61%，农村人口（除去牧区、林区、船户等）约占全国人口的75.7%。转引自：吴承明著. 市场·近代化·经济史论[M]. 昆明：云南大学出版社，1996,198.

也可能是有益的补充。两者之间，要看国内与国际的权力结构。在土地等资源没有得到合理分配的情况下，社会权力的分配不均衡会使国内市场狭窄，并且使得国内的权力集团与外国资本共同形成掠夺的集团。而当国内社会权力分配比较均衡的情况下，那么在市场的发育会使得国家形成资本与技术的汇聚地。

社会主义体制的建立，使得土地、矿产等自然垄断资源收归国有，并且在社会主义阵营之中，中苏之间并没有形成苏联与东欧之间的分工关系，也没有形成事实上的依附关系。在中国建国之初，同韩国等一样，中国处于冷战的最前沿，苏联对中国援助的156个项目使得中国具备了初步的工业化的基础。围绕着这些项目，中国建立了独立的工业基础。[1] 随着自然资源的国有化以及国内基本工业体系的建立，中国在社会主义阵营中，实际上完成了两个重要转变，首先，从资本主义世界体系中脱钩，摆脱了对发达国家的依附；其次，平整了国内现代化的障碍，解决了自然资源垄断以及企业私有制，这两个方面为中国的深度发展提供了基础。再次，中国的社会主义政权获得了整体性的社会控制力，这种控制力掌握了国家政治、经济与文化资源。计划经济是不同于市场经济的，计划经济使得中国能够摆脱市场的看不见的手，用政府看得见的手，一方面在幅员广阔的中国各地按照行政区划进行工业配置，另一方面，按照国家计划迅速组建起规模庞大的企业。这些企业按照市场的逻辑需要更长的时间才能发展起来，或者如果在开放国门的情况下，根本没有可能建立起来。因为这些企业，虽然在国内是巨大的企业，但是其垄断程度以及经营规模仍然无法很好参与国际竞争。

无论从经济还是社会指标来看，改革开放之前的中国获得了较大的发展，但是这种发展的局限性也是明显的。改革开放之前的经济发展模式有点类似于拉美国家的进口替代模式，而进口替代所造成的重要问题就是国有企业的日渐低效、外部债务的增多以及就业的不足、通货膨胀的加重。而且，必须

---

[1] 根据《中苏互助条约》，1950年苏联开始帮助中国企业改造、建设企业50项，1953年5月，商定另外141项，1954年10月商定增加15项，共156项，这些项目大多数不是无偿援助，而是通过短期贷款获得的。

承认政治动员的方式在短期内可以推进经济的发展，但是无法替代市场的基础性资源配置作用。

在没有大规模外部援助的前提下，国家经济政策的制定者在农业、工业与对外贸易之间存在着三重矛盾。如果要实行工业化，必然加大对工业的投资，为此一定会减少对农业的投资进而减少农村的生产。而工业的效率难以维系大规模的对外贸易，那么工业所需要的外汇必须从农业出口中获得，必须加大对农业剩余的获取。与此同时，工业品必须主要在国内市场上销售，而农业生产的下降会导致对工业品需求的减少，进而导致工业投资效率的下降。这一连串因果效应是中国经济发展所遇到的问题的内在原因。中国在第一个五年计划期间维持了对工业的较高的投资率，"农业投资不到总投资的8%。一半以上的投资投入工业，其中90%拨给诸如冶金、机器制造、电力、煤、石油和化工等生产资料部门"[1]。这使得农村生产效率下降，粮食供应不足，进而促使决策者设计新的农村组织方式。1958年大跃进以及人民公社都是在这种背景下出现的，这种制度设计最终造成了农村的巨大饥荒。从农村的萧条到城市的骚乱是通过制度壁垒区隔的，但是随之而来的资本投资效率的下降使得城市无法解决城市的人口增长以及就业问题。"大跃进之后，中国的粮食产量下降了26%，棉花产量也与1958年的最高产量相差38%。1961年，私人农业活动事实上被消灭之后，生猪的头数仅是1957年最高水平的52%。"[2]而与此同时，"工业产量在1961年和1962年急剧下降"[3]。在几乎整个计划经济时期，中国投资方向主要在重工业领域，这一政策并没有如《论十大关系》中所称那样，按照农、轻、重的顺序组织国民经济，而是将主要在工业领域投资。这种工业化政策一方面使得中国建立了比较完备的工业基础，另一方面造成了国民经济的严重失衡，人均消费水平长期无法

---

[1] [美]R.麦克法夸尔、费正清编.剑桥中华人民共和国史——革命的中国的兴起[C].北京：中国社会科学出版社，1998,164.

[2] [美]R.麦克法夸尔、费正清编.剑桥中华人民共和国史——中国革命内部的革命[C].北京：中国社会科学出版社，1998,504.

[3] 同上。

提高以及城乡失业的加剧。[1]文化大革命，从某种意义上说就是这种螺旋循环的结果之一，发展的停滞导致了对利益瓜分方式的收紧，进而导致国内冲突的加剧。麦克法夸尔在分析"文革"的社会基础时指出，热烈参加"文革"的主要是底层的工人以及学生，他们在经济发展遇到阻碍，并为新的经济调整政策阻挡在外的时候，成为拥护激烈变革的激进主义者。[2]

第二节　孵化型国家

冷战以及美国在20世纪六十、七十年代的大规模内部经济变迁为改革开放后的中国发展准备了前提。首先，在冷战的卵翼之下，韩国、中国的台湾、香港以及新加坡四小龙经济体在七十年代之前经过了进口替代阶段，它们与日本在七十年代以后都面临着产业升级、产业转型的压力。其次，美国内部西南部边缘的中心化使得大批的产业需要转移，并为低附加值产品提供了一个巨大的市场。这为中国的经济发展准备好了经济、贸易与资本的网络。中国的大门一旦打开，急切的资本必然随着海外华人网络的绝佳的中介作用滚滚涌入，这就是中国改革开放初期面临的外部环境。

改革开放之时，中国已经为经济的迅速发展准备好了若干有利条件，我

---

[1]柳随年等指出："1965年，各级学校在校学生人数达1.3亿人，比1957年增加82.7%，其中高等学校在校学生人数达67万多人，比1957年增加52.8%。"这是一个很大的人口基数，可是遇到困顿的工业经济无法吸引如此多的就业人口。柳随年等编．"文化大革命"时期的国民经济1966-1976[M]．哈尔滨：黑龙江人民出版社，1986,4.

[2]"亦工亦农实行的结果，不但没有缓和反而加剧了社会紧张。这一就业政策不但产生了深感不满的工人下层阶级（他们虽然与正式工同样的活，收入却更少，更没有工作保障），而且还使更多的人产生跌入社会底层的恐惧。许多国营企业倾向于将原本属于正式工的工作分配给更有弹性的亦工亦农制工人。这样，学徒工眼看着升迁的机会消失了，就是正式工人也面临着被送往农村变成合同制工人的危险。"[美]R.麦克法夸尔、费正清编．剑桥中华人民共和国史——中国革命内部的革命[C]．北京：中国社会科学出版社，1992,127-128.

们可以将之称为"革命红利"。首先，土改消灭了地主阶层，后来的家庭联产承包责任制使得农村的土地在使用权上归于农民。这种特殊的制度安排不仅提高了农村的生产，而且在事实上造就了社会主义体制下的小农经济，保障了农村的稳定。其次，中国共产党在建国之初就已经建立了全国性的组织体系，这种组织体系从中央一直延伸到农村的村组、城镇的每个单位。这种国家政权的强度是其他体制所不可能有的。改革开放之后的一段时间内，这种体制并没有受到削弱。在全面控制的基础上，大学以及所有的知识生产体系均为政府所掌握。另外，在社会主义公有制确立之后，公有制企业居于绝对的优势。国家控制了所有有关国计民生的战略产业。因而，相比于拉美国家来说，中国不存在地主，农村处于某种类似于"小农制"的制度安排之下；企业归国家所有，几乎没有外资企业，所有的经济命脉均掌握在国家之中；大学以及媒体为政府所有；军队处于党的高度控制之下。

但是，我们需要认识到的是，经济发展必将改变国内的阶层结构，同时经济发展也会改变中国与外部世界的关系。就内部层面来说，中国在改革开放三十年中，逐渐由农民占绝对多数的国家，转变为农民、工人、企业家以及大量的中产阶级的多阶层结构。政府的权力中相当一部分向社会转移，资源的供给以及知识的生产中，很多是通过社会与市场来进行的。在市场条件下，政府的直接控制力是逐渐减弱的。而且，在市场博弈中，社会开始分化。

就外部层面来说，中国与外部形成了日益紧密的关系，并且在发展的过程中，产业的权力中心大多在国土之外。中国的高速发展是在世界体系演化的 B 阶段开始的。在这个阶段，中心国家的产业向半边缘国家转移，这种转移是中心国家本身的"经济地理剩余"造成的。中国不仅可以接受东亚内部的产业转移，同时可以直接从美国接受产业转移。但是，这种转移本身并不必然能带来中国所需要的高科技、高附加值的生产力因素以及自主创新的活力。而且，东亚向中国的产业转移受到整个东亚的经济结构的制约，全球产业链中的部分环节向中国转移受到产业链的结构性权力的制约。因而，中国的进一步发展不仅受到内部的制约也同时受到外在的约束。

市场是以资源进行交易，并在交易的密集之地形成高密度的集群。首先，中国改革开放之后，经济重心逐渐向东南转移，在沿海的狭长地带上集中了中国的大部分人口以及绝大部分的生产能力。地区间的差异相当明显。由于西部的贫困线通常与民族线相重合，因而引起了一些问题。疆独以及藏独势力的产生，尽管有着多种原因，但是其社会基础却是少数民族地区的相对欠发达。其次，国内各阶层之间的收入差距较大，并长期没有得到缓解。中国的基尼系数已经越过国际警戒线，这种收入差距很大程度上是由于国家作为一个整体在产业链中的地位决定的。由于中国在世界产业链中基本以加工为主，这些加工业在全球价值链中处于低端，因而，国家用税收等手段调节收入手段有限。在全球权力结构之下，国家必须获得世界市场更多的剩余以缓解国内的冲突。但是，这种努力将遇到越来越大的国际阻力。再次，国内的各阶层在市场深度发展的时候，将会进行激烈的社会权力博弈，对这种博弈，如果处理不好将影响社会政治稳定。在中国的政治构架中，企业家作为一个群体，并没有一个明晰的位置。墨西哥革命制度党在初始时期的政治制度设计中也是如此，该党将工、农、军组建成一个职团主义的政党，而将企业家阶层另组团体与党派，通过议会发挥作用。事实证明，这种政治设计造成了严重的腐败，因为，拥有最大市场资源的群体与政治资源之间没有一个正式的交易渠道，那么只能更多采用幕后交易。我们从权力以及制度的角度来审视，会发现现代民主制度的核心在于人数以及钱数的交易，也就是说拥有最大的暴力潜能的群众要与拥有最大市场资源的资本拥有者进行交易，并达成政治共识。无论是现代威权主义的政治设置，还是民主制度的政治设置，其核心都要满足这一点，否则当拥有暴力潜能的群众与拥有市场资源者之间发生不可交易困局的时候，那么大规模的社会以及政治冲突就会发生。拉美以及菲律宾的长期持续的政治冲突就是这样发生的。由于拉美以及菲律宾初始现代化所处的国内和国际权力结构，使得国内的资本家与国际力量勾结在一起，因而导致了国内的不可交易性的出现。而中国至今仍有很多这些国家所不具备的稳定的条件，包括小农经济、军队以及国有企业对国家经济的整体控制力等。但是这些优势需要经努力才能保持。

审视中国的道路，我们可以发现，改革开放之前的中国通过国家构建了一个孵化器，通过对战略产业的掌握以及对所有企业人为的规模化，形成了一个可以大规模展开市场经济所需要的基础。在国内工业基础初定、自然垄断资源较为合理平均分配的基础上，中国开始了改革开放的进程。这个进程之所顺利进行，一方面是因为国际条件的改变，中国与中心区之间形成了新的关系，中国利用了中心区产业转移所带来的资源；另一方面是中国的社会结构有利于稳定，尤其是农村的经济制度。还有就是一个坚强执政团体的存在，这个团体可以采用类似于发展主义的方法，集中动员各方面资源用于增加国家的整体竞争力，并同时保持了审慎的社会经济政策。[1]改革开放之后，中国的发展是在国家的硬壳下孵化市场与社会的过程，国家有能力缓解外部的权力，有选择地吸纳外部资源，促进自身发展的需要。

但是，这种孵化模式是否最终成功，最根本的需要缓解发展所带来的不可交易困局。这种不可交易在市场层面表现为由于缺乏交易能力或者缺乏交易资质而被排斥在外，在社会层面表现为制度性的歧视，在政治层面表现为理性的政策参与通道的缺乏。在这种情况下，需要根据变化了的条件，设计国内各阶层、各区域之间的交易制度，维持各阶层之间的交易能力，并对处于市场与政治边缘的群体给予制度上的保护。

发展，从根本意义上说，是一个社会整体的进程。在发展过程中，政治、经济、社会权力也会随之变迁。特定阶层的成长，特定阶层人数的减少或者权力的衰落，随之带来了新的交易需求，以及冲突。这些冲突需要基于各阶层之间的关系，在新的制度体系下予以调整。减少发展过程中的震荡，需要

---

[1] 约翰·思文与罗思高提出了一个有趣的问题："为什么中国能够在改革前的经济体系框架内部对农业进行改革，而前苏联却未能如此。"[比]约翰·思文、[美]罗思高著，田士超译.发展转型之路：中国与东欧的不同历程[M].北京：北京大学出版社，2008,104.他们指出，只获得基层支持，但是最高领导层不支持的改革不会成功，最高领导层支持，但是基层不支持的改革也不会成功。在中国，基层以及变更后的高层领导都有进行农业改革的意愿，而苏联的农业改革则遭到基层的抵制。参见：[比]约翰·思文、[美]罗思高.发展转型之路：中国与东欧的不同历程[M].第7章为什么共产党在中国推行了改革，而在苏联却没有？

平衡各个交易主体的交易地位。这些交易主体，包括地区之间、国内与国际之间、各个阶层之间、人与自然之间以及经济社会的各个环节之间等。科学发展观要求坚持发展，而发展的目的是为了人民，这就在关系中确定了发展的目的、方法与手段。

　　将中国与拉美的发展模式相比较，我们会发现，主体性发展与依附性发展的不同之处在于，前者依附于世界体系的中心地区，在世界市场的周期性波动的时候，在世界体系扩张的时候获得发展，而在世界体系收缩的时候，陷入衰退。主体性发展，并非自绝于世界体系之外，推行排斥外部资源的保护主义，而是有意识的、有目的的利用外部资源，实现内部的发展，发展的目的在于塑造政治经济的控制力，亦即权力。但是，在塑造国家整体权力的同时，不仅会遇到国际上的政治、经济权力的限制，也会对国内的特定阶层产生排斥效应。缓解这种内外压力、善用国家所处的内外环境是对执政者智慧的考验。

第九章

后发展国家的政治秩序与治理

霍布斯分别用利维坦象征国家，用比希莫斯象征社会。作为英国内战的见证者，他认识到具有暴动倾向的社会需要用国家来压制。这两个意象来自于《圣经·约伯记》中的记载，上帝创造了三个怪兽，利维坦（Leviathan）统治海洋、比希莫斯（Behemoth）统治陆地、栖枝（Ziz）统治天空。

我们这里在霍布斯的基础上还要增加一个意象，那就是栖枝（Ziz），我们用栖枝来象征市场。我们之所以增加这第三个意象是因为，栖枝所象征的天空覆盖着陆地与海洋，无论是国家还是社会都处于世界市场的覆盖之下，并随着这灵动如鸟、变化无端的怪兽而改变自己的行为。市场是最为活跃的因素，是基础性的力量，近代世界正是以市场为动力，并在这三个怪兽的角力之下形成的。国家、社会与市场处于永恒的互动之中，所有的重大事件的发生原因都根植于这种深层的结构之中，所有的血腥与暴力也同样根植于三者形成的结构之中。

霍布斯的解决方案是用利维坦压制比希莫斯，但是事实证明，这只能带来机械的和平以及专制的和平，这种和平是不稳定的，蕴藏着极大的风险。用国家压制社会，只会是短暂的过渡，因为在另外两只怪兽的进攻之下，利维坦无法长久坚持。很多国家的实践已经证明了这一点，在市场发展的过程中，社会阶层的变化最终使得这种机械的和平失去了空间，国家重新又陷入到新的混沌与骚乱之中。如何在国家、市场、社会之间找到一种好的相处方式？马克斯·舍勒引用的一则印度神话给了我们以启示，在这则神话中，"年轻的天神梵天那曾在河里同缠绕其身的一条举世闻名的蛇徒然搏斗过很长时间。在这个故事里，蛇象征着世界上那种捉摸不定的关系。后来，梵天那神的父亲提示他不要忘了自己的神性，于是，他顺应着蛇的缠绕，变幻了自己的整个身体，用完全向蛇屈服的方式逃脱了它那恶意的拥抱"[1]。而且，"印度神话还补充了一句：他像一位女人从手套里抽出手那样，轻而易举地逃脱了蛇的缠绕。"[2]

第一节　权力交易结构

世界经济并非是平坦的交易结构，而是一种权力结构。这种权力结构与安全等方面的权力纽结在一起，有时能够分清，但是在很多情况下是相互为用、相互转化的。在世界政治经济的汪洋之中，国家是一艘船，在很多情况下国家起到权力容器的作用，从外部汲取资源，并转化为内部之所需，同时从内部释放资源，用于交换外部资源。在这种交换之中，形成了国家内部与外部的权力结构。也就是国家内部的哪些人进行着何种交换，这种交换中，哪些人得到了利益，并同时使哪些人失去了利益。在这种交换形成的较为固定的结构中，必然形成对上述问题的实际的与现实的回答。

在后发展国家与世界经济的交换之中，起始阶段所形成的大多是农产品与初级工业品与外部世界的交换。这种交换嵌合在全球的产业链中，无论是美国南方的棉花，还是非洲的黑奴、血钻都是这种交易结构的一部分。比较优势是存在的，但是这不是问题的根本，问题的根本在于这种产品在整体的

---

[1] [德] 马克斯·舍勒著，罗悌伦等译. 资本主义的未来 [M]. 北京：三联书店，1997，230.

[2] 同上。

产业链中的权力。产业链中具有较大讨价还价能力的交易与生产者能够获得整个价值链中较大的一块。这个过程是动态的，石油斗争的初期使得产油国获得了大量的利润，但是这种利润很快为西方的金融操作所夺取。国家与企业在世界市场上共同为夺取权力而斗争，因为如果缺乏这种权力，就意味着国家与企业在全球的价值瓜分中居于不利的地位。只要国家进入世界市场就不能不参与这项竞争。

然而，产业链与之嵌合的价值链（分配链）以及决定这种分配的权力链，在权力传导的过程中，会对国家以及社会造成不可交易困局，也就是带有权力性质的游戏规则，不断将权力链底端的人排除出游戏之中。赌桌上的人越来越少，造成了一大群市场中不活跃的沉默者。这不仅缩减了市场的规模，还将引起被排除在外的人对游戏规则的抗议以及抵制。这种经济上的权力链在国家内部是通过国家权力进行调整的，国家调整市场交易链条上各个群体的权力，使得市场这个游戏能够继续进行下去，并在世界的整个游戏中获益较大。但是，这两个目标之间在很多情况下是冲突的，近代历史上的大规模政治社会冲突基本上基于这种效应。

国家内部是一个复杂的生态体系。这个体系中的不同部分在与外部世界的交易中隶属于不同的交易权力结构。因而，这种斗争不仅在某个价值链的内部，还存在于不同的产业与世界市场所形成的不同结构之间。美国南北战争就可以看成是隶属于世界经济体系的南方的棉花生产以及隶属于国家生产体系的北方的工业生产之间的斗争。国家同世界政治经济体系之间的交易结构是由不同的群体完成的。国家的自主性生产受到的阻碍不仅来自于国家的外部，还来自于国家内部特定集团与世界政治经济体系之间所形成的交易结构。在美国是国家权力对外部世界的调整引起了南方的反应，而在一些拉美国家，则是国家权力的调整引起了国内下层的反应。在一些中东国家，则是引起了宗教主义的复兴。这种不同是因为各国的国内权力结构不同，所处的国际权力结构不同，参与世界市场的分工的不同。在历史的、过程的演化过程中，形成了自己独特的演化道路以及发展道路。

国家内部与外部世界之间形成的权力结构决定了国家所处的权力地位，决定了国家的现代化模式，也决定了国内冲突的方式以及国家的发展道路的选择。世界经济对国家加入世界分工体系是有选择的，这种选择既有政治的原因，也有经济的因素，在这种选择之中，特定的地区获得特定的分工地位，国内的特定集团获得特定的交易地位，并形成复杂的权力结构。

我们在这种视野之下，重新审视历史上的大国发展之路，会发现新的理论线索。对于革命与英美、日德、中俄发展道路的解释，巴林顿·摩尔的研究是最具影响的。他通过对现代化的比较研究，揭示了不同历史前提的国家的不同现代化道路，这种不同取决于农业的商业化程度，以及由此形成的地主、农民与资产阶级的关系结构。在英国，农业商业化程度高，随着"圈地运动"的开展，农民被毁灭，城市资产阶级崛起，使得地主阶级和资产阶级达成了政治上的妥协，建立了英国的代议制民主制度。在法国，农业商业化程度较低，以革命摧毁旧秩序是实现民主的必要条件，革命瓦解的是地主与资产阶级的同盟，将激进派从资产阶级的控制下解放出来，并得到巴黎市民大众的支持。美国的南北战争改变了美国的社会结构，巩固了美国的民主制度。而德国和日本的自上而下的革命中，地主贵族和政府联合起来，在工业化过程中占据了主导地位，采用政治控制手段，而不是市场经济手段，这种阶级关系最终导致了法西斯主义。俄国和中国农业商业化程度最低，两国的革命道路则是一场基本没有资产阶级参加的农民革命，农民被政治动员起来，为打破旧秩序的革命奠定了基础。[1] 摩尔的理论富有启迪，但是摩尔并没有将各个国家放在全球体系的整体格局下来思考国家内部冲突的原因。他的学生西达·斯考切波考虑到了国际因素，但是似乎仅仅将国际结构视为国家间的结构，而不是世界的结构，也就是说，她所考虑的所谓国际因素只是国家之间的关系，如战争等，而不是国家所处的共同的世界政治经济体系。斯考切波考虑的这种国际结构尽管与国家内部冲突密切相关，但是隶属于世

---

[1] [美]巴林顿·摩尔著，拓夫等译.民主和专制的社会起源[M].北京：华夏出版社，1987.

界政治经济体系之中，并为世界政治经济体系所塑造。[1]

我们已经指出，如果从世界的角度思考国家的发展道路，我们会发现道路的选择取决于国内阶层冲突方式以及国家在国际体系中的地位，也就是国家在环境中取得租的多少。这两种结构的互应在大国中形成了至少三条现代化的道路，英美式的道路、日德式的道路以及俄国的道路。英美式的道路是以商业扩张为主，军事扩张为辅的道路，将从世界市场中获得租金用于国内的阶级矛盾调整；日德式的道路是军事扩张为主，经济扩张为辅的道路，通过军事力量获取政治租金并用于国内的阶级；俄国式的道路主要是一条自我剥削的道路，因为缺乏获取外部租金的条件，又要杜绝世界市场从国家内部抽取租金，因而实际上隔绝了与世界市场的联系，通过强力政府推行工业化的道路。而中国正在形成之中的发展道路也是独特的，在国内发生严重的不可交易困局的情况下，中国建立了社会主义体制，并在国家外壳之下孵化社会与市场，参与到世界经济之中。可以说，中国正在开创一条和平发展的新道路。

国家之所以选择上述三条道路，是因为所处的不同国内、国际权力结构。这种权力地位决定了国家从外部获取资源的多少，决定了国家解决国内冲突的方式。在英美方式中，由于国内产业链的发展居于全球的顶端，因而可以从世界市场中获取足够的租金来缓解国内的冲突，而在日德道路中，有一定的工业化基础，但是在危机中，国家通过市场手段获取外部资源的方式被制约。国内地主、寡头以及工农的利益不可调和，出现了不可交易困局，因而通过军事化国家的方式来用强力从外部获取资源，缓和国内的矛盾，实现国

---

[1] 斯考切波指出："我们并不必然接受这样的观点，即国民经济的发展，实际上是由一种世界资本主义体系的总体结构和市场动力所决定的。然而，我们还是应该注意到，跨国性经济关系的历史发展总是会强烈地（而且是有差别的）影响国民经济的发展。""另一种跨国性结构——竞争国家之间的国际体系——也塑造着现代历史的动力和不均衡进程。"[美]西达·斯考切波著，何俊志等译.国家与社会革命——对法国、俄国和中国的比较分析[M].上海：上海世纪出版集团，2007,21.

内利益的分配。[1]而在俄国与中国这样以农民为主体的国家中，国内的资产阶级弱小，无法组织起覆盖全国的，对农民具有吸引力的国家组织。在外部处于世界政治经济体系的底层。只有通过权威的方式来缓解国内的不可交易困局。[2]在权威建立之后，先发展农业，然后从农业中抽取剩余发展工业。在摩尔以及很多西方学者的论著中，民主与独裁的话语掩盖了国家之间的不平等关系，忽略了国家之间的联系。

中俄之间现代化道路的不同在于，苏联将土地、工业国有化之后，并没有在此基础上用市场来解决计划经济所带来的种种问题。而中国在大规模的公有化以及经历困顿之后，逐渐引入市场机制，利用市场作为基础性的资源配置手段的同时，保持国家对市场的监控。所以，中国的先期公有化，后期进行的部分国有资产的私有化，不仅不是历史的循环，而且是历史的进步，是一条中国的特色的社会主义发展道路。

而发展型国家也是一种独特的发展道路，尽管这个概念忽视了诸多国家实际上不同的发展内涵以及不同的发展前景。菲律宾、巴西、墨西哥受制于国际与国内的权力结构，权力凝聚在寡头以及新贵周围，这些寡头与新贵密

---

[1] 安东尼·吉登斯指出："在19世纪下半叶，德国社会民主党（SPD）是第一个明确标榜马克思主义立场的大众型政党，然而，随着第一次世界大战爆发，社会民主党进行了投票表决，大部分党员支持德国参加战争，接受政府的统治。社会民主党在这样做的时候，同时也开始了肃清党内革命性左派的斗争，因为他们拒绝与大多数人的路线保持一致。肃清的过程是血腥的，最终还动用了武力。因此，在这一时期，德国社会民主党实际上更是一个主张社会变革的政党，而不是一个主张革命的政党。同样，在工业领域，德国工人也提供了一个具有服从品质的例证，在工业化国家，德国工人的罢工率是最低的。"[英]安东尼·吉登斯著，郭中华译.批判的社会学导论[M].上海：上海世纪出版集团，2007,39.

[2] 哈罗德·D.拉斯韦尔指出："不断出现的危机使中央集权，而不是一般的权力集中成为英明的选择。在1917至1921年俄国的尖锐斗争中，在损害对立机构的情况下，权势被更多集中到共产党手中。……当危机在苏联消退下去时，共产党的政治委员会在实际行动中做到了与大致同等的机构分享更多的权力。更多的中心被许可发挥主动性，并能通过主要的党内渠道将这种积极性较为广泛地汇集起来。但是，当一种有威胁的观念，或者一个发展的机会使统治精英受到刺激时，毫无疑问，政治委员会还是继续要把全苏联的生活并为一体的。"参见：[美]哈罗德·D.拉斯韦尔著，杨昌裕译.政治学——谁得到什么？何时和如何得到？[M].北京：商务印书馆，1992,69.

切与中心地区的势力勾连在一起。在现有的国际秩序之下，这些国家难以摆脱这样的权力结构。而在韩国、日本，这种勾连主要是政治上的，这两个国家以与中心区的政治上的交易换取了经济上的发展机遇。政治上的交易结构较之经济更加易于变动，随着国内主体性发展方向的变迁，政治上的变化也会随之而来，因而，可以说，韩国、日本等已经走上了一条比较健康的发展道路。国内对于日本再法西斯化的担忧是过虑的。日本战后的土地改革已经在很大程度上清除了农业寡头，并将工业寡头部分削弱，因而，日本呈现的更多的是财阀政治。建立在工业经济基础上的财阀政治的持久性远远不如农业寡头，随着国家内部市场交易成本的降低，财阀逐渐会走向多元化，乃至于解体成为民主政治的支撑点。

第二节　制度安排与交易秩序

卡尔·波兰尼告诫人们："一般而言，经济进步总是以社会混乱为代价的。如果混乱的程度过大，共同体就必然会在这个过程中被瓦解。确凿无疑的是，若不是保护主义的反向运动阻滞了这个自我毁灭的运行，人类社会可能早就烟消云散了。"[1]迄今为止，没有一个大国在现代化过程中是一帆风顺的。英国经历了玫瑰战争、美国出现了南北战争、法国经历了大革命、德国和日本走上了对外侵略的道路，中国以及俄国也发生了革命。在新的时代背景下，更多国家开始走向发展之路。这些国家既享受到现代文明的成果，也经历着现代化的阵痛，如种族矛盾、地区冲突，或者恐怖主义的威胁。在所有的安全问题背后都是权力分配的不均衡，进而导致的不可交易困局的结果。不可交易困局广泛存在于现代经济、社会与政治领域。不可交易困局的出现虽然

---

[1] [英]卡尔·波兰尼著，冯钢、刘阳译.大转型：我们时代的政治与经济起源[M].杭州：浙江人民出版社，2007,65-66.

不是一种常态,但是一种常在。[1]要缓解这种不可交易困局,需要建立政治、经济交易秩序,并且将权力在交易秩序中组织起来,防止场外交易的发生。

其中制度安排至关重要。我们前文已经提过,制度既反映了权力交易的结果,又不完全是权力交易结果的反映。制度的这种滞后性或者超前性对于改变权力分配的结果有很大的作用,制度也是人们改变权力流向的较为方便的工具。制度是一种理性化的设置。制度可以改变人们的短视行为,而将长远利益规划进现实的行动之中。一个富有远见的政策制定者会利用制度这种可以对权力进行调整的性质。

赵鼎新比较了美国、英国、德国、俄国工人运动的不同,分析了各国工人阶级意识差别的原因。在各国中,美国工人政党最弱,英国较强,德国更强,最强的是俄国。赵认为,其中主要是因为各国制度安排的不同。美国是对工会以法律为基础进行选择性镇压,"专门镇压由共产党或大工业工会组织和领导的罢工或其他政治活动,而不镇压合法的由行业工会组织的以经济为中心目标的罢工。美国政府的这种镇压方式迫使工人运动向政府允许的渠道,即行业工会的道路发展"[2]。美国政治体系将工人运动限制在行业以及地方层面上,因而有效杜绝了工人的阶级意识的成长。英国通过工会合法化化解了阶级斗争问题。实质上,这是通过交易制度的设置来解决问题。但是,德国对工人运动有着严厉的管制,国家的压制和镇压反而促进了工人阶级意识的形成。而在俄国的寡头政体下,俄国对"工人运动、农民运动和知识分子运动一概全面镇压",这使得精英发生分裂,工人阶级意识加强,最终爆发了革命。[3]

这里需要指出的是,群体的意识来自于特定的权力结构——包括制度下形成的租,特定的租产生特定的潜在群体。但是,如果通过制度调整减少租的产生,并同时使得特定的租的群体与特定的认同形成相分离,那么这个租

---

[1] 这是在与郑玉臣先生探讨的时候,由他提出的,特此致谢。

[2] 赵鼎新. 民粹政治,中国冲突性政治的走向 [EB/OL]. http://www.tecn.cn/data/17924.html.

[3] 同上.

的群体则难以获得组织大型行动所需的文化资源。在现代化过程中，政策议程需要社会群体的理性参与，也就是参与到交易过程之中，通过将各种社会组织经济化以及地方化，形成有序参与的通道。参与政策议程，通常意味着对于特定群体的租的减少，如果没有对政策议程的参与，那么就意味着没有理性的表达通道。怨恨积累的结果可能是更加具有毁灭性的。

而这种对于政策议程的参与，所选择的形式通常不能是那些认同很强的组织形式，如特定的宗教、种族以及特定的阶层等，而是通过公民的联合形式将文化资源过于集中的团体分开，化解到国家与公民的结构之中。因为，文化资源的过于集中，意味着集体行动能力的加强，同时也意味着组织权力的膨胀。这会与其他群体造成不可交易。社会权力的平衡，还需要在制度上防止超大型组织的产生，将组织的规模限制在特定的行业、特定的地域。因为，组织的规模过大通常意味着讨价还价能力的提高，这会使得组织的权力过大，也就是这个组织可能会向其他的组织获取租金，产生不可交易困局。这对于社会权力的平衡来说是有害的，会影响到社会政治的稳定。正如麦金德指出的："如果要使各国过稳定的、因而也是平和的生活，那么组织必须建立在当地的社会上；然后这些当地的社会必须有其本身的完整的和平衡的生活，同本国的生活水乳交融。此外，你再无其他办法阻止'阶级和利益集团'的组织横行霸道，横跨到那当地组织中来。只要你让一个大都市把许多当地社会的大多数出类拔萃的年轻人吸收了去——这不过是指出当前情况中的一个方面——组织便一定不恰当地集中在这大都市中，无可避免地成为全国范围的阶级和利益集团的组织。"[1]过大的组织必然会产生过大的交易能力，他们对整个政治生活是有害的。国家需要的社会政治基础是基于公民的极多的小型组织以及多个中型组织，这些组织再作为松散的大型组织的支持者。这样才可以保持社会权力的均衡以及政治交易的可进行。

在市场条件下，政治体系的基本功能是创造各不同利益群体之间的交易秩序。这种交易秩序的基础是社会的、经济的，人们不能被政治排斥在外，

---

[1] [英]麦金德著，武夏译.民主的理想与现实[M].北京：商务印书馆，1965,162.

也不能被市场排斥在外。那些被市场排斥在外的人群会通过各种有害社会的方法参与到市场交易中来。索托在《另一条道路》一书中分析了秘鲁暴乱以及革命行动的基础。他指出："秘鲁最穷苦、对生活处境怨言最大的民众，根本无法接受这样一个社会——各种经济发展的机遇、国家的资源、财产和权利，都被统治阶级独裁而武断地予以分配——这样的社会只能让他们无比失望。他们意识到，国家现存的法律体系，不容许他们实现自身的合理愿望，也没有提供最起码的福利和保护，他们由此产生极大的挫败感，这就很容易导致各种暴力行动。毫无疑问，如果法律体系的主要目的，是为了保护私人权利和财产，防止第三方的侵犯，如果政府能使人们得到平等的生产和创造机会，帮助人们进行公平的交易，他们就不可能感觉到受到歧视，更不可能举行各种暴乱或起义。"[1]索托文中所提及的法律体系是有所指的，在秘鲁法律制度很大程度上所反映的是土地、工业阶层以及城市中产阶级的利益，这种制度设置对于社会的底层是排斥的。这种排斥主要是社会经济上的，然而如果社会的底层看不到改变这种制度的希望，那么只能通过政治暴力来改变这种制度设置。

索托在书中所指的"另一条道路"，的确是富有启迪的。他建议将那些涌进城市的农民都称为"非正规创业者"，他们参与正常的市场交易，而不是通过暴力掠夺、毒品、色情等参与到交易之中，这本身就是对于社会的贡献，何况非正规创业也会增加他们的经济活力，为整个社会带来繁荣。在市场经济之下，人们会随着资源而迁移，在新工业化国家，国内资源对城市的过度配置必然吸引大量的农民对城市进发。但是城市对这些农民又是怀有敌意的，无论是在法律制度上，还是在城市中所具有的资源上，这些人都面临着极大的不利条件。但是，这并不是说他们对城市没有用。索托证明，只要善加利用，他们就能成为市场中活跃的主体，并且远离对社会造成巨大伤害的暴力以及犯罪。

---

[1] [秘鲁]赫尔南多·索托著，于海生译. 另一条道路 [M]. 北京：华夏出版社，2007, 264.

索托调查了那些数量巨大的非法街头商贩怎样在经营过程中逐渐正规化,并参与到市政管理过程中来的。最初,秘鲁首都利马的街头商贩受到严厉的管制或者惩罚。但是在市政当局与商贩之间长达数十年的博弈过程中,政府迫于无奈与商贩们讨价还价,缴纳特许税之后,就可以在街上摆摊设点。[1]1947年,利马市政会通过了一项法令:"允许商贩暂时性地停留在街道的某些区域,条件是他们在那里不会妨碍交通,也不至与同一行业的正规商贩进行竞争。"[2]这则法令起码承认了街头贩卖的正当性,但是这随之带来的是非正规贸易的激增以及对正规贸易的冲击。政府颁布多个法令,对街头商贩进行管理,但是因为执行成本过大,都成为一纸空文。1963年,新上任的利马市长路易斯·贝多亚领导了一系列正规市场建设,通过各种优惠条件,将非正规贸易者吸纳到正规市场中来。由于在迁移过程中商贩与警察的冲突,商贩们建立商贩联合会,这是商贩们自己形成的第一个大型组织。联合会吸引了一些政治家的注意,这意味着商贩成为一个具有社会动员能力的群体。1970年上任利马市长的迪沃思与商贩组织之间形成了较好的关系,因而,"凡有影响到街道商贩的城市法律在实施之前,必然要同商贩进行讨论和协商"[3]。这种状况也使得街头商贩获得了从未有过的安全感。1976年,政府承认了商贩在城市某些地区从事贸易的权利。

索托指出,驱逐商贩的行为几乎是徒劳的:"国家财政必须投资1.08亿美元,才能把当前城市里的91455个商贩,转移到哪怕是最不起眼的市场上……如果考虑到在利马最初的1.08亿美元投资,只占1984年全国公共投资的7.6%,那么,国家要把这些商贩直接而有效地转移出去,其可能性可谓微乎其微。去帮助商贩而不是妨碍他们,只会给秘鲁的发展带来更大的好处,……商贩其实是市场的主要建设者,他们已经建立274个非正规市场,与国

---

[1] [秘鲁] 赫尔南多·索托著, 于海生译. 另一条道路 [M]. 北京: 华夏出版社, 2007,79.

[2] 同上.

[3] [秘鲁] 赫尔南多·索托著, 于海生译. 另一条道路 [M]. 北京: 华夏出版社, 2007,84-85.

家建立的57个正规市场和8个摇摇欲坠的集市形成鲜明对照,它们一并证明,尽管有各方面的阻力,非正规商业行动仍旧势不可挡。"[1]使用暴力的方法来制止只会导致暴力的反应,并进而将整个社会推进以暴易暴的冲突漩涡之中。非正规创业者的存在主要是因为他们无法负担正规创业所需要的成本。给予非正规的创业者以权益,逐渐将他们引导到正规经济中来是一条不得不选择的道路。

国家处于世界市场之中,国家通过国家权力制造了一个硬壳,这个硬壳可以调节国内的权力配置,并且调整国家与外部世界的关系。其中重要的方面就是塑造国家在世界政治经济中瓜分租的能力。但是,这种权力分配所导致的结果又是国家对内部以及外部的排斥。凯恩斯在《就业利息与货币通论》中指出:"我们生存其中的经济社会,其显著缺点,乃在不能提供充分就业,以及财富与所得之分配有欠公平合理。"[2]这种缺点的确是市场经济深固的,无法消除的问题。因为,如果一个国家维持保持国内收入的平等,那么国家依靠什么激励人们参与市场活动呢?又如何使得人们有动力能够参与到世界的竞技场之中呢?除了市场之外,还没有第二种方法能够起到进行大规模、大范围的有效资源配置。因而,引入市场,又要管理市场。这种管理已经超越国界,需要在全球治理的范畴内看待这个问题。本文因为主题所限,没有讨论非洲国家的内部冲突问题,实际上,因为很多非洲国家的政府力量不足,很多国家受到世界市场的冲击更大。非洲国家因为自然资源的争夺而导致的内战,其外在拉力在于世界市场对于自然资源的大量需求,在危机的时候,又将价格波动的包袱扔出去,让资源出口国承受危机的代价。市场的自然运动是不断让富人更富、穷人更穷。而两极分化的结果是大量人口被排除在市场交易之外,因而市场萎缩、经济规模缩小。凯恩斯指出,战争的经济原因是人口压力,以及相互争夺市场,而这一原因"在19世纪战事中大概处于

---

[1] [秘鲁]赫尔南多·索托著,于海生译.另一条道路[M].北京:华夏出版社,2007,93-94.

[2] [英]凯恩斯著,徐毓枬译.就业利息和货币通论[M].北京:商务印书馆,1983,321.

支配地位，未来还可能如此"[1]。19世纪下半叶的问题是："对内自由放任，对外实行金本位，则除了互相争夺市场以外，政府实在别无良策可以减轻国内之经济苦痛。因为在该种体系之下，凡可以解决长期的、或时断时续的就业量不足现象之种种办法都不能用；除了一个，那就是改善国际往来账上之贸易差额。"[2]换言之，就是通过从外部获取租金来缓解国内的冲突，这一点上文中引用的赵鼎新的文章中没有提到，也在绝大多数情况下为政治社会学家所忽视。

全球的每一轮发展都为新一轮的失衡所打断。当主要工业国产业结构趋同，以及与之相伴的国内经济失衡之时，不可交易困局的阴影就出现在经济与政治上。寡头总是与民粹主义结伴而行。民粹主义似乎是寡头投射在社会底层的阴影。他们共同构成了国家与世界发展的敌人，这两者都能导致国家的毁灭、发展的停滞或者对外的战争。

有人在分析国家陷入"中等收入陷阱"的原因时，指出如下几个瓶颈问题："一是收入差距过大造成内需增长过缓；二是城市化进程中形成新的二元结构，城市贫民窟与城市繁华伴生，且尾大不掉；三是资本项目开放造成金融风险和国家财富损失；四是从一般制造业向高端产业和社会服务业升级过程中出现不可跨越的障碍。"[3]这几个瓶颈问题实际上都属于一个问题，收入差距过大导致内需的缺乏，这本身就是二元结构的一部分，而资本项目开放同时也是这种收入差距导致的社会抗争，并进而在公共政策上的反应——拉美债务危机发生的根源在于国内民粹主义的政治压力使得国家发

---

[1]凯恩斯指出："战争有种种原因，独裁者之流觉得很容易利用人民好勇斗狠之心从事战争；而且从独裁者看来，战争是——至少在预期中是如此——一件愉快兴奋事情。但是好勇斗狠之心，只能使独裁者容易鼓动群众热情，除此之外，还有经济原因，即人口压力，以及相互争夺市场。这第二种因素在19世纪战事中大概处于支配地位，未来还可能如此。"[英]凯恩斯著，徐航彤译.就业利息和货币通论[M].北京：商务印书馆，1983,329.

[2][英]凯恩斯著，徐毓枬译.就业利息和货币通论[M].北京：商务印书馆，1983,329.

[3]方泉.逾越"中等收入陷阱"[EB/OL].http://www.china.com.cn/book/txt/2009-02/24/content_17325442.htm.

展无法向国内社会融资，而将希望寄托在国际债务上。制造业无法向高端服务业升级是因为国际分工的压力，向高端服务业升级本身就意味着分割产业链的高端的经济利益。因而中等收入陷阱问题的根源在于国际、国内形成的权力结构，破解这种权力结构需要历史的机遇。而对大国来说，由于这种破解对现有的国际秩序的影响更大，因而也更为艰难。在历史上，日本、德国以及俄罗斯在突破既定的国际分工格局的过程中都遭到了强力的阻遏，而最终用战争的方式来解决。这种解决方案不仅给世界人民，而且给国内人民带来了巨大的灾难。

凯恩斯深刻认识到现有国际体系的内在问题，他指出："故经济学家虽然一向颂赞盛行于世的国际体系，认为既可享受国际分工之利，又可调和各国利益，但在这种体系之中实在隐伏着不睦势力。"[1]凯恩斯认识到了市场扩展的问题，但是他也没有良方可以提供。卡尔·波兰尼也指出："如果听任市场机制成为人类命运及其自然环境乃至购买力的数量和用途的惟一指导者，那将导致对社会的破坏。……人类要是失去了文明制度的庇护，大概会暴露在各种社会影响下而遭致灭亡；人们大概会沦为严重的社会混乱——通过堕落、悖乱、犯罪和饥饿——的受害者而死去。大自然会被分割成七零八落，周围景观污损不堪，河流被污染，军事安全没有保障，粮食和原料的生产能力遭到破坏。"[2]波兰尼所言极是，但是如何在世界范围内缓解不可交易困局？目前，在全球框架下，全球治理的机构设计还是很弱的，世界银行、区域发展银行以及区域合作组织等在缓解世界范围内的失衡中力度有限。BBC根据世界银行的一份报告指出："在1988到1993年之间，世界人均实际收入增长了5.7%，而全球人口中，最富的20%收入增长高达12%，最贫穷的

---

[1] [英]凯恩斯著，徐毓枬译.就业利息和货币通论[M].北京：商务印书馆，1983,329.

[2] [英]卡尔·波兰尼著，冯钢、刘阳译.大转型：我们时代的政治与经济起源.杭州：浙江人民出版社，2007,63.本文采用了厉以平在《经济史上的结构和变革》中的译法，这种译法更加通顺。参见：[美]道格拉斯·诺思著，厉以平译.经济史上的结构和变革[M].北京：商务印书馆，1992,204.

5%人口的实际收入则下降了25%。"[1] 全球中产阶级正在逐渐消亡,占世界人口大多数的不是中等收入群体。"84%的全球人口只占有16%的全球收入,全球最富裕的10%人口的收入是最穷10%人口收入的114倍。而这些差距可能还会扩大。"[2]

这种全球局势的进一步发展所带来的前景是不容乐观的。而在此种情况下,人们只有把希望寄托给国家,对于后发展国家来说,有效的市场是国家造就的,没有国家,市场的力量就不会成为人民的福祉,反而会成为外部的或者内部的强者掠夺的工具。市场受到国家的约束,国家受到社会的约束。也就是用利维坦制服栖枝,用比希莫斯制服利维坦,在这三层关系中,社会处于基础力量的根源地位。市场是社会的市场,国家是社会的国家。只有处于社会约束之下的国家才能建立稳定的权力交易秩序,才能使得市场处于权力制约之中,并服务于发展的主体。这就是社会主义在现在与未来的巨大价值。

---

[1] Steve Schifferes.World inequality rises[EB/OL]. http://news.bbc.co.uk/2/hi/business/1763410.stm.

[2] Ibid.

结语

我们在上文中已经指出,世界市场的极化时期,是世界市场权力集中的时期。在这个时期经济中心集中在一个或数个国家之中,国际间垂直分工明显,发达国家在分工中占据着主要的高工资职位,冲突主要发生在资本主义的边缘地带。而在扩散化的时期,资本、技术扩散到体系内的更多国家与地区之中,这是一个权力流散或者转移的时期,这个时期国家间的竞争激烈,各国国内社会逐渐失衡。世界经济原先的主导国家逐渐失去竞争优势,各国展开激烈的经济竞赛,与此同时,各国的国内贫富分化加剧。因而,列宁所指的帝国主义就发生在这个阶段,也就是在国家权力弥散的同时,社会权力与经济权力日益集中到少数阶层的手中。社会问题转化为政治问题,各国为了解决严重的社会问题展开激烈的竞争。那些没有能力转嫁危机的国家将面临着发生国内暴力冲突的巨大风险。世界市场的极化一般发生在康德拉季耶夫长周期的 A 段,表现为世界体系处于秩序期,霸权国家确立;分散通常发生在康德拉季耶夫长周期的 B 段。在康德拉季耶夫的 B 段,整个世界体系处于混沌期,表现为霸权国家衰落,体系内经济竞争激烈,军事、政治竞争加剧。

我们可以将一战、二战期间直到 20 世纪 70 年代看成是世界经济的极化阶段,而此后的时期至 2020 年前后的时期看成是分散的阶段。分散的阶段开始之后,西欧、日本以及美国大量的产业向外部转移,同时资本循环空间扩大,将外部的产业与国内的产业联系起来,组成新的循环。发达国家国内的产业转移所留下的空间是依靠信息技术等高科技产业以及服务业来填充的。

　　中国改革开放之后与发达国家的交往是在两个层面上形成共容利益的。在经贸层面上，中国与发达国家有较大的互补性。中国改革开放之初，大量需要外部的资本与技术，并能向外部提供较为初级的工业制成品。而发达国家需要向外部转移资本与技术，输出资本品；在双方经济分工方面，中国需要接受发达国家的较为低端的分工，而发达国家需要借此实现国内的产业升级。可以说，改革开放之初，中国与发达国家之间的共容利益是多方位的、多层面的、高度互补、互有需求。中国在改革开放之初，大量吸收东亚地区的资本与技术剩余，成长为制造大国。在20世纪70年代的金融扩张初期，中国进入了全球的发展序列，一方面获得了大量的资金以及从国际体系中转移出来的产业，另一方面进入了全球市场，尤其是发达国家的市场。在这种情况下，中国与发达国家之间的互补性相当明显。这一时期，尽管在冷战结束初期，有过意识形态等方面的冲突，但是总体上关系较为平稳。但是，随着金融扩张的进一步加剧，这种互补性逐渐弱化，在中国进入产业升级深化阶段之时，中国产品已经对二等大国市场形成冲击之势。近年来，中欧关系、中日关系出现的不和谐声音，从某种程度上可以说与这种产业竞争有密切关联。而中美关系处于一个美国霸权塑造的三角贸易之中。美国的服务业、中国的制造业以及中东以美元结算的石油生产结合在一起，形成了一个以美国为中心的全球三角关系。这次以美国次贷危机导致的全球金融危机，尽管不能说是三角贸易的终结，但是揭示了这种三角贸易的内在不稳定性。

　　这种不稳定性不仅发生在国家之间，世界市场的排斥作用一直发生在国家的内部。20世纪70年代以来，上述所有国家与地区的内部贫富差距都在增大。产业竞争加剧，由此导致的国内权力的重新配置以及制度的微妙变化一直在进行之中。这种权力关系的变化进而导致的不可交易困局是全球安全的极大的威胁。这种威胁不仅是针对后发展国家而言的，近年来，法国、丹麦、意大利等发达国家都发生了较大规模的城市骚乱。这种骚乱虽然还没有发展到武装冲突的程度，但是已经向我们揭示了这些国家内部的社会的微妙变迁。目前，这种变迁的影响还不明显，但是随着全球失衡的进一步加剧，随着全球范围内不可交易困局的进一步发展，可能会产生严重的结果。

康德拉季耶夫长周期的 B 段长达 50 年，开始于 20 世纪 70 年代，结束于 2020 年前后。随着进入长周期的 B 段的结束时期，国家之间的冲突以及各国国内的冲突都将加剧。我们不敢料定，B 段结束之后是否会发生全球范围内的重大冲突，但是至少可以说，现在全球正在进入一个高冲突期。

这个高冲突时期是国家之间实力转换的重要阶段。有些国家在全球经济扩张的时期获得了一些发展，但是在全球经济收缩的阶段，发展的成果将基本为国际、国内冲突所吞噬。而有些国家则可以较为稳固地保留发展的成果，并在度过危机之后更为强大。其结果的不同要看国家所处的国际、国内权力结构。在所谓的"金砖四国"（中国、印度、俄罗斯与巴西）中，中国是最有希望的。虽然中国由于受到世界市场的外部拉力而导致国内地区之间的失衡，但是中国在四国中，国家的自主性最强，政策回旋余地也最大。而印度、俄罗斯与巴西三个国家的国内权力结构失衡，都有受制于寡头政治与地方政治的明显迹象。在全球市场逐渐紧缩的情况下，这些因素可能会逐渐加强，并对国家产生重大的影响。

但是需要注意的是，中国所面对的不仅有机遇，也有极大的挑战。近年来，主要发生在中西部地区的一定规模的骚乱只是国际、国内矛盾交织所显现出来的冰山之一角。只有未雨绸缪，抓紧战略机遇期缓解国内的不可交易困局，在国际、国内相互转换的思路下调整国内结构，才能抵御可能到来的风雨。而其中最为关键的一点是，要坚定不移地坚持中国共产党的领导，不断提高党的执政能力，完善党的执政方式，在党的领导下实行国际、国内政治交易结构的稳步调整。因为，历史已经多次证明，在风雨大作之时，坚固的国家政权是人民唯一的方舟。

参考文献

一、中文图书

[1] 马克思、恩格斯著，中央编译局译. 马克思恩格斯全集 [M]. 北京：人民出版社，1972.

[2] 列宁著，中央编译局译. 列宁选集 [M]. 北京：人民出版社. 1976.

[3] 列宁著，中央编译局译. 帝国主义是资本主义的最高阶段 [M]. 北京：人民出版社 1992.

[4] [加拿大] 罗伯特·考克斯著，林华译. 生产、权力和世界秩序——社会力量在缔造历史中的作用 [M]. 北京：世界知识出版社，2004.

[5] [美] 詹姆斯·多尔蒂、小罗伯特·普法尔茨格拉夫著，阎学通等译. 争论中的国际关系理论 [M]. 北京：世界知识出版社，2003.

[6] [美] 布鲁斯·布恩诺·德·梅斯奎塔、希尔顿·L·鲁特主编，叶娟丽等译. 繁荣的治理之道 [C]. 北京：中国人民大学出版社，2007.

[7] 联合国社会发展研究所. 男女平等：在不平等的世界里争取公正 [R]. 北京：中国对外翻译出版公司，2007.

[8] [英] 卡尔·波兰尼著，冯钢、刘阳译. 大转型：我们时代的政治与经济起源 [M]. 杭州：浙江人民出版社，2007.

[9] [美]哈罗德·D.拉斯韦尔著,杨昌裕译.政治学——谁得到什么？何时和如何得到？[M].北京：商务印书馆，1992.

[10] [法]乔治·索雷尔著，乐启良译.论暴力[M].上海：上海人民出版社，2005.

[11] 中国现代国际关系研究所反恐怖研究中心编.恐怖主义与反恐怖斗争理论探索[C].北京：时事出版社，2002.

[12] [美]迈克尔·罗斯金等著，林震等译.政治科学[M].北京：华夏出版社，2001.

[13] 赵鼎新著.社会与政治运动讲义[M].北京：中国社会科学文献出版社，2006.

[14] 韦森著.社会制序的经济分析导论[M].上海：上海三联书店，2001.

[15] [美]塞缪尔·亨廷顿著，王冠华等译.变化社会中的政治秩序[M].北京：三联书店，1989.

[16] 汪子嵩、范明生、陈村富、姚介厚著.希腊哲学史[M].北京：人民出版社，1993.

[17] [英]罗宾·柯林伍德著，吴国盛、柯映红译.自然的观念[M].北京:华夏出版社，1999.

[18] [英]弗里德里希·冯·哈耶克著，邓正来译.自由秩序原理[M]，北京：三联书店，1997.

[19] [美]J.米格代尔著，李玉琪、袁宁译.农民、政治与革命[M].中央编译出版社，1996.

[20] 罗嘉昌著.从物质到实体到关系实在[M].北京：中国社会科学出版社，1996.

[21] [美]查尔斯·蒂利著，谢岳译.身份、边界与社会联系[M].上海：上海世纪出版集团，2008.

[22] [西班牙] 奥尔特加·加赛特著, 刘训练、佟德志译. 大众的反叛 [M]. 沈阳: 吉林人民出版社, 2004.

[23] [法] 勒庞著, 冯克利译. 乌合之众 [M]. 中央编译出版社, 2000.

[24] [法] 勒庞著, 佟德志译. 革命心理学 [M]. 吉林人民出版社, 2004.

[25] [美] 西德尼·塔罗著, 吴庆宏译. 运动中的力量——社会运动与斗争政治 [M]. 南京: 凤凰出版传媒集团、译林出版社, 2005.

[26] [美] 加布里埃尔·A·阿尔蒙德等著, 郑沛霖等译. 比较政治学: 体系、过程和政策 [M]. 上海: 上海译文出版社, 1987.

[27] [法] 托克维尔著, 冯棠译. 旧制度与大革命 [M]. 北京: 商务印书馆, 1992.

[28] [美] 西达·斯考切波著, 何俊志、王学东译. 国家与社会革命——对法国、俄国和中国的比较分析 [M]. 上海: 上海世纪出版集团, 2007.

[29] [美] 罗伯特·基欧汉、海伦·米尔纳著, 姜鹏、董素华译. 国际化与国内政治 [M]. 北京: 北京大学出版社, 2003.

[30] [美] 巴林顿·摩尔著, 拓夫等译. 民主和专制社会的起源 [M]. 北京: 华夏出版社, 1987.

[31] 李工真著. 德意志道路: 现代化进程研究 [M]. 武汉: 武汉大学出版社, 1997.

[32] 毕康健著. 埃及现代化与政治稳定 [M]. 北京: 社会科学文献出版社, 2005.

[33] [日] 青木昌彦、吴敬琏编. 从威权到民主——可持续发展的政治经济学. 北京: 中信出版社, 2008.

[34] 陈衍德等著. 全球化进程中的东南亚民族问题研究 [M]. 厦门: 厦门大学出版社, 2008.

[35] [英]麦金德著，武原译.民主的理想与现实[M].北京：商务印书馆，1965.

[36] [英]安东尼·吉登斯著，郭忠华译.批判的社会学导论[M].上海：上海世纪出版集团，2007.

[37] [英]哈耶克著，冯克利、胡晋华译.致命的自负[M].北京：中国社会科学出版社，2000.

[38] [美]康芒斯著，于树生译.制度经济学[M].北京：商务印书馆，1962.

[39] [法]保尔·芒图著.十八世纪产业革命——英国近代大工业初期的概况[M].北京：商务印书馆，1983.

[40] 周仲秋著.平等观念的历程[M].海口：海南出版社，2002.

[41] [法]托克维尔著，董果良译.论美国的民主[M].北京：商务印书馆，1988.

[42] [法]皮埃尔·布迪厄、[美]华康德著,李猛、李康译.实践与反思:反思社会学导引.北京：中央编译出版社，2004.

[43] [英]苏珊·斯特兰奇著，肖宏宇、耿协峰译.权力流散——世界经济中的国家与非国家权威[M].北京：北京大学出版社，2005.

[44] [美]埃哈尔·费埃德伯格著，张月等译.权力与规则：组织行动的动力[M].上海：上海人民出版社，2005.

[45] [美]詹姆斯.M.布坎南著，平新乔、莫扶民译，《自由、市场与国家》[M]，上海：上海三联书店，1989.

[46] [德]柯武刚、史漫飞著，韩朝华译.制度经济学——社会秩序与公共政策[M].北京：商务印书馆，2000.

[47] [法]杜阁著，南开大学经济系经济学说史教研组译.关于财富的形成和分配的考察[M].北京：商务印书馆，1961.

[48] [英]苏珊·斯特兰奇著，杨宇光等译.国家与市场[M].上海：

上海世纪出版集团，2006.

[49] [美] 尼克拉斯·卢曼著，瞿铁鹏译. 权力 [M]. 上海：上海世纪出版集团，2005.

[50] [英] 彼得·卡尔弗特著，张长东等译. 革命与反革命 [M]. 长春：吉林人民出版社，2005.

[51] [印度] 阿马蒂亚·森著，王宇、王文玉译. 贫困与饥荒 [M]. 北京：商务印书馆，2001.

[52] [法] 萨伊著，陈福生、陈振骅译. 政治经济学概论 [M]. 北京：商务印书馆，1963.

[53] [德] N. 卢曼著，余瑞先、郑伊倩译. 社会的经济 [M]. 北京：人民出版社，2008.

[54] [日] 星野昭吉著，梁云祥译. 全球社会和平学 [M]. 北京：北京师范大学出版社，2007.

[55] [澳] 约翰·W·伯顿著，马学印、谭朝洁译. 全球冲突：国际危机的国内根源 [M]. 北京：中国人民公安大学出版社，1991.

[56] [英] 安东尼·吉登斯著，胡宗泽、赵力涛译. 民族–国家与暴力 [M]. 北京：生活·读书·新知三联书店，1998.

[57] 周积明、郭莹等著. 震荡与冲突——中国早期现代化进程中的思潮和社会 [M]. 北京：商务印书馆，2003.

[58] 曹正汉著. 观念如何塑造制度 [M]. 上海：上海人民出版社，2005.

[59] [日] 青木昌彦著，周黎安译. 比较制度分析 [M]. 上海：上海远东出版社，2001.

[60] [美] 林德布洛姆著，王逸舟译. 政治与市场：世界的政治–经济制度 [M]. 上海：上海三联书店、上海人民出版社，1994.

[61] [英] E.P. 汤普森著，钱乘旦等译. 英国工人阶级的形成 [M]. 南京：

译林出版社，2001.

[62][美]约瑟夫·格里科、约翰·伊肯伯里著，王展鹏译.国家权力与世界市场：国际政治经济学[M].北京：北京大学出版社，2008.

[63][美]伊曼纽尔·沃勒斯坦著，吕丹等译.现代世界体系（三卷）[M].北京：高等教育出版社，1998.

[64][英]拉法尔·卡普林斯基著，顾秀林译.夹缝中的全球化[M].北京：知识产权出版社，2008.

[65][埃及]萨米尔·阿明著，丁开杰等译.全球化时代的资本主义——对当代社会的管理[M].北京：中国人民大学出版社，2005.

[66][加拿大]马乔里·格里芬·科恩、斯蒂芬·麦克布莱德编著，段保良译.全球化动荡[C].北京：华夏出版社，2004.

[67][加拿大]罗伯特·W.考克斯著，林华译.生产、权力和世界秩序——社会力量在缔造历史中的作用[M].北京：世界知识出版社，2004.

[68][美]保罗·斯威齐著，陈观烈、秦亚男译.资本主义发展论——马克思主义政治经济学原理[M].北京：商务印书馆，1997.

[69][英]卡尔·波兰尼著，冯钢、刘阳译.大转型：我们时代的政治与经济起源[M]，杭州：浙江人民出版社，2007.

[70][美]道格拉斯·诺思著，厉以平译.经济史上的结构和变革[M].北京：商务印书馆，1992.

[71][美]道格拉斯·C·诺思著，陈郁等译.经济史中的结构与变迁[M].上海：上海三联书店、上海人民出版社，1994.

[72][英]速水佑次郎著，李周译.发展经济学——从贫困到富裕[M].北京：中国社会科学出版社，2003.

[73][英]阿瑟·刘易斯著，周师铭等译.经济增长理论[M].北京：商务印书馆，1983.

[74] [美] 查尔斯·蒂利著, 谢岳译. 身份、边界与社会联系 [M]. 上海: 上海世纪出版集团, 2008.

[75] [美] 詹姆斯·C.斯科特著, 程立显、刘建等译. 农民的道义经济学——东南亚的反叛与生存 [M]. 南京: 译林出版社, 2001.

[76] [美] 斯塔夫里亚诺斯著, 迟越、王红生等译. 全球分裂——第三世界的历史进程 [M]. 北京: 商务印书馆, 1993.

[77] [美] 雷迅马著, 牛可译. 作为意识形态的现代化 [M]. 北京: 中央编译出版社, 2003.

[78] 林红著. 民粹主义——概念、理论与实证 [M]. 北京: 中央编译出版社, 2007.

[79] [英] 保罗·塔格特著, 袁明旭译. 民粹主义 [M]. 长春: 吉林人民出版社, 2005.

[80] 潘维著. 农民与市场. 北京: 商务印书馆, 2003.

[81] [美] 伊曼纽尔·沃勒斯坦著, 路爱国等译. 历史资本主义 [M]. 北京, 社会科学文献出版社, 1999.

[82] [英] 阿诺德·汤因比著, 曹未风等译. 历史研究 [M]. 上海: 上海人民出版社, 1997.

[83] [美] 罗伯特·吉尔平著, 杨宇光等译. 国际关系政治经济学 [M]. 北京: 经济科学出版社, 1989.

[84] [英] F.H.欣斯利编, 中国社会科学院世界历史研究所译. 新编剑桥世界史第 11 卷 [M]. 北京: 中国社会科学出版社, 1999.

[85] [英] G.R.埃尔顿编, 中国社会科学院世界历史研究所译. 新编剑桥世界史第 2 卷 [M]. 北京: 中国社会科学出版社, 2003.

[86] [英] A.温古德编, 中国社会科学院世界历史研究所译. 新编剑桥世界史第 8 卷 [M]. 北京: 中国社会科学出版社, 2003.

[87] [美] 乔万尼·阿瑞吉等著, 王宇洁译. 现代世界体系的混沌与

治理[M].北京：生活·读书·新知三联书店，2003.

[88] [德]鲁道夫·希法亭著，福民等译.金融资本[M].北京：商务印书馆，1994.

[89] [法]费尔南·布罗代尔著，杨起译.资本主义的动力[M].北京：三联书店，1997,

[90] [美]查尔斯·P. 金德尔伯格著，高祖贵译.世界经济霸权1500—1990[M].北京：商务印书馆，2003.

[91] 王正毅著.世界体系论与中国[M].北京：商务印书馆，2000.

[92] 罗荣渠著.现代化新论[M].北京：北京大学出版社，1993.

[93] [美]罗伯特·吉尔平著，武军等译.世界政治中的战争与变革[M].北京：中国人民大学出版社，1994.

[94] [英]艾瑞克·霍布斯鲍姆著，王章辉等译.革命的年代[M].南京：江苏人民出版社，1999.

[95] [英]安·格拉德著.日本的土地与农民[M].北京：世界知识出版社，1957.

[96] [日]井上清著.日本农民运动史[M].北京：三联书店，1957.

[97] [日]吉田茂著.激荡的百年史——我们的果断措施和奇迹般的转变[M].北京：世界知识出版社，1980.

[98] 李工真著.德意志道路——现代化进程研究[M].武汉：武汉大学出版社，1997.

[99] [德]沃尔夫冈·维佩曼著.欧洲法西斯主义比较[M].北京：东方出版社，1992.

[100] [英]凯恩斯著，徐毓枬译.就业利息和货币通论[M].北京：商务印书馆，1983.

[101] [美]禹贞恩编，曹海军译.发展型国家[M].长春:吉林出版集团，2008.

[102] 何芳川主编. 太平洋贸易网 500 年 [M]. 北京：北京大学出版社，1998.

[103] 江时学等著. 拉美与东亚发展模式比较研究 [M]. 北京：世界知识出版社，2001.

[104] 沈红芳著. 东亚经济发展模式比较研究 [M]. 厦门：厦门大学出版社，2002.

[105] 董向荣著. 韩国起飞的外部动力 [M]. 北京：社会科学文献出版社，2005.

[106] 黄枝连著. 美国 203 年 [M]. 香港：中流出版社，1981.

[107] [英] 黛安·K·莫齐著. 东盟国家政治 [M]. 北京：中国社会科学出版社，1990.

[108] [美] 罗兹·墨菲著, 黄磷译. 亚洲史 [M]. 海口：海南出版社、三环出版社，2005.

[109] 罗荣渠、董正华编. 东亚现代化：新模式与新经验 [C]. 北京：北京大学出版社，1997.

[110] [美] 科米萨著, 吴壬林等译. 女总统——科拉松·阿基诺 [M]. 哈尔滨：黑龙江人民出版社，1988.

[111] 陈衍德等著. 全球化进程中的东南亚民族问题研究 [M]. 厦门：厦门大学出版社，2008.

[112] 梁英明等著. 近现代东南亚 [M]. 北京：北京大学出版社，1994.

[113] [美] 阿图尔·科利著, 朱天飚等译. 国家引导的发展——全球边缘地区的政治权力与工业化 [M]. 长春：吉林出版集团，2007.

[114] 赵伟著. 韩国现代政治论 [M]. 北京：东方出版社，1995.

[115] [美] 斯蒂芬·海哥德、罗伯特·R.考夫曼著, 张大军译. 民主化转型的政治经济学 [M]. 北京：社会科学文献出版社，2008.

[116] [美] 蔡爱眉著, 刘怀昭译. 起火的世界——输出自由市场民

主酿成种族仇恨和全球动荡 [M]. 北京：中国大百科全书出版社，2005.

[117] 邹东涛著. 拉丁美洲市场经济体制 [M]. 兰州：兰州大学出版社，1994.

[118] 徐世澄著. 拉丁美洲政治 [M]. 北京：中国社会科学出版社，2006.

[119] 曾昭耀著. 政治稳定与现代化——墨西哥政治模式的历史考察 [M]. 北京：东方出版社，1996.

[120] 孙若彦著. 经济全球化与墨西哥对外战略的转变 [M]. 北京：中国社会科学出版社，2004.

[121] [巴西] 费尔南多·恩里克·卡多佐、恩佐·法勒托著，单楚译. 拉美的依附性及发展 [M]. 北京：世界知识出版社，2002.

[122] [埃及] 萨米尔·阿明著，任友谅等译. 世界一体化的挑战 [M]. 北京：社会科学文献出版社，2003.

[123] 世界银行 .2006 年世界发展报告 .

[124] 联合国经济与社会发展署 .2005 年人类发展报告摘要 .

[125] [法] 费尔南·布罗代尔著，顾良等译. 资本主义论丛 [M]. 北京：中央编译出版社，1997.

[126] 张宝宇著. 巴西现代化研究 [M]. 北京：世界知识出版社，2002.

[127] 李春辉等编. 拉丁美洲史稿 [M]. 北京：商务印书馆，1983.

[128] [德] 贡德·弗兰克著，刘北成译. 白银资本——重视全球化中的东方 [M]. 北京：中央编译出版社，2001.

[129] [日] 滨下武志著，朱荫贵等译. 近代中国的国际契机——朝贡贸易体系与近代亚洲经济圈 [M]. 北京：中国社会科学出版社，1999.

[130] [美] 吉尔伯特·罗兹曼主编. 中国的现代化 [M]. 南京：江苏人民出版社，1995.

[131] 宋子良等编. 通向工业化之路. 北京：中国经济出版社，1993.

[132] [美] 费正清编，中国社会科学院历史所编译室译. 剑桥中国晚清史 [M]. 北京：中国社会科学出版社，1983.

[133] 黄逸平等著. 北洋政府时期经济 [M]. 上海：上海社会科学院出版社，1995.

[134] 吴承明著. 市场·近代化·经济史论 [M]. 昆明：云南大学出版社，1996.

[135] [比] 约翰·思文、[美] 罗思高著，田士超译. 发展转型之路：中国与东欧的不同历程 [M]. 北京：北京大学出版社，2008.

[136] [韩] 具海根著，杨光严、张静译. 韩国工人——阶级形成的文化与政治 [M]. 北京：社会科学文献出版社，2004.

[137] 金光熙著. 朴正熙与韩国的现代化 [M]. 牡丹江：黑龙江朝鲜民族出版社，2007.

[138] 郭定平著. 韩国政治转型研究 [M]. 北京：中国社会科学出版社，2000.

[139] [日] 依田憙家著，卞立强等译. 日中两国现代化比较研究 [M]. 北京：北京大学出版社，1997.

[140] [美] 派克斯著，瞿菊农译. 墨西哥史 [M]. 北京：三联书店，1957.

[141] [英] 莱斯利·贝瑟尔编，中国社科院拉丁美洲研究所译. 剑桥拉丁美洲史 [M] 第5卷. 北京：社会科学文献出版社，1992.

[142] [英] 莱斯利·贝瑟尔编，中国社科院拉丁美洲研究所译. 剑桥拉丁美洲史 [M] 第7卷. 北京：经济管理出版社，1996.

二、中文期刊

[1] 梁茂信、聂万举.60年代以来美国城市种族暴力冲突的特征及其根源.哈尔滨工业大学学报（社会科学版）[J].2000,12.

[2] [美]史蒂夫·史密斯.我们的世界何以生成——国际关系理论与"9·11".世界经济与政治[J]，2004,5.

[3] [美]亨利·C.K.刘，林小芳、黄芳译.从英镑霸权到美元霸权——大萧条很可能重演.国外理论动态[J],2007,5.

[4] 李国伟.墨西哥革命制度党失去政权的原因.当代世界与社会主义[J].2005,3,40.

[5] 袁东振.对拉美国家社会冲突的初步分析.拉丁美洲研究[J].2005,12.

[6] 张凡.拉美、东亚工业化进程中的政府（当局）干预.拉丁美洲研究[J].1998,6.

[7] [美]加里·杰里菲，吕增奎译.中国与墨西哥发展模式比较.国外理论动态[J].2006,6,44.

[8] 徐世澄.墨西哥农业发展的经验与教训.中国改革报[N].2007,4,19.

[9] 周志伟.巴西如何解决社会公正问题.科学决策[J].2005,12,31.

三、英文图书

[1]Thomas Hobbes: Behemoth; or, The long Parliament(Chicago : University of Chicago Press, 1990).

[2]Carl Schmitt, The Leviathan in the State Theory of Thomas Hobbes: Meaning and Failure of A Political Symbol, trans. by George Schwab and Erna Hilfstein (London:Westport: Greenwood Press,1996).

[3]Ralf Dahrendorf. Class and Class Conflict in Industrial Society(Stanford:

Stanford University Press,1959).

[4]William Easterly.The Middle Class Consensus and Economic Development.The World Bank Development Research Group .Policy Reaearch Working Paper No.2346.

[5]Ted Robert Gurr, Why Men Rebel (N.J.: Princeton University Press, 1970).

[6]Charles Tilly, From Mobilization to Revolution (New York: Random House, 1978).

[7]Thomas Hobbes: Leviathan (Cambridge: Harkett Publishing Co., Inc., 1994).

[8]Berdal, M. & Malone, D. M. (eds.) Greed and Grievance: Economic Agendas in Civil Wars(Boulder & London: Lynne Rienner, 2000).

[9]Paul Collier, V.L. Elliott, Havard Hegre, Anke Hoeffler, Marta Reynal-Querol, and Nicholas Sambanis Breaking the Conflict Trap: Civil War and Development Policy,Washington, DC: World Bank and Oxford University Press, 2003.

[10]Cristina Bodea,Ibrahim A. Elbadawi.Riots, Coups and Civil War:Revisiting the Greed and Grievance Debate, World Bank Policy Research Working Paper No. 4397.

[11]Cristina Bodea,Ibrahim A. Elbadawi. Political Violence and Economic Growth, World Bank Policy Research Working Paper No. 4692.

[12]Tsjeard Bouta, Georg Frerks, Ian Bannon, Gender, Conflict,and Development, World Bank Policy Research Working Paper No. 30494.

[13]Nicholas Sambanis, Using Case Studies to Expand the Theory of Civil War, World Bank Policy Research Working Paper No. 26670.

[14]Ian Bannon and Paul Collier EDITORS, Natural Resources and

Violent Conflict, World Bank Policy Research Working Paper No. 28245.

[15]Social Development Department Environmentally and Socially Sustainable Network. Effective Conflict Analysis Exercises: Overcoming Organizational Challenges, Report No. 36446.

[16]Mobilizing for Violence: The Escalation and Limitation of Identity Conflicts The Case of Lampung, Indonesia Yuhki Tajima, Report No. 32324.

[17]Patrick Barron, Samuel Clark, Decentralizing Inequality? Center-Periphery Relations, Local Governance,and Conflict in Aceh, Report No. 38160.

[18]Thania Paffenholz, Christoph Spurk, Civil Society, Civic Engagement, and Peacebuilding, Report No. 37813.

[19]Shobhana Rajendran,David Veronesi,Nasrudin Mohammad,Alimudin Mala.The Impact of Armed Conflict on Male Youth in Mindanao, Philippines, Report No. 36874.

[20]Barry Boubacar-Sid, Edward G. E. Creppy,Estanislao Gacitua-Mario, and Quentin Wodon. ed.Conflict, Livelihoods, and Poverty in Guinea-Bissau, Report No. 39044.

[21]Julien Labonne, Dan Biller and Rob Chase.Inequality and Relative Wealth:Do They Matter for Trust?Evidence from Poor Communities in the Philippines, Report No. 39387.

[22]Jonathan Goodhand and Bart Klem with Dilrukshi Fonseka, S.I. Keethaponcalan, and Shonali Sardesai,Aid, Conflict,and peacebuilding in Sri Lanka 2000-2005, Report No. 45126.

[23]Nat J: Colletta and Michelle L. Cullen, The Nexus between Violent Conflict Social Capital and Social Cohesion:Case Studies form Cambodia and Rwanda, Report No. 22852.

[24]N AT Y. Colletta,Teck Lim,Anita Kelles-Viitanen,Social Cohesion and

Conflict Prevention in Asia:Managing Diversity through Development, Report No. 23245.

[25]Douglas A Hibbs,Mass political violence: a Cross-national Causal Analysis, (New York:Wiley, 1973).

[26]William Kornhauser:The Politics of Mass Society(London: Routledge & Kegan Paul,1972).

[27]Ronald Rogowski,Commerce and Coalitions: How Trade Effects Domestic Political Alignments(Princeton: Princeton University Press 1989).

[28]Thomas Risse-Kappen, ed., Bringing Transnational Relations Back In: Non-state Actors, Domestic Structure and International Institutions(Cambridge University Press,1995).

[29]World Bank: Breaking the Conflict Trap: Civil War and Development Policy.

[30]Gudrun Ostby. Horizontal Inequalities, Political Environment, and Civil Conflict: Evidence from 55 Developing Countries,1986 - 2003, World Bank Policy Research Working Paper No. 4193.

[31]V. Fitzgerald, & A.Grigsby, Nicaragua: the Political Economy of Social Reform and Armed Conflict, in War and Underdevelopment: Case Studies of Countries in Conflict, vol. 2, F. Stewart & V. Fitzgerald, eds., Oxford :Oxford University Press, 2000.

[32]E. W. Nafziger, F. Stewart, & R. Vayrynen, eds., From Holy War to Opium War?: A Case Study of the Opium Economy in North Eastern Afghanistan(Oxford: Oxford University Press, Goodhand, J. 1999).

[33]James C.Scott, The Moral Economy of the Peasant: Rebellion and Subsistence in Southeast Asia (New Haven: Yale University Press, 1976).

[34]Samuel Brunk, Emiliano Zapata: Revolution and Betrayal in Mexico

(Albuquerque: University of New Mexico Press, 1995).

[35]Cliff Welch, The Seed Was Planted: The Sao Paulo Roots of Brazil's Rural Labor Movement, 1924-1964 (University Park: Pennsylvania State University Press, 1999).

[36]Steve J. Stern. New Approaches to the Study of Peasant Rebellion and Consciousness: Implications of the Andean Experience. in Steve J. Stern, ed., Resistance, Rebellion, and Consciousness in the Andean Peasant World: 18th to 20th Centuries (Madison: University of Wisconsin Press, 1987).

[37]P. Richards. Fighting for the Rainforest: War, Youth and Resources in Sierra Leone (Oxford, James Currey, 1996).

[38]A.Payne. The Global Politics of Unequal Development (London, Palgrave, 2005).

[39]R.Joseph.(ed.) State, Conflict, and Democracy in Africa (Lynne Rienner Boulder Colorado & London,1999). D. Keen Conflict and Collusion in Sierra Leone (Oxford, James Currey, 2005).

[40]Max Weber, The Theory of Social and Economic Organization(New York: Oxford University Press,1947).

[41]Hannah Arendt, On Violence, Crisis of Republic (San Diego: Harcourt, Brace &Company, 1972).

[42]Buchanan, Tollison, ed., Toward a Theory of the Rent Seeking Society (Texas: Texas A.& M University Press,1980).

[43]Alexander Gerschenkron, Economic Backwardness in Historical Perspective (Cambridge, Massachusetts: Belknap Press of Harvard University Press, 1962).

[44]George Mdodelski: Long Cycles in World Politics(London: Input Typesetting Ltd,1987).

[45]Chalmers Johnson, MITI and Japanese Miracle: The Growth of Industrial Policy, 1925-1975(Stanford: Stanford University Press,1982).

[46]Robert Gilpin. The Political Economy of International Relations(Princeton NJ: Princeton University Press,1987).

[47]Robert Axelrod. The Evolution of Cooperation(USA: Basic Books, 1984).

[48]Robert O. Keohane, Joseph S. Nye. Power and Interdependence(USA: Longman, 2001).

[49]Robert O. Keohane. After Hegemony: Cooperation and Discord in the World Political Economy(Princeton NJ: Princeton University Press, 1984).

[50]Robert O. Keohane(ed). Neorealism and Its Critics (New York: Columbia University Press, 1986).

[51]Kenneth N. Waltz. Man, the State and War: A Theoretical Analysis (New York: Columbia University Press, 1959).

[52]Michael Hardt, Antonio Negri. Empire (Cambridge, Massachusetts: Harvard University Press, 2001).

[53]K.R. Dark. The Waves of Time: Long-team Change and International Relations(London and New York: Printer, 1998).

[54]Lynn H. Miller. Global Order: Values and Power in International Politics(Boulder: Westview Press, 1990).

[55]Hedley Bull. The Anarchical Society: A Study of Order in World Politics(New York: Columbia University Press, 1977).

[56]Jeffry A. Frieden, David A. Lake(Ed). International Political Economy: Perspective on Global Power and Wealth(Beijing: Peking University, 2003).

[57]Bruce Russett, Harvey Starr, David Kinsella(ed).World Politics: The Manu for Choice(Beijing: Peking University, 2003).

[58]Carl Kalvelage, Morley Segal. Research Guide in Political Science(Dallas Illinois: Scott, Foresman and Company, 1976).

[59] D.Armstrong, Revolution and World Order: The Revolutionary State in International Society(Oxford UK: Clarendon，1993).

[60] S. G.Rabe, The Most Dangerous Area in the World: John F. Kennedy Confronts Communist Revolution in Latin America(Chapel Hill NC: University of North Carolina Press，1999).

[61] E. Selbin, Modern Latin American Revolution(Westview Press,2009).

[62]Steel, R. 1970. Pax Americana: The Cold War Empire and the Politics of Counterrevolution,rev. ed. (New York, NY: Viking Press，1999).

[63] S. M.Walt, Revolution and War(Ithaca NY: Cornell University Press，1996).

[64]Kegley, C. H. Jr., ed. International Terrorism: Characteristics, Causes, Controls(New York NY: St. Martin's Press，1990).

四、英文期刊

[1]Peter Gourevitch, The second Image Reversed: The International Sources of Domestic Politics,International Organization(Autumn 1978).

[2]R. Rosecrance. The Rise of the Virtual State. Foreign Affairs(July/August 1996).

[3]Michael Barnett and Raymond Duvall, Power in International Politics, International Organization(Vol.59, Nomber1, Winter 2005).

[4] Xuan Xingzhang: Spatial Economic Hubs and State Power, Contemporary International Relation(Sept./Oct. 2008).

[5] Dani. Rodrik, Globlization, Social Conflict and Economic Growth, The World Economy(Vol.21(22)，March 1998).

[6] Robert Geyer. Beyond the Third Way: the science of complexity and the politics of choice. British Journal of Politics and International Relations (Vol. 5, No. 2, May 2003).

[7] Adrian Kaya. Critique of the Use of Path Dependency in Policy Studies (Public Administration Vol. 83, No. 3, 2005).

[8] Caroline Thomas and Peter Wilkin. Still Waiting after all these Years,The Third World on the Periphery of International Relations, BJPIR,(VOL 6, 2004).

[9]Sayigh, Yezid. The Gulf Crisis: Why the Arab Regional Order Failed(International Affairs1991.67,487-507).